Carl Scholl

Aus hohen Tagen

Das Erwachen der Geister in Österreich

Carl Scholl

Aus hohen Tagen
Das Erwachen der Geister in Österreich

ISBN/EAN: 9783743492929

Hergestellt in Europa, USA, Kanada, Australien, Japan

Cover: Foto ©ninafisch / pixelio.de

Weitere Bücher finden Sie auf **www.hansebooks.com**

Aus hohen Tagen.

Das Erwachen der Geister in Oesterreich.

Reden und Ansprachen,

gehalten während der Revolution in Wien und Graz

vom

September 1848 bis zu meiner Ausweisung im Mai 1849,

von

Carl Scholl,

freigemeindlicher Prediger.

Berlin.

Verlag von Hans Lüstenöder.

1891.

Inhalt.

Geschichtliche Einleitung.

Statt des Vorwortes.

— · · —

Wie Millionen Blüthen von den Stürmen des Frühlings zu
Boden geweht, Millionen Keime von eisigen Nachtfrösten getödtet
werden, so sind zu allen Zeiten zahllose Keime und Blüthen mensch-
heitlicher Entwicklungen durch die rückwärts drängende Macht der
Reaction in ihrer Geburt schon erstickt und vernichtet worden. Und
doch! Auch die vom Frost geknickten, auch die vom Völkersturm
verwehten — ganz umsonst sind auch sie nicht dagewesen! Wenn
noch so kurze Zeit ihnen gegönnt war, — sie haben gekeimt,
sie haben geblüht, und ihre verwesenden Bestandtheile sind
Elemente neuer Bildungen, neuen Lebens geworden. So auch im
Leben der Menschen, der Völker: sie haben gehofft, sie haben
sich aufgerafft aus blos vegetirendem Hinleben, sie haben
sich erhoben zu höherem Bewußtsein, zu höherer Thatkraft, und
wenn auch für die erste Zeit ohne entsprechenden Erfolg, — ihre
Erhebung wirkt im Stillen fort, als Mahnung und als Vorbild
für die Nachwelt.

Was war das für ein Keimen und Blühen in den vierziger
Jahren! Was war das für ein lachender, zukunftverheißender
Frühling! Und über Nacht welche Wandlung! Enttäuschte Hoffnungen, gebrochne Eide, zerschoßne Herzen, — Winter- und Kirch-
hofstille in allen Landen!

Aus diesem Frühling verwehte Blüthen, aus
dieser Erhebung unsres deutschen Volkes stammende
Zeugnisse, — als solche übergebe ich die folgenden Reden
und Ansprachen den heute Lebenden, damit sie den Nachgebornen
Kunde geben von dem Geist, der damals durch unser Volk ging,
und von dem heute die Wenigsten mehr etwas wissen, ja, die

Wenigsten auch nur eine Ahnung haben. Sie sind gehalten worden zunächst im Dienst derjenigen Bewegung, welche der politischen des Jahres 1848 vorausging, und durch diese aufs Empfindlichste geschädigt wurde, der religiös-reformatorischen. Diese hatte damals, nachdem sie kaum drei Jahre vorher begonnen, so große Fortschritte gemacht, daß weit über hundert „freie Ge-meinden", unter den verschiedensten Benennungen, aber alle im Wesentlichen übereinstimmend, vorhanden waren. Nur Bayern und Desterreich waren ihr verschlossen geblieben; Verbote und Ausweisungen hielten sie von diesen Ländern fern, und auf den Kopf von Johannes Ronge, dem Hauptwortführer eines Theiles derselben, der sogenannten deutsch-katholischen, hatte Metternich sogar einen Preis gesetzt. Erst das Jahr 1848 öffnete ihr auch diese Länder, und je weniger man Angesichts des furchtbaren Druckes, der hier auf den Geistern lag, es für möglich gehalten, um so größeren Jubel rief es hervor, als namentlich aus Dester-reich die erste Kunde vom Beginn einer religiösen Bewegung durch die öffentlichen Blätter verbreitet wurde.

Mich traf sie, als ich mich in der Eigenschaft eines Haus-lehrers und Erziehers in einer protestantischen Familie zu Ham-burg befand, — es war im Sommer 1848. Ich hatte diese Stelle übernommen, nachdem ich meine vorhergehende, als Prediger der freien oder „deutsch-katholischen" Gemeinde in Mannheim, im Frühjahr 1847 aufgegeben hatte, und zwar aufgegeben, weil ich mich, als geborner Protestant, und das Ideal einer von allem werthlosen Formelthum freien Gemeinde in mir tragend, in einer Stellung beengt fühlte, wo ich mich, trotz aller mir von der ganzen Gemeinde entgegengebrachten Achtung und Liebe, doch zuletzt überzeugt hatte, daß die Mehrheit derselben noch gewisse „kirchliche" Bedürfnisse habe, die ich ohne vollständigen Verzicht auf meine innerste Natur und Ueberzeugung nicht befriedigen konnte. Ich hatte nach Niederlegung dieser meiner ersten Predigerstelle in Mannheim, wider Willen, und nur der dringenden Aufforderung Ronge's folgend, die Einladung der freien Gemeinde in Ham-burg angenommen, und auf deren Wunsch, weil sie einen Prediger suchte, einen Probevortrag dort gehalten, hatte diesen aber absicht-lich auch so gehalten, daß diese Gemeinde nicht im Unklaren über meinen entschiedenen Standpunkt sein konnte, weil ich ihr wie mir eine neue Täuschung ersparen wollte. Die Wahl zum Prediger

fiel deswegen auf einen Andern, und ich entschloß mich zur Uebernahme der Erzieherstelle, wo ich frei und ungehindert ganz meiner
Ueberzeugung leben durfte.*) Auf eine unmittelbare Betheiligung
an der religiösen Bewegung glaubte ich in meiner damaligen
Stimmung für längere Zeit verzichten zu müssen, und zwar hauptsächlich aus zwei Gründen. Ich hatte den Glauben verloren, oder
wenigstens waren mir sehr starke Zweifel gekommen, ob die Gegenwart überhaupt diejenige Frische und Kräftigkeit des Geistes besitze,
welche sie zu einer entschiedenen Lossagung vom alten Glaubens-
standpunkt, und zur consequenten Erfassung und Durchführung der
neuen Welt- und Lebensanschauung befähige; ich war aber auch
durch das Auftreten der politischen Bewegung, durch die
energischen Versuche zur Um- und Neugestaltung unserer staatlichen Verhältnisse zur Ansicht gekommen, daß es Pflicht des
Vaterlandsfreundes sei, alle anderen Bestrebungen, sofern sie nicht
durch die Urfrische und innere Energie ihres Auftretens sich
als gleichberechtigt und ebenbürtig ankündigen, den politischen vorerst
wenigstens hintanzusetzen.

Daß beide nicht nur aufs Innigste mit einander verbunden
sind, sondern namentlich auch daß die politische Frage nie und
nimmer ohne die religiöse endgültig gelöst werden könne,
darüber war ich mir vollkommen klar. In noch höherem Grade war
ich das in Beziehung auf die damals ebenfalls auftretende sociale
Frage, mit welcher ich zum ersten Male durch die gerade während
meines Hamburger Aufenthaltes neu gegründeten „Frauen-" und
„Arbeitervereine" bekannt wurde, von deren tiefgehender Bedeutung mich aber auch Erlebnisse, die mich sehr nahe berührten, persönlich und schmerzlich überzeugten. War es doch gerade in jenem
Jahre, daß aus gewissenhaftester Sorge für die Existenz und Zukunft meiner vielen Geschwister, weil mein vermögensloser und nur
auf seinen Gehalt als Staatsdiener angewiesener Vater sich nicht
mehr anders zu helfen wußte, er mit Aufbieten seiner letzten Mittel
ihnen eine neue Heimath jenseits des Meeres gründete, wodurch
unsere ganze Familie zerrissen und in alle Welt zerstreut wurde.

In solchen Gedanken und solcher Stimmung traf mich die
Nachricht der öffentlichen Blätter, daß unmittelbar nach und im

*) Näheres hierüber in meiner damaligen Schrift: Paulus und die
Galater. Ein warnendes Bild der Vergangenheit für alle Teutschkatholiken und
Freiprotestanten. Hamburg, Berendsohn 1847.

1*

innigsten Zusammenhang mit der politischen Erhebung Oesterreichs man in der Hauptstadt Wien mit dem Gedanken umgehe, nach dem Vorgang der anderwärts gegründeten, auch dort eine frei=religiöse Gemeinde ins Leben zu rufen, daß also gleichzeitig mit der politischen auch die religiöse Bewegung beginne. Diese Nachricht schlug wie ein Blitzstrahl in meine Seele. Ich hatte es nicht für möglich gehalten, daß inmitten der politischen Erregung jenes Jahres die religiöse Frage überhaupt nur auf=tauchen werde, noch weniger, daß irgendwie Aussicht auf eine ein=gehende und erfolgreiche Inangriffnahme derselben sich eröffne, am allerwenigsten aber, daß dieses in einem Lande geschehe, auf welchem seit Jahrhunderten, mehr als in allen anderen, der furchtbare Druck des herrschsüchtigen Priesterthums lastete. Die Vorgänge in Wien sagten mir, daß meine Berechnung mich getäuscht, sie riefen eine solche Unruhe in meinem Innern, in meiner ganzen Gedankenwelt hervor, daß ich Mühe hatte, derselben Meister zu werden. Mein erstes Gefühl war: „Nach Wien!" Aber ich hatte ja auf jede unmittelbare Betheiligung an der religiösen Bewegung, für die nächste Zeit wenigstens, verzichtet, ich hatte den Schmerz der Ent=täuschung noch gar nicht ganz überwunden! Ich gerieth in einen Kampf mit mir selber.

Soviel stand fest für mich: als Prediger einer einzelnen Ge=meinde dieselben Verpflichtungen übernehmen, wie ich schon einmal es versucht, aber der Versuch auch mißlungen war, mich binden an Tage und Formen, — den Gedanken wies ich von mir. Ich hatte mich einmal getäuscht, ich wollte eine neue Täuschung mir ersparen. Aber in persönlich ganz freier, unabhängiger Stellung, — was mir damals durch die Großmuth von Hamburger Freunden ermöglicht war —, nicht an eine einzelne Gemeinde gebunden, mithelfen, durch Wort und Schrift die in Wien begonnene religiöse Bewegung fördern, mithelfen, die in ihrer Kirche nicht mehr Befriedigten, die nach höherer Wahrheit und nach höherem Frieden sich Sehnenden von ihren geistigen Fesseln und ihren geistlichen Führern zu erlösen, mithelfen, sie loszureißen vor Allem von der ihnen unerträglich gewordenen römischen Bevormundung und Knechtung, und wenigstens die Hauptgesichtspunkte, die wichtigsten und wesentlichsten Grundsätze der neuen Gott= und Weltanschauung aufstellen, das schien mir etwas zu sein, wozu ich mich trotz allem vorher Erlebten glaubte ent=schließen zu können, etwas, was mir nicht nur keinen Verzicht auf meine innerste Neigung zumuthete, sondern im Gegentheil meinem innersten Drang nach öffentlicher Wirksamkeit, und meiner Begeisterung für das Apostelthum der Humanität vollkommen entsprechen würde. In dieser Betrachtung bestärkte mich ganz besonders die Thatsache, daß die religiöse Bewegung in Oesterreich gleichzeitig mit der politischen aufgetreten war, was mir zu beweisen schien, daß sie mit ganz derselben Energie und Consequenz werde in die Hand genommen werden. Was aber das Verlockendste für mich bei dieser Aussicht auf eine Wirksamkeit in Oesterreich war, das war schließlich der Gedanke: — durch die Mitarbeit an der religiösen Aufklärung in diesem Lande mit zu helfen an der des ganzen großen Vaterlandes, weil, was in Oesterreich geschehe, ganz Deutschland zu Gute komme, und je energischer und consequenter es geschehe, um so nachhaltiger seine Einwirkung, seine Rückwirkung sein müsse.

So kam es, daß ich, was noch kurz vorher mir eine Unmöglichkeit schien, — mich entschloß, wenigstens auf einige Wochen oder Monate meinen stillen, und mir sehr lieb gewordenen Wirkungskreis als Erzieher in Hamburg aufzugeben, und nach Oesterreich zu gehen, zunächst nach Wien. Ich hatte den Entschluß allein aus mir selber gefaßt, aber, was mich darin bestärkte, das war die volle Zustimmung meiner Hamburger Freunde. Wen ich in Wien treffen würde, wußte ich nicht, doch hoffte ich sicher auf ein Zusammenwirken mit Ronge, von welchem es hieß, daß auch er die Absicht habe, sich dahin zu wenden.

Es war am 1. September 1848, als ich mit dem Frühzug in Wien ankam, und mein Erstes war, daß ich mir auf der Polizei eine Aufenthaltskarte verschaffte, die mir auch ohne jeden Anstand auf unbestimmte Zeit ausgestellt wurde. Wien war mir keine fremde Stadt; vier Jahre vorher schon hatte ich mich, auf einer größeren Reise nach Italien begriffen, einen ganzen Monat dort aufgehalten, — aber was war Alles in dieser kurzen Zwischenzeit, was nur in dem einen letzten Jahre geschehen, und welche noch größere Ereignisse sollten gerade die nächsten Monate bringen, — Ereignisse, von denen Niemand, am wenigsten ich selber, auch nur eine Ahnung hatte!

Wenn ich diese politischen Ereignisse hier in aller Kürze zusammenstelle, so geschieht es aus zwei Gründen. Sie liefern den geschichtlichen Hintergrund, durch welchen die

von mir gehaltenen Reden und Ansprachen überhaupt erst ihre
richtige Beleuchtung und durch diese ihre volle Würdigung finden;
sie liefern aber auch insbesondere den ungesuchten und durch keinen
andern zu übertreffenden Beweis für den eigentlichen, aller
ausgeprägt-politischen Agitation fernen Grundcharakter
derselben und der ganzen religiösen Bewegung überhaupt, sie
beweisen, wie schweres Unrecht man heute wie damals Denjenigen
anthut, die in dieser Weise zum Volk gesprochen, wenn man sie
nicht nur von Seiten der Regierungen mit allen politisch Ver=
dächtigen und Anrüchigen, mit Communisten, Anarchisten
und Nihilisten auf eine und dieselbe Stufe stellt, sondern wenn
man auch von Seiten der sogenannten besseren Stände sie mit der
socialen Acht belegt. Wer, wie es in diesen Reden der Fall ist,
mitten in einer politischen Erhebung des Volkes, mitten in der
Revolution, in Tagen, wo der lang zurückgehaltene Groll, und
die von Stunde zu Stunde sich steigernde Empörung der Gemüther
in offene und gewaltsame Empörung ausbrach, wo dem in vollster
Selbstherrlichkeit bisher regierenden Habsburgischen Kaiserhause eine
Verfassung abgerungen, und der Anfang gesetzlicher Freiheit mit
unermeßlichem Jubel begrüßt und gefeiert wurde, wo nur zu schnell
aber auch dieser Jubel sein Ende fand, indem Schritt für Schritt
die Reaction kühner und rücksichtsloser auftrat, bis sie zuletzt mit
Kanonen, Kerker, Spießruthenlaufen und Verurtheilungen zum Strang
oder zu Pulver und Blei die voll Hoffnung begonnene Erhebung
des Volkes zu Boden schlug, — wer mitten in solchen Tagen sich
berufen fühlt, die Aufmerksamkeit der Gemüther auch auf die große
religiöse Frage zu lenken, ja, sich berufen fühlt, es offen aus=
zusprechen, daß ohne Lösung dieser Frage an eine solche der
politischen gar nicht zu denken, wer einen solchen Glauben an
die unerläßliche Nothwendigkeit der religiösen Frage und ihre Lösung,
zugleich aber auch einen solchen Glauben an die sittliche Kraft des
Volkes hat, um ihm die Lösung derselben, wenigstens den Versuch
dazu selbst mitten in seiner politischen Arbeit zuzutrauen, — der
hat damit ein für allemal bewiesen, daß er für sein Ein= und Auf=
treten im Dienst der religiösen Frage das Recht beanspruchen
darf, mit seinem eignen Maß gemessen, und in der vollsten Selbst=
ständigkeit seines Wirkens für die Lösung dieser Frage anerkannt
und gewürdigt zu werden.

Die politische Bewegung unmittelbar vor meiner Ankunft in

Wien, — eine Volksbewegung, deren auch nur entfernte Möglichkeit der sonst so schlaue Metternich seiner Zeit im kaiserlichen Familienrath aufs Allerentschiedenste in Abrede gestellt hatte, — sie hatte es dahin gebracht, daß die vom Kaiser zuerst „oktroyirte" Verfassung von demselben zurückgenommen, und ein constituirender Reichstag einberufen war, der bei Festsetzung der Verfassung auch dem Volk als solchem sein Recht wahren sollte. Dieser Reichstag war vom Erzherzog Johann eröffnet worden, welcher kurz vorher in einer Unterredung mit dem später oft genannten Dr. Schusella die denkwürdige Aeußerung gethan: „Es scheint schon in den Sternen bestimmt zu sein, daß die Menschheit einmal in der Republik ihr Heil finde; jetzt aber glaube ich, ist es noch zu früh, und besonders bei uns." Trotz diesem äußeren Erfolg oder vielleicht gerade in Folge desselben hatte die eigentliche, erste Freiheitsbegeisterung, wie sie in den Märztagen, im damaligen Auftreten des Bürgerthums und der akademischen Legionen, in Adressen und Programmen, in der Erstürmung des Ständehauses und der Metternich'schen Villa, in der Verjagung des verhaßten Ministers selber sich geoffenbart hatte, ihren Höhepunkt überschritten. Schon bei der ersten Zusage der stürmisch verlangten neuen „Verfassung" konnte man die ersten Anzeichen nachlassender Energie auf Seite des Volkes, und beginnender Reactionsmaßregeln auf Seite der Regierung und des Herrscherhauses wahrnehmen. Der Reichstag selbst, unter dessen 383 Mitgliedern nicht weniger als 92 Bauern waren, entwickelte nicht die Thatkraft, welche man von ihm erwartet hatte. Die Kaiserfamilie war aus Innsbruck, wohin sie sich geflüchtet, auf Drängen des Reichstages wohl zurückgekehrt, aber der Empfang von Seiten Wiens war ein sehr frostiger gewesen, und die Stimmung der Wiener wurde von Tag zu Tag gedrückter, je offenkundiger es wurde, daß der damals noch in Prag residirende Fürst Feldmarschall Windischgrätz an die Spitze der Reaction trat, derselbe, der wenige Wochen später eine so verhängnißvolle Rolle in Wien selber spielen sollte.

In jenen Tagen war es, wo zum ersten Mal seit der politischen Erhebung auch die religiöse Frage auftrat, und zwar zunächst veranlaßt durch zwei katholische Priester in Wien, Paull und Hirschberger, welche öffentlich sich von ihrer Kirche lossagten und, den ersten Versuch machten, nach dem Vorgang der „deutsch-katholischen" Bewegung außerhalb Oesterreichs, eine

ähnliche hervorzurufen. Am 31. Juli 1848 hatte die erste Ver=
sammlung stattgefunden, in einem Saal des Gasthauses zum
„Vogel" in der Mariahilfer Vorstadt, acht Tage darauf die
zweite in der Josephstadt im Gasthaus zum „Strauß", welche
beiden von Hunderten besucht waren, und durch den reichlich ge=
spendeten Beifall bewiesen, daß die Sprecher großen Anklang ge=
funden hatten. Nach einem Bericht, der sich in dem größeren
Werk befindet, welches unter dem Titel „Das Jahr 1848. Ge=
schichte der Wiener Revolution." Von Reschauer und
Wilh. Smets. Wien 1872. (Verleger R. v. Waldheim) erschien, waren
beide Männer ihrer Aufgabe nicht gewachsen, indem sie theils zu
wenig wissenschaftliche Durchbildung, theils zu wenig Muth und
Tiefe des Charakters besaßen, um die Wiener für ihre Sache
dauernd zu begeistern, zumal diese selber in religiösen Dingen im
Allgemeinen sehr gleichgültig waren, und zum größeren Theil nur
„aus Gewohnheit den äußeren kirchlichen Formeldienst mitmachten."
Nichts desto weniger war der Beifall, den diese Männer, und
namentlich der erstere fanden, ein Beweis, daß auch die Wiener
für diese Frage nicht unempfänglich waren, ja, nach demselben
Bericht war sicher anzunehmen, daß, wenn die Sache recht ange=
griffen und mit dem erforderlichen Ernst betrieben werde, besonders
der Gedanke einer „Losreißung vom päpstlichen Primat
Roms" wohl geeignet war, große Schaaren aus der Kirche heraus
zur Bildung einer „freien Gemeinde" zu veranlassen.

Welches Interesse zunächst die Wiener diesen Vorträgen ent=
gegenbrachten, bewies namentlich die dritte Versammlung, welche
durch große Plakate sogar am Stephansdom selber angezeigt
ward, und zwar mit der Ueberschrift: „Eine neue Religion
in Wien!", und mit der Ankündigung, daß Johannes Ronge
demnächst zu einem Vortrag zu erwarten sei. Diese dritte Ver=
sammlung, welche im größten Saale Wiens, dem Odeonsaal statt=
fand, war nach demselben obigen Bericht, den wir überhaupt dieser
kurzen geschichtlichen Zusammenstellung vorzugsweise zu Grunde
legen, von nahezu 8000 Menschen besucht. Um so größer wurde
auf der andern Seite nicht nur der Groll darüber, daß Priester
aus dem Schooß der Kirche selber diesen kirchenschänderischen Skandal
veranlaßt, sondern auch die Besorgniß und Angst, daß bei fort=
gesetzter Zunahme dieser Betheiligung an demselben zuletzt es zu
gewaltsamen Angriffen gegen Kirche und Priester kommen möchte.

Dieser Groll und diese Angst offenbarte sich in zahllosen Plakaten, welche von kirchlicher Seite verfaßt und an allen Mauern und Straßenecken angeschlagen wurden, welche aber alle fast ohne Ausnahme ihren eigentlichen Zweck, die Dämpfung und Unterdrückung dieser kirchenfeindlichen Bewegung, deswegen vollständig verfehlten, weil sie in einer zu leidenschaftlich, phrasenhaft und von den gemeinsten Beschimpfungen strotzenden Sprache abgefaßt waren. Selbstverständlich blieben die so maßlos Angegriffenen die Antwort nicht schuldig, und so hatten die Wiener das noch nicht dagewesene Schauspiel, an den Mauern ihrer Stadt diesem papiernen Religionskrieg zuschauen zu können. Auch hochgestellte Persönlichkeiten der Kirche mischten sich ein; so namentlich Dr. Veith im „Katholikenverein", Sebastian Brunner, in der „Kirchenzeitung", und der Universitätsprediger Wilh. Gärtner, welch letzterer zu einer öffentlichen Disputation aufforderte.

Bei dieser Art der Kriegführung sollte es aber nicht bleiben. Die Verbissensten auf kirchlicher Seite suchten durch Wühlereien im Stillen eine Gährung in den großen Haufen zu bringen, um bei erster Gelegenheit ihre Gegner ihre Uebermacht fühlen zu lassen. Und diese Gelegenheit bot sich ihnen, als eine neue Versammlung in demselben Riesensaal auf den 18. August durch öffentliche Plakate angesagt war. An diesem Tage kam der Plan der Fanatiker zur Ausführung. „Bereits am Vorabend ging das Gerücht um, daß die Arbeiter die Versammlung zu sprengen beschlossen hätten, und wurde deswegen am Tage der Versammlung die nächste Umgebung des Saales von einer starken Anzahl der akademischen Legionäre besetzt gehalten. Die gefürchteten „Arbeiter" stellten sich jedoch nicht ein, dagegen hatte sich eine Schwefelbande aus dem kirchlichen Feindeslager eingeschlichen, welche das zu vollführen unternahm, was das Gerücht verleumberischerweise dem Proletariat aufgebürdet hatte. Pauli hatte kaum seinen Vortrag begonnen, als von mehreren Seiten die Rufe ertönten: „Die Arbeiter kommen! Man schlägt Alarm!" und zur Erhöhung der Verwirrung sogar Feuerschreie ausgestoßen wurden, worauf die Menge, von panischem Schrecken erfaßt, jedes im Weg stehende Hinderniß zertrümmernd, nach den engen und spärlichen Ausgängen drängten und hasteten. Selbstverständlich ging es hierbei auch nicht ohne zahlreiche Verwundungen und ohne beträchtlichen Schaden für den Wirth ab, wonach freilich die finstern

Fanatiker als Veranstalter dieser Panik nicht frugen, hatten sie doch ihr Müthchen gekühlt und die geplante Sprengung herbeigeführt, obgleich die bubenhafte Täuschung bald erkannt, und der Saal von den Zurückkehrenden wieder gefüllt wurde."

Vierzehn Tage nach dieser Versammlung kam ich in Wien an; Ronge hatte von Frankfurt aus sein Kommen zugesagt, aber im Augenblick wußte Niemand, wo er sich befinde. Nachdem ich den Herren, welche an der Spitze dieser religiösen Bewegung standen, namentlich auch Pauli, den Zweck meines Kommens mitgetheilt, und aufs herzlichste von ihnen bewillkommt worden war, erfuhr ich, daß die auf den 3. September beabsichtigte Versammlung im Odeon unterbleiben müsse, weil Pauli in einer Vorstadt zu sprechen gedenke, sein College Hirschberger aber in Folge der jüngsten dortigen Vorgänge sich nicht dazu verstehen wollte. Sofort ergriff ich diese Gelegenheit, und erklärte mich bereit, einen Vortrag zu halten, obgleich ich nicht im Entferntesten daran gedacht hatte, so unmittelbar nach meiner Ankunft schon öffentlich aufzutreten.

Dieser mein erster Vortrag im Riesensaal des Odeon fand statt vor einer Versammlung, wie ich sie nie gesehen; auch sie zählte, wie die vor vierzehn Tagen gewaltsam gesprengte, nach vielen Tausenden. Der Platz für den Redner befand sich auf einem großen Podium für das Orchester, welches ebenfalls Mann an Mann besetzt war, und mir zur Seite standen, als Warnung für etwaige Ruhestörer, Mitglieder der „Akademischen Legion" in Uniform und mit Säbel.

Die Stimmung, in welcher ich hier zum erstenmal in fremdem Land, vor mir fremden Menschen sprach, ist schwer zu beschreiben. Ein Hochgefühl erfüllte mich beim Gedanken, daß, wenn auch fremd, ich doch als Deutscher zu Deutschen spreche; ein Hochgefühl, wenn ich des begeisterten Aufschwungs dachte, den zumal in den ersten Monden dieses Jahres dieses Wien, dieses Oesterreich genommen; ein Hochgefühl, wenn ich mir vergegenwärtigte, wie nur drei Tage vorher in derselben Stadt, in der Reichsversammlung, der für Volk und Freiheit begeisterte Abgeordnete Kublich seinen Antrag auf Aufhebung des letzten Restes der Leibeigenschaft, auf Aufhebung des sogenannten Robotts unter allgemeiner Zustimmung gestellt hatte. Aber um meine Stimmung ganz zu verstehen, muß ich daran erinnern, daß auch nur ein oder zwei Tage vor meinem

Auftreten die Deputation der Ungarn, Deak und Bathyani, in Folge der ftündlich zunehmenden Reaction mit ihren Anliegen in Wien abgewiesen worden waren, und daß am 21. Auguft, also vierzehn Tage vorher, jener unfelige Arbeiteraufftand ftattgefunden hatte, in welchem 282 Menfchen verwundet und 18 getödtet wurden!

Diefer mein erfter Vortrag fand ftatt ohne die geringfte Störung, und den lauteften Beifall fanden namentlich alle die Stellen, in welchen ich den Gegenfatz der ftehengebliebenen Kirche zum fortgefchrittenen Leben der Gegenwart, fowie den der Confeffion und ihrer Engherzigkeit zum allgemeinen Menfchenthum hervorhob.

Den zweiten Vortrag hielt ich acht Tage fpäter, am 10. September. In diefer Woche war es, wo nach dem Mißlingen der erften nach Wien gefandten ungarifchen Deputation, Koffuth in der National-Verfammlung zu Peft feine Feuerrede „zur Rettung des Vaterlandes" gehalten hatte, und eine neue Deputation, aus einem ganzen Hundert beftehend, an den Kaifer abgefandt worden war, der fie auch am 9. September empfangen hatte, aber in einer Weife, daß die in ihren Erwartungen enttäufchten Ungarn wüthend nach Haufe eilten. Diefer zweite Vortrag erlitt eine unbedeutende Störung. Ich fprach vom Papfthum und fprach den Gedanken aus, daß es mit feiner Herrfchaft mehr und mehr zu Ende gehe, als plötzlich mitten aus der ungeheueren Menge heraus eine Stimme rief: „Du lügft!" Es entftand eine allgemeine Aufregung, und ich fah, daß Einige daran waren, den Rufenden zu mißhandeln; ich rief in die Streitenden hinein, man folle ihn herauf auf das Podium bringen, daß er ungefcheut fich ausfpreche, wie er es meine, und daß er gefchützt fei. Es gefchah; der Mann wurde mir zur Seite geftellt, zog es aber vor, nichts mehr zu fagen, und fo verlief diefer zweite Vortrag ohne jede weitere Störung.

Inzwifchen war Ronge, der lang Erwartete, angekommen, und hielt acht Tage nach meinem zweiten, am 17. September feinen erften Vortrag; zu gleicher Zeit gefellte fich auch Wagner zu uns, der fpätere Prediger der Stettiner Gemeinde, fowie Eduard Duller, ein geborner Wiener, und fpäterer Prediger der Gemeinde in Mainz, der damals als Dichter und Schriftfteller fich bereits einen Namen gemacht hatte. Bei diefem erften Auftreten Ronge's, der von Pauli der Verfammlung vorgeftellt wurde, gab Wagner zuerst einen kurzen Bericht über die Entstehung und die bisherigen Erfolge der Reformbewegung außerhalb Oesterreich, und ich hatte es übernommen, Ronge, ehe er seinen Vortrag begann, im Namen der im Stillen schon gebildeten neuen Gemeinde, mit sechs kleinen weißgekleideten Mädchen, die mit Blumen und deutschen Bändern geschmückt waren, mit einigen Worten zu begrüßen, was ich um so bereitwilliger that, als ich damals mich noch nicht, wie bald darauf und später, durch seine Eitelkeit und seine Sucht, einen kleinen Papst zu spielen, von ihm abgestoßen fühlte. Ronge's Vortrag wurde mit stürmischem Beifall aufgenommen, und die definitive Gründung der Gemeinde erfolgte sofort; die Zahl der eingeschriebenen Mitglieder betrug 2000.

Ronge hatte darauf mit mir ausgemacht, daß ich ihn auf der Reise nach der Steiermark begleiten solle, da er sichere Nachrichten hatte, daß namentlich in Graz für unsere Sache ein sehr günstiger Boden sei. Wir blieben noch den September durch in Wien, um uns zu überzeugen, daß das so fröhlich Begonnene standhalte, und hatten die Freude zu sehen, wie die Versammlungen unserer Gemeinde und die Vorträge, die jetzt in einem anderen Local stattfanden, und abwechselnd von Duller und Wagner gehalten wurden, eine immer ernstere und theilnahmvollere Zuhörerschaft an sich zogen. Wir verließen daher Wien in der freudigen Ueberzeugung, daß im Kern der Bevölkerung ein guter Grund gelegt, ein vielverheißender Anfang gemacht sei.

So sehr aber dieser Erfolg uns mit Freude und Hoffnung erfüllte, so trübe erschien uns gerade bei unserer Abreise nach Graz der politische Horizont, — es war uns, als ziehe sich immer mehr ein schweres Gewitter zusammen, das sich früher oder später entladen müsse, und von dessen Ausbruch auch für unsere religiöse Bewegung und unsere kaum errungenen Erfolge das Schlimmste zu befürchten sei. Die Gährung namentlich in Ungarn, — die Erbitterung gegen den kaiserlichen Hof und die dort herrschende Camarilla wurde von Tag zu Tag drohender, besonders nachdem Jellacic, der Ban von Croatien, zum Stellvertreter des Kaisers in Ungarn ernannt, und durch ihn der ungarische Reichstag aufgelöst worden war. Jellacic wurde von diesem für einen „Hochverräther" erklärt, und Lamberg, der Oberkommandant der ungarischen Armee, fiel als eines der ersten Opfer. Von Wien wurden Truppen nach Ungarn gesandt, aber ein Bataillon weigerte sich, und von anderen gingen Viele zum Volksheer über. Als zweites Opfer der blinden Volkswuth fiel Latour, der österreichische Kriegsminister, wegen seiner Verbindung mit der Camarilla, — Reichstag und National-Gardisten hatten umsonst sein Leben zu retten gesucht.

Das war die Zeit, wo Ronge mit mir in Graz ankam; es war den 4. October. So groß unser Drang war, auch hier das Banner der religiösen Freiheit aufzupflanzen, so überzeugten wir uns sofort, daß in diesem Augenblick, wo unmittelbar vorher in Pest und Wien Blut geflossen und die Aufregung der Gemüther einen bedenklichen Grad erreicht hatte, keine Rede davon sein könne, zu einem Vortrag von unserer Seite einzuladen; wir waren uns vollkommen klar darüber, daß diese Zeit der Aufregung erst wieder vorüber sein müsse, ehe wir auch nur einen Versuch machten, für unsere Angelegenheit die Aufmerksamkeit in Anspruch zu nehmen. Wir entschlossen uns aber, in Graz zu bleiben, da wir durch Unterredungen mit Männern, die damals an der Spitze der politischen Bewegung in Steiermark standen, in der Ueberzeugung bestärkt wurden, daß für die Inangriffnahme der religiösen Frage auf eine warme Betheiligung zu hoffen war.

In dieser Wartezeit war es, wo Ronge und ich, die wir von Freunden unserer Sache in dasselbe Gasthaus gewiesen waren, wo die Versammlungen der demokratischen Partei regelmäßig stattfanden, und zwar stets in dem Jedermann zugänglichen Speisesaal, als Zuhörer an diesen theilnahmen, und durch die Mittheilungen, welche hier über die täglichen Vorgänge in Wien und Ungarn gegeben und besprochen wurden, stets Kenntniß erhielten vom Stand der ganzen Bewegung. Hier war es auch, wo eines Abends der Beschluß gefaßt wurde, ähnlich wie in andern Orten einige Mitglieder aufs Land zu schicken, um über die Vorgänge in Wien zu berichten, und die Nationalgarden oder Bürgerwehren aufzufordern, daß sie der Reichshauptstadt und dem Reichstage zu Hilfe eilten, weil man damals namentlich von Seiten Jellacic's, der aus Ungarn sich bereits der Grenze näherte, das Schlimmste befürchtete.

Einer dieser Herren, welche sich bereit erklärten, mit diesem Auftrag aufs Land zu gehen, — es war ein junger Beamter, der zufällig neben mir saß, frug mich, ob ich nicht Lust hätte, ihn zu begleiten, er gehe nach Marburg, und würde mich bei dieser Gelegenheit auch einigen seiner besten Freunde vorstellen, die später sich aller Wahrscheinlichkeit

nach an der religiösen Reformbewegung betheiligen
würden. Diese Einladung nahm ich an.

Wir Beide erhielten — wohl der sprechendste Beweis, daß es
sich um etwas handelte, was sogar von Seiten der kaiserlichen
Behörde damals nicht mißbilligt wurde, — jeder einen Legitimations=
schein, mit der Unterschrift des kaiserlichen Gouverneurs von Steier=
mark und dem Staatssiegel, in welchem der Zweck unserer Fahrt
genau angegeben war. Dieses Actenstück, das ich noch besitze, lautete:

Certificat. „Womit bestätigt wird, daß über
den Wunsch der Stadtbevölkerung Herr Doctor (!)
Scholl abgesendet wird, sich auf das Land zu be=
geben, und das Landvolk über die Begegnisse in
Wien zu belehren, und aufzufordern, der bedräng=
ten Stadt Wien zu Hilfe zu kommen. Es ist dem=
selben daher in diesem Vorhaben kein Hinder=
niß in den Weg zu legen.
Graz, am 11. Oct. 1848.
Graf Wickenburg, Gouverneur.

Was dieser Fahrt nach Marburg, die ich gemeinsam mit dem
jungen Beamten machte, nun aber vollends Alles benahm, was sie
zu einer „staatsgefährdenden" zu machen im Stande war, das ereignete
sich, ehe wir den Eisenbahnzug bestiegen, auf welchem wir auf Grund
unserer Legitimation freie Fahrt hatten. Auf dem Weg zum
Bahnhof wurde uns nämlich als Allerneuestes aus Wien die Mit=
theilung, daß der Reichstag, um kein Mittel zur Herstellung der
Ruhe und Ordnung nach den blutigen Vorfällen der jüngsten Zeit
unversucht zu lassen, eine Proklamation ans Volk erlassen
habe, welche in alle Provinzen, auch nach Graz versandt wurde,
und in welcher er dringend aufforderte, nicht nur überhaupt jeden
gewaltsamen Schritt zu vermeiden, sondern insbesondere auch, daß
jeder Zuzug von Nationalgarden aus den Provinzen
unterbleiben solle, da er, der Reichstag, dafür bürge, daß auch
ohne diese Hilfe die Ordnung und Sicherheit Wiens durch dessen
eigne Kräfte gehandhabt werde. Auf diese Mittheilung hin waren
wir im ersten Augenblick unschlüssig, ob wir überhaupt unsere
beabsichtigte Fahrt unternehmen sollten, da der eigentliche Zweck
derselben jetzt gegenstandlos war; wir entschlossen uns aber doch,
und hauptsächlich, damit ich bei dieser Gelegenheit
für die Inangriffnahme der religiösen Angelegenheit

möglicherweise einige persönliche Bekanntschaften
mache, die uns späterhin von Nutzen sein könnten.
Daß dieser mein Entschluß — nicht unmittelbar, aber nach Verlauf
von Jahren für mich noch eine sehr verhängnißvolle Folge haben
sollte, das habe ich in meiner politischen Harmlosigkeit damals nicht
ahnen können. Es würde dem Zweck dieser einleitenden Worte
nicht entsprechen, wenn ich hier näher hierauf einginge, aber zur
Kennzeichnung jener Zeit sei wenigstens soviel hier erwähnt, daß
während meines späteren Aufenthaltes in Paris, im Jahr 1851
auf 1852, nach dem Staatsstreich Napoleons III., ich in meiner
Wohnung verhaftet und drei Tage in den Conciergerien eingesperrt,
dann als unschuldig entlassen wurde, weil unmittelbar vorher von
Dresden aus im Namen der österreichischen Regierung ein
„Steckbrief" gegen mich erlassen war, in welchem es hieß, daß
ich nach Deutschland zurückzukehren beabsichtige, aber wegen „hoch-
verrätherischer Handlungen in Oesterreich" zu verhaften
sei. Diese hochverrätherischen Handlungen sollte ich durch diese
Fahrt nach Marburg, und durch ähnliche harmlose Dinge, die man
zwei Jahre nach meinem Grazer Aufenthalt in tendentiös entstellter
Weise noch hinzudichtete, und die in jener Zeit der schwärzesten
Reaction sogar von falschen Zeugen beschworen wurden, begangen
haben. Der Urtheilsspruch, den ich durch einen von mir von der
Fremde aus eingeleiteten Prozeß herbeiführte, lautete freilich auf
Einstellung der gegen mich begonnenen Verfolgung und
auf Freisprechung von allen Kosten, aber dieser Prozeß hat
Jahre lang gedauert, und namentlich meinem bejahrten Vater, der
sich desselben besonders annahm, schweren Kummer bereitet.

Die Wartezeit, zu welcher Ronge und ich verurtheilt waren,
zog sich zu unserem großen Leidwesen länger hinaus, als wir Anfangs vermuthet; die politischen Ereignisse, welche damals eintraten,
waren aber auch der Art, daß an eine Beruhigung der Gemüther
nur schwer zu denken war. Die wichtigsten waren der Sturm des
Zeughauses in Wien, bei welchem 174 vom Volk und 142 von der
Armee fielen, die zweite Flucht der Kaiserfamilie nach Olmütz, die
Berufung des Feldmarschalls Windischgrätz zum Befehlshaber der
Armee, der immer näher heranrückende Jellacic mit seinen
Croaten, die Ernennung Messenhausers zum Oberkommandeur
der Nationalgarden durch den Reichstag, die Absendung der deutschen
Parlamentsmitglieder Weller und Mosle an den Kaiser, und die

von Fröbel, Robert Blum, Hartmann und Tramputsch
an die Wiener, zur Herbeiführung einer Versöhnung, die schnöde
Abweisung durch Windischgrätz, der erklärte, daß „er jetzt
über dem Kaiser stehe und mit Rebellen nicht unter-
handle", und schließlich die Erklärung des Belagerungszustandes
über Wien, welches von 80 000 Soldaten umzingelt war. Dieses
letztere war am 20. October geschehen und damit die Spannung
der politischen Atmosphäre so weit vorgeschritten, daß jeden Augenblick der Ausbruch des lange drohenden Gewitters zu befürchten
stand. Ronge und ich fingen darum schon an, uns mit dem Gedanken vertraut zu machen, daß wir auf jeden Versuch einer
religiösen Reformthätigkeit verzichten und an unsere Heimkehr
denken müßten, sagten uns aber auch, daß unter den damaligen
Verhältnissen der Weg über Wien uns abgeschnitten sei, und wir
den einzigen über Salzburg wählen müßten.

Und doch sollte es gerade in dieser ereignißschwangeren Zeit
sein, daß wider unser Erwarten sich uns die Möglichkeit eröffnete,
unsere Thätigkeit zu beginnen. Ein Grazer Bürger, dem gegenüber wir obige Gedanken ausgesprochen, und namentlich auch unsere
Zweifel, daß wir schwerlich ein passendes Local für eine Versammlung erhalten würden, weil uns bereits auf mehrere vorläufige An-
fragen abschlägige Erklärungen gegeben worden waren und der
Besitzer eines Locals, der es uns schon zugesagt, seine Zusage
wieder zurückgezogen hatte, — er trug unsere Angelegenheit einer
Versammlung politischer Gesinnungsfreunde vor, indem er es „für
eine Schmach" erklärte, wenn man uns ganz unverrichteter Sache
ziehen lasse, ohne wenigstens einen Versuch gemacht zu haben.
Dem energischen Bemühen dieses einen Mannes gelang es darauf,
einen Beschluß herbeizuführen, nach welchem eine Deputation von
16 Herren erwählt wurde mit dem Auftrag, zum Landeshauptmann
Graf Attems zu gehen und diesen zu ersuchen, daß für eine die
religiöse Frage betreffende Versammlung die städtische Reitschule als Local bewilligt würde. Nach langem Widerstreben wurde
dieses auch zugesagt. Und so kam es, daß inmitten und trotz jener
politisch aufs Höchste gesteigerten Aufregung die erste unserer Versammlungen auf den 21. October festgesetzt und durch Plakate bekannt gemacht wurde, — auf denselben Tag, an welchem, was
wir nachher erst erfuhren, der Befehl erging, daß der Reichstag
von Wien nach Kremsier verlegt werde, welcher Befehl aber

vom Reichstag als ungesetzlich nicht anerkannt wurde; an jenem Tage kam es in Wien auch schon zu den ersten kleinen Gefechten zwischen den Belagerten und der sie umschließenden Armee.

Wie es trotzdem möglich war, nicht nur diese erste Versammlung überhaupt anzuordnen und in der Grazer Einwohnerschaft für diese speciell religiöse Angelegenheit Interesse zu erwecken, sondern wie es auch Ronge und mir möglich war, unter solchen Verhältnissen ein öffentliches Eintreten für diese Angelegenheit zu wagen, ist mir heute fast ein Räthsel, und kann ich mir beides nur damit erklären, daß einerseits wir von der Nothwendigkeit religiöser Aufklärung und darum religiöser Reform gerade in Oesterreich während unseres kurzen Aufenthaltes in demselben uns nur um so lebhafter überzeugt hatten, und deswegen um so sehnlicher wünschten, nicht ganz unverrichteter Sache Oesterreich und jetzt besonders Steiermark wieder zu verlassen, andererseits aber trotz der politisch so hochgespannten damaligen Lage die räumliche Entfernung von Graz und Wien — die Eisenbahn über den Semmering war erst in Angriff genommen — nicht wenig dazu beitrug, daß die in Wien sich vollziehenden Ereignisse von allen Entfernteren, und darum auch in Graz, mit einer verhältnißmäßig etwas größeren Ruhe verfolgt wurden.

Daß wir in der Stadt Graz selbst noch weniger als in Wien auf eine allgemeine Zustimmung zu rechnen hatten, darüber waren wir uns von vornherein vollkommen klar; daß aber die Gegner in so heftiger Weise gegen uns auftreten würden, hatten wir doch nicht erwartet. In unserm zuerst gewählten Gasthaus hatten sie uns Steine durchs Fenster geworfen und eine Katzenmusik gebracht, weswegen wir auf Anrathen von Freunden das andere bezogen, in welchem wir während unseres ganzen Aufenthaltes auch unbehelligt blieben. Der Besitzer des Saales, der uns zuerst versprochen war, hatte seine Zusage deswegen zurückgenommen, weil er eine Masse Drohbriefe erhalten hatte, welche ihm in Aussicht stellten, daß man ihm sein Local anzünden werde. Uns selbst waren ebenfalls zahlreiche anonyme Briefe zugekommen, in denen man uns von unserm Vorhaben abzuschrecken suchte, indem man uns einen Ueberfall von Seiten der Bauern aus der Umgegend prophezeite und mit Erschießen und Erschlagen drohte. Diese fanatische Hetze war zuletzt so bedrohlich geworden, daß uns von vielen Seiten, namentlich auch vom protestantischen Pfarrer, dem wir einen Besuch gemacht hatten, aufs Allerbringendste abgerathen wurde. Wir blieben aber bei unserm Entschluß.

Auf dem Weg zu der ersten Versammlung im städtischen Reithaus hatten wir uns durch ein förmliches Spalier von dichtgedrängten, neugierigen Zuschauern hindurchzuwinden, unter denen sich insbesondere einige alte und junge Betschwestern hervorthaten, indem sie uns im Vorbeigehen laut mit den Worten begrüßten: „Seht, da kommen die Seelenrauber!" Das Gedränge wurde namentlich in der Nähe des Locals immer beengender, wir hatten aber der Ordnung und der Sicherheit halber uns zur Seite und vor und hinter uns Mitglieder der Nationalgarde und der akademischen Legion, von denen sich während der Versammlung und des Vortrags einige sogar mit entblößtem Säbel neben uns stellten.

So fand am 22. October unsere erste Versammlung statt. Der Verabredung nach wurde sie durch einen ergreifenden Quartettgesang eröffnet und durch einen von mir erstatteten kurzen geschichtlichen Bericht über die Entstehung und den bisherigen Verlauf der neuen Reformbewegung, worauf Ronge den eigentlichen Vortrag hielt. Die Gegner hatten es sich nicht nehmen lassen, wie in Wien, auch hier den Vortrag durch „Feuerrufe" zu stören; aber so wenig wie dort ist ihnen ihr „christlicher Plan" gelungen. Nach der ersten Verwirrung und Bestürzung verlief die Versammlung in größter Ruhe, und als zum Schlusse ein Grazer Bürger in der Nationalgardeuniform dazu aufgefordert hatte, schrieb sich eine große Anzahl Männer und Frauen in eine Liste ein, als erster Stock der zu bildenden freien Gemeinde, was mit ungeheurem Beifall von den andern begrüßt wurde. Beim Herausgehen aus dem Saal streute eine Dame Blumen auf den Weg.

Damit war in vielversprechender Weise der erste Anfang der religiösen Reformbewegung gemacht, und die Folge sollte zeigen, daß sie trotz der verhängnißvollen politischen Ereignisse die schönsten Fortschritte machte.

In Wien fiel am Tage darauf der erste Kanonenschuß; Windischgrätz erließ sein Ultimatum, und wie dieses abgefaßt und gemeint war, bewies die Aufforderung eines Obersten von einem Jägerregiment, der daraufhin seine Leute aufforderte, wenn sie nach Wien hineinkämen, „auch nicht das Kind im Mutterleibe zu schonen." Messenhauser und der Reichstag erließen ihrerseits Proklamationen, in welchen sie sich gegen das Ultimatum von Windischgräß erklärten, als im Widerspruch nicht nur mit den „Menschenrechten", sondern auch mit dem gegebenen „Kaiserwort"; Robert Blum hielt seine Ansprache an die Studenten.

Unmittelbar darauf, doch — wie es auch die ganze Zeit später der Fall war, — ohne schon genauere Nachricht von den voraufgegangenen oder gleichzeitigen Vorfällen in Wien zu haben, am 25. October, hielt ich dann meinen ersten größeren Vortrag in demselben städtischen Local, und wieder vor einer Versammlung, die wie die erste über 2000 Zuhörer zählte. Die haarsträubendsten Gerüchte waren auch diesmal ausgestreut gewesen, die Reitschule sollte demolirt und Ronge und ich gesteinigt werden; doch erwies sich Alles als leerer Schreckschuß. Unter den Zuhörern hatten sich, trotz den herumgehenden Gerüchten, noch eine größere Anzahl Frauen eingefunden, als das erste Mal, und die Theilnahme, welche sich nach diesen beiden vorbereitenden Versammlungen für unsere Sache kundgab, war eine so warme, daß wir schon am Tage darauf zur förmlichen Gründung einer Gemeinde schreiten konnten, welche sofort die Anzeige davon bei der Landesbehörde machte, und mit Berufung auf die von der Verfassung „allen Staatsbürgern gewährleistete volle Glaubens- und Gewissensfreiheit" die Zuversicht aussprach, daß auch ihr der gesetzliche Schutz werde zu Theil werden.

Die Hauptfrage, die nun aber nach Gründung der Gemeinde sich uns Allen aufdrängte, war die, wer wenigstens für die erste Zeit als ihr Sprecher oder Prediger das so erfreulich begonnene Werk fortsetzen solle? Und dieser Frage gegenüber befand ich mich, der von allen Seiten zum Uebernehmen dieser Stellung aufgefordert wurde, nicht sowohl in einer schmerzlichen Verlegenheit, sondern in einem förmlichen Kampf mit mir selber. Ich hatte, wie Eingangs mitgetheilt, die Erfahrungen von Mannheim hinter mir, und fühlte eine förmliche Scheu, in dieser früheren Weise, mit Verpflichtung zur Uebernahme aller sogenannten Functionen, je wieder mich an eine einzelne Gemeinde zu binden. Ich war mir auch darüber klar, daß inmitten der damaligen politischen Ereignisse, und wenn, was nur zu sehr in Aussicht stand, die Reaction siege, die Wirksamkeit als Prediger einer freien Gemeinde in Oesterreich nicht nur mit Widerwärtigkeiten und Hemmnissen aller Art werde verknüpft sein, sondern daß der Prediger wie die Gemeinde aufs Aller-

2*

schlimmste gefaßt sein müsse. Andrerseits aber sah ich ein, daß —
da Ronge selbst fest entschlossen war, zur Gründung neuer Ge=
meinden sich von Oesterreich aus nach Bayern zu wenden, die kaum
gegründete Grazer Gemeinde führerlos und ohne jeden Halt ba=
stände, wenn auch ich sie verließe. Konnte ich es verantworten, zu
ihrer Gründung mitgeholfen zu haben, nach Vollziehung dieser aber die
Gemeinde im Stich lassen? Konnte ich mich dem Vorwurf aussetzen,
mit Schuld zu sein, daß eine Anzahl der ehrenwerthesten Männer und
Frauen ihre Kirche verlassen und die freie Gemeinde gebildet, im
Vertrauen, daß wir das Unsre thun, um sie nicht nur zu erhalten,
sondern auch weiter zu entwickeln, daß wir aber gleichgültig gegen
ihr Schicksal sie jetzt, und gerade in dieser schweren Zeit, sich selbst
überlassen? Diese Gedanken, und ganz besonders die rührende
Herzlichkeit, mit welcher Männer und Frauen mich um mein
Bleiben bringend baten, sie gewannen zuletzt die Oberhand, und
so wenig ich es kurz vorher noch für möglich gehalten, — ich ent=
schloß mich, den Bitten zu willfahren. Auch der Zauber der
paradiesischen Gegend, in welcher diese Stadt am Fuße ihres
Schloßberges und an beiden Ufern des Murflusses liegt, trug das
seinige dazu bei, mir meinen Entschluß zu erleichtern, nicht am
wenigsten aber auch der Gedanke, daß die durch die große politische
Bewegung hervorgerufene Erhebung der Geister, die jetzt erwachte
größere Energie mir über Vieles hinweghelfen werde, was unter
gewöhnlichen Zeitverhältnissen unübersteigliche Hindernisse sind.

Mein Entschluß, als Prediger der Gemeinde in Graz zu
bleiben, und meine nächsten Vorträge fielen in dieselben
Tage, wo sich das Schicksal Wiens und mit ihm das der
ganzen politischen Bewegung in Oesterreich und Ungarn blutig
entscheiden sollte. Am 26. October begann Windischgrätz,
nachdem er der Stadt alles Trinkwasser abgeschnitten hatte, den
Angriff auf Wien; in allen Straßen Barrikaden, an deren Bau
sogar Weiber und Kinder mithalfen; am 28. standen 280 Kanonen
auf die zum Aeußersten entschlossene Stadt gerichtet, — in deren
Mitte der Reichstag; am 29., nach schweren Kämpfen — da die
Uebermacht zu groß und die Bürgerschaft Ausschreitungen des
Pöbels befürchtete — Aufziehen der weißen Fahne und
Bitte an Windischgrätz um „halbwegs menschliche Be=
dingungen" für die Uebergabe.

Am 30. October dankt Messenhauser ab als Ober=

kommandant der Nationalgarde, „da ein Sieg unmöglich“; an seine Stelle tritt Fennenberg, und jetzt eröffnet Windischgrätz das Bombardement.

Am 31. stehen die Croaten in den Vorstädten; trotz allen Beschwörens und Abmahnung von Seiten des Reichstags setzen die Arbeiter den Verzweiflungskampf fort, — ein furchtbares Blutvergießen! — und am Abend die — Einnahme Wiens. Darauf das entsetzliche Blutgericht! Erst Haussuchungen und Verhaftungen, dann schwerer Kerker, Schanzarbeit, Spießruthenlaufen bis zum Todthinfallen, Verurtheilungen zum Strang oder Begnadigung zu Pulver und Blei! Und das Alles vom 1. bis 9. November!

Im Kampf Gefallene zählte man 5 bis 6000 vom Volke, 1142 Soldaten, 56 Officiere, 70 Pferde.

Am 9. Nov. Rob. Blum auf der Brigittenau, am 16. Messenhauser im Stadtgraben standrechtlich erschossen!

In diesen nämlichen Tagen fanden, nach der vorausgegangenen Gründung der Grazer Gemeinde, und zwar, weil wir trotz allen Bemühungen kein andres Local erhalten konnten, auf der freien Terrasse unsres Gasthauses im Garten die nächsten Versammlungen derselben statt. Nachdem Ronge vor seiner Abreise noch einen ausschließlich erbaulichen Vortrag gehalten und die Feier des „Bruder- oder Liebesmahles“, die damals von den meisten neuen Gemeinden noch beibehalten war, unter seiner Leitung stattgefunden, begann ich meine sonntäglichen regelmäßigen Vorträge, und zwar den ersten an demselben Tag, wo — ohne daß uns in Graz die Kunde schon erreicht gehabt hätte — die Blutgerichte in Wien ihren Anfang nahmen, am 1. November. Sie wurden fortgesetzt bis zum 19., wo ich es für meine Pflicht hielt, in meinem Vortrag Robert Blum's zu gedenken, und zwar ebenso als Mitgliedes unsrer freien Gemeinden, wie als des deutschen Patrioten.

Dann mußte eine Pause eintreten, weil uns das bisher benutzte Local nicht mehr genügte und wir, unterstützt durch die unerwartete Gabe einer halberblindeten Greisin, einer abligen Dame aus altem Hugenottengeschlecht, einer Freiin Emilie von Pecke, uns ein eigenes Local herstellen ließen. Diese Dame hatte ich beim Besuch ihres Schwiegersohnes, des Rittergutsbesitzers von Plankenwarth, kennen gelernt, an den wir uns, weil er Vorsteher

der protestantischen Gemeinde war, die wir um vorläufige Mit=
benutzung ihrer Kirche angegangen, gewendet hatten. Sie hat auch
später noch, nachdem ich längst nicht mehr in Graz war, ihre
Sympathie für unsre Reformbestrebungen mir in hochherzigster
Weise zu erkennen gegeben.

In dieser Zwischenzeit beschränkten wir uns auf Versamm=
lungen, die wir in geselliger Weise veranstalteten, mit Musik=
vorträgen und Deklamationen von Mitgliedern, in deren einer
sogar ein Hauptmann der Croaten, die auf ihrer Rückkehr von
Wien in Graz einquartirt waren, seine Freude über unsre Be=
strebungen zu erkennen gab, und sich eine Anzahl Schriften bestellte,
die ich ihm nach Dalmatien schicken mußte. Damals war es auch,
wo ich als Beiblatt der „Grazer Schnellpost" anfing, die „Sonn=
tagsblätter für religiöse Reform" herauszugeben, die
sich eines sehr großen Leserkreises zu erfreuen hatten. In dieselbe
Zeit fällt die Thronentsagung Kaiser Ferdinands und die Er=
nennung seines Neffen Franz Joseph zum Thronfolger.

Am 17. December 1848 war unsere neuerbaute Halle fertig
geworden, ich hielt die Eröffnungsrede, und von jetzt ab folgten sich
die Vorträge regelmäßig, theils am Sonntag, theils am Mittwoch,
bis zum 18. Januar 1849. Von da an sollten wir aber von
Tag zu Tag mehr erfahren, daß die längst begonnene Reaction
ihre eiserne Hand immer schwerer auf das kaum erwachte geistige
Leben in Oesterreich lege, und daß wir in unsern Hoffnungen
auf eine friedliche und ungestörte Entwickelung unseres Gemeinde=
lebens zu voreilig gewesen.

Dunkle Gerüchte von unsrer Auflösung waren uns wohl
schon zu Ohren gekommen, aber wir hatten sie nicht beachtet.
Diese Gerüchte nahmen stündlich eine bestimmtere Form an. Wir
erhielten eines Tags Abschrift einer Eingabe von Seiten unserer
fanatischen Gegner, welche an den Gouverneur von Steiermark
gerichtet war, und geradezu zum Wenigsten meine Ausweisung ver=
langte, auch die von Ronge sogar, obgleich dieser längst nicht
mehr in Oesterreich war. Dieses Actenstück verdient, wenigstens in
seiner Hauptsache, der Nachwelt aufbewahrt zu werden, es hieß
darin unter Anderem: „Als Staatsbürger des Kaiserthums Oester=
reich, als getreue Anhänger der Dynastie des hohen Herrscherhauses,
als Freunde des garantirten constitutionellen Princips und als
ehrliche, mit gesundem Menschenverstand begabte Bürger und Be=

wohner der Provinzialhauptstadt Graz bitten und verlangen wir:
Ein hochlöbliches Gubernium wolle die allsogleiche Entfernung dieser
beiden genannten Prediger Johannes Ronge und Carl
Scholl aus Stadt und Land beschließen, anordnen und verwirklichen. Sollte aber das hochlöbliche Gubernium sich nicht ermächtigt
fühlen, diese Prediger des — Hochverraths, diese Verkünder der communistischen Lehre des Diebstahls, Raubes
und Mordes, diese durch das Aufbringen ihrer Lehren uns alle
Ehre verständiger und sittlicher Bürger raubenden Menschen aus
eigner Machtvollkommenheit allsogleich aus Stadt und Land zu ver-
weisen, so bitten wir: Ein hochlöbliches Gubernium wolle dieses
unser Bittgesuch ohne Verzögerung dem hohen Ministerium unter-
breiten."

Daß von Seiten unserer Gegner uns überhaupt solche Vorwürfe gemacht wurden, daß man insbesondere uns politisch zu
verdächtigen suchte, das wußten wir von Anfang an. Aus diesem
Grunde hatten wir vor einiger Zeit schon an die Polizeidirektion
in Graz folgende Eingabe gemacht: „Da wir leider in Erfahrung
gebracht, daß unsere religiösen Reformbestrebungen manchen Verdächtigungen ausgesetzt sind, so halten wir es für angemessen, die
löbliche Behörde namentlich in Beziehung auf die von morgen an
beabsichtigten „Mittwochsversammlungen" dahin in Kenntniß zu
setzen, daß wir in ihnen, wie in unsern „Sonntagsversammlungen"
lediglich nichts als religiöse Zwecke verfolgen, und deswegen
sogar wünschen, daß die Behörde durch irgend einen Beauftragten
sich selbst von der Wahrheit unsrer Aussage überzeuge."

Jedenfalls hat die Eingabe unsrer Gegner an ihrem Theil mitgeholfen, daß der unsrer Gemeinde längst drohende Sturm endlich zum
Ausbruch kam. Am 18. Januar 1849 wurde uns durch den Magistrat
der Erlaß des Ministeriums mitgetheilt, durch welchen unsere Gemeinde
auf Grund eines vormärzlichen Gesetzes aus der Zeit Metternichs*)
als „gesetzwidrig" aufgelöst wurde. Dieser Schlag traf uns
also nicht unvorbereitet, und wir waren darum auch sofort entschlossen, alle gesetzlichen Mittel zu ergreifen, um das Fortbestehen
unsrer Gemeinde zu sichern, und zugleich meine Ausweisung,

*) In diesem Metternich'schen Erlaß war auch bestimmt, daß, wenn ein
Mitglied der damals noch „deutschkatholisch" genannten „freien Gemeinden"
starb, es des Nachts an einen verborgenen Ort gebracht und heimlich begraben
werden solle!"

welche auf Grund dieses Auflösungsdekretes von Seiten der Polizeibehörde sofort verfügt wurde, rückgängig zu machen. Die ganze
Gemeinde, Männer wie Frauen, waren, nachdem ich ihnen erklärt,
daß ich entschlossen sei, was auch komme, mit ihnen zu theilen, und
nachdem ich ihnen den Entwurf eines „Protestes" mitgetheilt, den
wir dem Ministerium einsenden wollten, einstimmig bereit, diesen
Protest sofort abgehen zu lassen und, fest auf dem Boden der Verfassung stehend, mit ausdrücklicher Berufung auf die von der Verfassung zugesicherte „Glaubens- und Gewissensfreiheit"
Alles aufzubieten, um unser gutes Recht zu wahren. In welchem
Geist dieser unser Protest abgefaßt war, mag aus der Schlußstelle
entnommen werden, die ich hier anführe: „Nach dieser Auseinander-
setzung erklären wir daher schließlich, daß, — wie wir einerseits
gegen die Anwendung jenes Erlasses vom 25. Januar 1846, als
ausgegangen vom jetzt gestürzten System des Absolutismus,
protestiren, und eventuell um die Aufhebung desselben in gesetzlicher
Weise hiermit einkommen, so wir andererseits fest entschlossen sind,
treu unserer Ueberzeugung, treu unserem Gewissen
und gestützt auf die Errungenschaften der Zeit, sowie auf
die kaiserlichen Zusagen in unserem Glauben uns
nicht und durch nichts beirren zu lassen! Wir können
Niemand das Recht zugestehen, in Glaubenssachen uns befehlen zu
wollen, denn der Glaube ist nach unserer Ueberzeugung dasjenige
Eigenthum und Heiligthum des Menschen, worüber er einzig
und allein sich selbst und seinem Gott verantwortlich ist.
Vergehen und Verbrechen, welche aus der einen wie anderen
Glaubensansicht begangen werden, hat der Staat das Recht, wie
die Pflicht, zu ahnden, — der Glaube selbst ist seinem
Richterstuhl entzogen."

In demselben Sinn reichte ich einen Rekurs ein gegen meine
Ausweisung, worin ich besonders mich dagegen verwahrte, als
„Ausländer" betrachtet und behandelt zu werden. Hatte
doch der damalige Minister Stadion, zu welchem sich in derselben Angelegenheit eine Deputation der Gemeinde nach Kremsier
begeben hatte, dieser unter Anderem erklärt, daß unsere Gemeinde
den Verdacht „politischer" Tendenzen schon deswegen sich zuziehe, „weil sie mich, einen deutschen Ausländer — und zumal
aus Baden und Mannheim, zu ihrem Prediger genommen, nicht
aber einen Oesterreicher." Ich gab in meinem Rekurs dem

Ministerium auch zu bedenken, daß, nachdem die ganze Zeit die Gemeinde unter seinen Augen bestanden und nichts gegen das Bestehen derselben von Seiten der Behörde eingewendet worden, es sich durch die gewaltsame Auflösung derselben und meine Ausweisung den Vorwurf zuziehe, daß es „mit den Herzen, mit den heiligsten Gefühlen treuer Staatsbürger ein unverantwortliches Spiel getrieben habe."

Einen vollen Monat dauerte die Ungewißheit, was wir von der Regierung für einen Bescheid erhalten würden. Da die Versammlungen und Vorträge verboten waren, suchten wir in dieser Zeit der Erwartung einen Ersatz in gemeinsamen Spaziergängen, auf deren einem, der uns auf die umgebenden wundervollen Berge geführt hatte, ich meiner Stimmung in einigen Strophen Ausdruck gab, die zur Kenntniß unserer damaligen, zwischen Hoffen und Bangen getheilten Lage hier stehen mögen:

Auf dem Berge.

Was ist's, das mich läßt weinen macht,
    Wenn ich da oben stehe,
Und in der Alpen stille Pracht
    Sinnend hinüber sehe?

Da liegen sie in sel'ger Ruh',
    Kein Laut bewegt die Lüfte.
Die Sonne schauet freundlich zu,
    Frisch weh'n der Tannen Düfte.

Sie winken mir, — sie grüßen mich!
    Was wohl der Gruß will sagen?
„Bleib' bei uns?" — oder: „Flüchte dich?"
    — O, könnt' ich wen drum fragen!

„Bleib' bei uns!" — Alles wird noch gut,
    Du hoffest nicht vergebens!
„Bald steigt aus morgenrothem Blut
    Die Sonne neuen Lebens!"

„Was Eigennutz bisher verhüllt,
    — Zu Gottes größter Ehre: —
Der Menschheit göttlich reines Bild,
    Frei wird es, frei, das hehre!"

Doch, kaum daß ich von Berg und Wald
    Mich fühl' zurückgehalten,
Die andre Stimme zu mir schallt:
    „Fort! Fort! — Es bleibt beim Alten!"

„Was du gehofft, — es war ein Traum!
    Das Volk ist müd' — vom Schlafen!
Noch schlägt es auf die Augen kaum, —
    Fort! Fort! — Es will noch Pfaffen!"

„Da drüben liegt ein ander Land,
    Da drüben über'm Meere,
Was deine Sehnsucht hier nicht fand,
    Dort findet sie die hehre,

Die Freiheit, ganz ein Mensch zu sein,
    Wozu dich Gott erschaffen!
Dort redet keine Kirche drein,
    Kein Papst und keine Pfaffen!"

So ruft es mir! So grüßt es mich!
    O, wär' der Kampf vorüber!
Es hält mich fest so inniglich,
    — Und zieht mich doch hinüber!

Endlich kam der Bescheid! Am 23. Februar wurde uns vom
Magistrat eröffnet, daß die Gemeinde zwar nicht als „Religions=
gesellschaft", aber „auf Grundlage der Associationsrechte als Ver=
ein" anerkannt, und der gegen mich erlassene Ausweisungsbefehl
zurückgenommen sei. Wir jubelten und unsere Gegner knirschten.
Am 25. Februar begannen unsere Versammlungen und Vorträge
wieder, und ich hielt den ersten, anknüpfend an die gerade für
diese freudige Entscheidung passende biblische Sage über den
„Sturm auf dem Meere, der so wunderbar gestillt worden." Aber
leider sollte unser Jubel ein sehr kurzer sein! Wir setzten unsere
Versammlungen und Vorträge fort, wir hatten immer die Freude,
unsern Saal bis auf den letzten Platz gefüllt zu sehen, — aber
die politischen Ereignisse, die sich in der Ferne abspielten und von
denen wir allmählich Kunde erhielten, sagten uns, daß wir stündlich
mehr uns auf noch Schlimmeres als bisher müßten gefaßt machen.

Am 4. März erfolgte die Auflösung des Reichstags zu
Kremsier, mit ihr die Verkündung der neuen, oktroyirten Ver=
fassung, und mit dieser das Verbot der „Deutschen Grundrechte"
für Oesterreich; in Siebenbürgen rückten die Russen ein, um die
Ungarn niederwerfen zu helfen, diese erklärten das Haus Habsburg
des Thrones verlustig und ernannten Kossuth zu ihrem Gouverneur.

Nicht lange darauf, in der letzten Woche des März, wurde
unsere Gemeinde zum zweitenmal, und jetzt unwiderruflich,
aufgelöst. Auf dringende Bitte erhielten wir nur die eine Ver=

günſtigung, daß wir am Palmſonntag uns noch einmal verſammeln
durften. Es war ein ſchmerzlicher, und doch auch unendlich erhebender
Tag. Der Schlag, der uns traf, der gewaltſame Eingriff in unſer
innerſtes Geiſtes- und Gemüthsleben ſchmolz die Herzen der Gemeindeglieder gleich einem Blitzſtrahl aus der Höhe in eine gemeinſame
Begeiſterung zuſammen, und dieſe wurde noch erhöht im Hinblick
auf die geſchichtliche Erinnerung des Tages, im Aufblick zu jenem
Größeren, der, auch der Gewalt unterliegend, ſich zu ſeinem Todes-
gange anſchickte. — Aber auch viele unſerer Gegner, ſelbſt Männer,
die von der Polizeibehörde zur Ueberwachung in unſere Verſammlung geſchickt waren, ſie fühlten an dieſem Tage, als ſie unſern
Schmerz und unſere ſtille Ergebung, aber auch unſere nicht wankende
Zuverſicht und unſern Glauben an den dennoch nicht ausbleibenden
Sieg unſerer Beſtrebungen ſahen und aus unſern letzten Worten
heraushörten, ſelbſt ſie fühlten mit uns, — wir ſahen's an den
Thränen, die Männern im Auge ſtanden, die bisher nicht von
uns hatten wiſſen wollen.

Um nichts unverſucht zu laſſen, wandten wir uns noch einmal mit einer Eingabe an das Miniſterium, auch der innerhalb
der Gemeinde gegründete „Frauenverein" that von ſich aus daſſelbe,
— es war umſonſt. Am 23. April erhielten wir den Beſcheid,
daß unſern gemeinſamen Vorſtellungen und Bitten „keine Folge
gegeben werde." Die Gemeinde war und blieb aufgelöſt; daſſelbe
geſchah auch der Gemeinde in Wien.

Auf meinen Vorſchlag machten wir am 25. April noch einen
allerletzten, freilich nicht von Jedem ſofort verſtandenen, Verſuch;
wir wandten uns an den Fürſtbiſchof von Rauſcher in
Graz und übergaben ihm in ſeinem Palais in perſönlicher Audienz
eine von mir verfaßte Adreſſe. Wie dieſer Schritt gemeint war, mag
aus der einen Stelle erſehen werden, die darin lautete: „Treten Sie
vor Oeſterreichs Miniſter und ſagen Sie ihnen: „Rom ſteht auf
ewigem Fels, Roms Kirche hat der Brandung von Jahrhunderten
getrotzt, ſie ſtehet feſt und ſicher; laßt immer die empörten
Fluthen brauſen, laßt immer die wilden Wogen des
ketzeriſchen Geiſtes frei und ungehemmt herankommen,
wir fürchten ſie nicht, wir wanken nicht, und käme die Hölle
ſelbſt, denn unſrer Kirche gilt des Meiſters Prophezeiung: „Die
Pforten der Hölle ſelbſt ſollen ſie nicht überwältigen."
— Das ſagen Sie Oeſterreichs Miniſtern! Das wäre ein ſtolzes

Wort, das wäre ein großes Wort! Priester Roms, sprechen Sie
es aus, sprechen Sie es zuerst aus, — und — wie auch der Kampf
sich wende, — Sie haben durch dieses eine Wort unserer, Ihrer
Gegner, Hochachtung, Sie haben sich den Ruhm der Nachwelt ge-
sichert! Wir sind nicht gekommen, Frieden zu schließen, wir sind
nicht gekommen, eine Gnade zu erflehen, — wir wollen Kampf, aber
Kampf mit gleichen Waffen! Sprechen Sie das stolze Wort!
Unsere Halle — wird sich öffnen, und — die Wahrheit, sie
wird siegen!"

Ein diplomatisches, gnädiges Lächeln, — die gewundene Erklärung, nicht als „Kirchenfürst", aber vielleicht in seiner Eigenschaft als „Staatsbürger" sehen zu wollen, was er thun könne,
— das war die Antwort auf diese letzte unserer Bemühungen
Wir hatten auch nichts Anderes erwartet, denn, — wer unseren
Schritt überhaupt richtig beurtheilte, der hatte sich gesagt, daß es
sich dabei weniger um eine wirkliche Bitte, als vielmehr um eine
Anklage handelte, eine Anklage gegen die Kirche, von der
wir wußten, daß ihre Parteigänger es waren, die doch zuletzt
das ganze Vorgehen der weltlichen Behörden gegen uns veranlaßten,
— eine Anklage, die wir unter den damaligen Verhältnissen in
die Form dieser Adresse einkleideten. Das Verlesen dieser Adresse
und das Angehörtwerden derselben war uns deswegen allein schon
eine Genugthuung.

Auffallenderweise war diesmal mit der Auflösung der Gemeinde
nicht auch gleichzeitig, wie das erste Mal, meine Ausweisung verfügt worden; ich hielt es darum für möglich, wenn ich eine ent-
sprechende andere Stellung fände, bleiben, und den Gemeindemit-
gliedern und unserer Sache auch fernerhin nützen, durch mein Verbleiben allein schon wenigstens einen geistigen Zusammenhalt unter
denselben sichern zu können. Ich war aber ebenso auch gefaßt
darauf, daß meine Stunden in Oesterreich gezählt seien, was die
folgenden, auch damals von mir niedergeschriebenen Strophen deutlich
erkennen lassen:

An die zum zweitenmal aufgelöste Gemeinde.

Als Jesus einst ins Trauerhaus gekommen,
Wo sie die Tochter, blühend, kaum an Jahren,
Laut schon beweinten, weil sie, unerfahren,
Den tiefen Schlaf für ew'gen Tod genommen,

Da sprach er lächelnd: „Laßt o, laßt das Weinen!
Sie ist nicht todt, sie schläft nur, traumbefangen!"
Und kaum, daß weckend seine Stimm' ergangen,
Schlug sie die Augen auf, die himmelreinen!

So schläfst auch Du, der Freiheit Erstgebor'ne,
Gezeugt im Sturme der Octobernächte,
Getaufet auf der Menschheit ew'ge Rechte,
Zu frühem Tode scheinbar Auserkor'ne!

So schläfst auch Du! — Ob Deine Feinde lachen,
Ob sie für todt Dich, für begraben halten,
Und jubelnd drob die frommen Hände falten
— Du bist nicht todt, Du wirst, Du wirst erwachen!

Ob mich Dein Auge dann noch wird erblicken? —
O, Wonne, Dir zuerst hineinzusehen!
Doch, frage nicht! Wollt' ich auch selbst nicht gehen, —
Sie können jede Stunde fort mich schicken!

Ich bin ja fremd, Fremdling im Vaterlande,
Im deutschen Lande, dessen Sprach' ich spreche!
Viel besser dran der Slave und der Czeche!
— Wann kommt der Tag, der löschet solche Schande!

Drum — frage nicht! Harr' aus bis zum Erwachen!
Ich gehe nicht, bis sie mich gehen heißen,
Und scheidend werd' ich dann nach Oben weisen,
Uns dem empfehlend, — der es wohl wird machen!

In diesen letzten Tagen wurde mir unerwarteter Weise von jener betagten Hugenottin, die ich oben erwähnt, das hochherzige Anerbieten, daß ich auf ihr Schloß Plankenwarth ziehen und dort als Erzieher mich ihren Enkeln widmen solle. Damit konnte ich der Grazer Behörde gegenüber den Beweis liefern, daß es mir an sogenannten „Subsistenzmitteln", nach denen ich bereits gefragt worden war, nicht fehle. Aber es sollte mir nicht beschieden sein, dieses Anerbieten anzunehmen. Am 24. Mai wurde mir der neue Ausweisungsbefehl zugestellt, und zwar mit der verschärften Weisung, daß ich „unverzüglich, bis spätestens am Abend des 25., Graz und die österreichischen Staaten zu verlassen habe." Ein Grund war nicht angegeben, und eine Zurücknahme dieses Befehles zu erwirken, gelang mir nicht, obgleich ich es versuchte. Ich begab mich zum damaligen Polizeidirector, Herrn Päumann, auf dessen Geschäftszimmer. Es war derselbe Beamte, dem mich bei meiner Ankunft im vergangenen Herbst der Vorsitzende der freien Gemeinde

vorgestellt, und der damals mich mit der größten Liebenswürdig=
keit behandelt hatte. War er doch soweit gegangen, zu erklären,
„daß auch Seitens der Regierung man sich freue, daß
diese religiöse Reformbewegung in Oesterreich beginne,
denn es sei hohe Zeit, daß dem Treiben des Clerus ein Ende
gemacht und die Aufklärung des Volkes in Angriff genommen werde."
Das waren Worte, die, wenn ich sie auch nicht ganz gläubig hin=
nahm, mich doch bei Beginn meiner Thätigkeit in Graz mit Freude
und Muth erfüllten. Seit damals hatte ich den Herrn nicht mehr
gesprochen, — jenes war im Herbst 1848, — und jetzt war es
Mai 1849! Und welche Veränderung! So freundlich, so liebens=
würdig der Beamte mich damals empfangen und förmlich bewill=
kommnet hatte, so barsch und wegwerfend behandelte er mich jetzt.
Das gab mir aber gerade den Muth, ihn an jene erste Unter=
redung und sein damaliges Bekenntniß zu erinnern und ihm gerade
heraus zu sagen, daß ein solcher Widerspruch in seinem Benehmen
mir gegenüber unerklärlich sei, worauf er, etwas einlenkend, die
denkwürdige Aeußerung that: „was er damals gesagt, wisse
er, aber er sei zur Ueberzeugung gelangt, daß wir mit
unsern Reformbestrebungen in Oesterreich 50 Jahre zu
früh gekommen!"

Ich packte meinen Koffer. Zu vielen Abschiedsbesuchen war
keine Zeit, dagegen fanden sich in der Frühe des 25. Mai, — es
ist der Todestag meiner unvergeßlichen Mutter! — sämmtliche
Gemeindeglieder in der Nähe des Bahnhofs in einem öffentlichen
Garten ein, wo ich noch ein letztes Wort vor meinem Scheiden
sprach.*) Die Frauen überreichten mir einen prachtvollen Blumen=
strauß mit schwarzrothgoldener Schleife, — ein warmer Hände=
druck, — und ich trat meine Heimreise an, auf welcher ich — was
ein mir wohlwollender Beamter selber im Vertrauen vorher mir
mittheilte — bis nach Salzburg an die Grenze von einem Geheim=
polizisten begleitet war.

So endete meine im Herbst 1848 begonnene neunmonatliche
Wirksamkeit auf österreichischem Boden. Die Gemeinden in Wien
und Graz waren aufgelöst durch ein kaiserliches Machtwort, ich
ausgewiesen, die Mitglieder der Gemeinden aber suchten auf alle
mögliche Weise im Stillen ihren Zusammenhang trotzdem zu erhalten,

---

*) Siehe den Anhang.

und bewiesen damit, daß die Sache, welche sie zusammengeführt, nicht ausschließlich an diese oder jene Persönlichkeit geknüpft ist. Sie brachten es mit der Zeit sogar dahin, daß wieder Versammlungen und Vorträge gehalten werden durften, und namentlich vom Jahr 1869 bis 1871 nahm das Gemeindeleben und die Propaganda für religiöse Aufklärung überhaupt einen neuen, sehr erfreulichen Aufschwung. Dank der Thätigkeit des früheren katholischen Priesters Biron, den die Mitglieder zum Prediger gewählt, und der insbesondere durch das von ihm herausgegebene Blatt „Der Freidenker" die Ideen der freien Gemeinde in weite Kreise hineintrug. Unter seiner Führung verwandelte sich die Gemeinde, die nie als eine „religiöse" anerkannt wurde, in einen „Freidenker-Verein", und erhielt als solcher, nach Vorlage der Statuten, die obrigkeitliche Genehmigung. Sogar als aber auch dieser Prediger nach zweijährigem Wirken der Uebermacht der Kirche weichen und seiner Verhaftung sich durch die Flucht entziehen mußte, gaben die Mitglieder ihre Sache noch nicht ganz verloren, sie kamen, wenigstens einzelne, von Woche zu Woche in dem kleinen Raum eines Zimmers zusammen, das einer der Treuesten und Energischsten ihnen zur Verfügung stellte, und in welchem noch einige Vorträge gehalten wurden. Daß mit der Zeit, infolge des zunehmenden Druckes von Oben, der überhand nehmenden Besorgniß und Angst zumal der Familienväter um ihre Existenz, und namentlich beim vollständigen Fehlen eines geistigen Führers das Vereinsleben zuletzt allerdings ganz erlosch, — darüber wird Niemand sich wundern, der auch nur etwas von der Geschichte, und insbesondere der Geschichte ähnlicher Reformbewegungen weiß. Der „Freidenker-Verein" zeigte seine endliche Auflösung der Behörde von selber an.

Es wiederholte sich somit in unsern Tagen, was vor drei Jahrhunderten im Verlauf der damaligen großen Reformbewegung im nämlichen Oesterreich und in derselben Steiermark ebenfalls geschehen, nur mit dem Unterschied, daß diesmal Folter und Galgen nicht mehr zur Anwendung kamen. Eine große Täuschung aber wäre es, zu meinen, daß damit das vor Jahrzehnten so hell lodernde Feuer gänzlich erloschen sei. In Graz und der Steiermark überhaupt sind zur Stunde nicht Wenige, die das unter der Asche fortglimmende erhalten, indem sie namentlich durch Lesen der außer Oesterreich erscheinender freireligiöser Blätter sich den Zusammenhang mit der ganzen gegenwärtigen Reformbewegung wahren, und im Stillen, im Kreis von Freunden und Bekannten, die Propaganda für geistige Aufklärung und Selbstbefreiung fortsetzen. In Wien haben die Freigesinnten sogar die Genugthuung, trotz aller polizeilichen Maßregelungen, das Recht sich errungen zu haben, als „confessionslose Religionsgesellschaft" ihre regelmäßigen Versammlungen mit vorwiegend populär=wissenschaftlichen Vorträgen halten zu dürfen, Dank insbesondere den rast= und furcht= losen Bemühungen ihres Sprechers Eduard Schwella, der über= dies durch die Herausgabe seines Blattes „Der Lichtfreund" sich um die Fortsetzung der so hoffnungsvoll begonnenen religiösen Bewegung in Oesterreich in hervorragender Weise verdient macht.

Und so ist nicht nur durch diese Thatsachen, sondern noch mehr durch den Hinblick auf den ganzen Charakter und die ganze Strömung unseres Jahrhunderts, die, trotz aller Hemmungen von Oben, auf die endliche Befreiung der Völker von jedem des Menschen unwürdigen Druck und deswegen insbesondere auch von dem durch Priester und Theologen ausgeübten, hinausgeht, es ist die Zuver= sicht vollbegründet und berechtigt, daß diese Bewegung früher oder später — auch hier gilt das alte Wort: „Die Stunde nur weiß Niemand!" — mit erneuter Kraft sich geltend machen und die gewaltsam zurückgedrängten und zurückgehaltenen Keime eines höheren geistigen Lebens im schönen Lande Oesterreich zu ihrer vollen Entfaltung bringen wird. Die 50 Jahre, mit denen der k. k. Polizei= director von Graz bei meinem Abschiedsbesuche auf die Zukunft weisend mich vertröstete, sind bald um, — und so dürfen wir mit um so größerer Sicherheit auf das Kommen dieser Zukunft rechnen.

Daß der Standpunkt, auf dem ich mich in religiöser Be= ziehung beim Halten der hier mitgetheilten Reden und Ansprachen befand, nur erst den Uebergang bezeichnet zu demjenigen meiner späteren Jahre und den ich jetzt einnehme, bedarf wohl keiner ausdrücklichen Hervorhebung.

Nürnberg, im Frühjahr 1891.

Carl Scholl.

I.

Vorträge in Wien.

1. Der innere Zusammenhang der religiösen und politischen Bewegung.

Sonntag den 3. Sept. 1848 im Odeon.

Männer und Frauen Oesterreichs! Meinen Gruß zuvor!

Ihr habt heute einen Andern erwartet, den Mann, an dessen Name zunächst sich diese religiöse Bewegung knüpft, welcher auch Ihr Euch anzuschließen begonnen habt, — Johannes Ronge. Auch ich glaubte ihn hier zu finden, und hätte ihm gern die Ehre gegönnt, als der Erste von denen „Da Draußen", der erste Nicht-österreicher, vor Euch zu treten. Wie ich mir's aber nicht nehmen ließ, meinen stillen, lieben Wirkungskreis als Erzieher in einer Familie zu Hamburg zu verlassen, und ungerufen zu Euch zu eilen, um, soviel an mir ist, mitzuhelfen zur ersten Begründung unserer gemeinsamen, großen Sache in Euerm Lande, so möchte ich auch den heutigen Tag nicht vorübergehen lassen, ohne ein Wort zu Euch zu sprechen, die Ihr in so überwältigender Anzahl Euch hier versammelt habt. Wir leben in einer Zeit, wo jede Minute kostbar ist, wo ein einziger Tag, an denen ein Metternich gestürzt wurde, Jahre aufwiegt und Jahrzehnte!

„Schmiedet das Eisen, so lang es noch heiß ist,

Schmiedet das Eisen, so lang es noch glüht!"

Und so nehmt vorlieb mit dem, was ich Euch heute biete! Laßt mich aber vor Allem Eines Euch gesagt sein, daß, was ich spreche, meine persönliche, innerste Ueberzeugung ist, die ich mit vielen Tausenden theile, daß ich mir aber nicht anmaße im Namen Aller zu sprechen, die sich an der gegenwärtigen Bewegung betheiligen.

Es war im Jahre 1844, als Ronge und mit ihm die andern ersten Apostel durch die Länder Eurer deutschen Bruderstämme zogen, und durch das zündende Wort der Begeisterung die Herzen wachriefen. Gemeinden entstanden auf Gemeinden, — es war ein freudiges, ahnungsvolles Leben, ein Morgenstrahl ins Dämmerdunkel unseres Volkes. Was die Bewegung wollte, war für jeden, der tiefer sah, klar ausgesprochen, wenn auch für manchen Andern es im Anfang nicht ganz leicht war, aus den verschiedenen Widersprüchen es herauszufinden. Es war die Selbstbefreiung des Geistes in Sachen der Religion, die Befreiung von unwürdigen Bevormundungen, es war die Versöhnung der Freigesinnten aller Confessionen, und darum als letztes Ziel: die Gründung des einen, in Liebe verbrüderten Menschheitsbundes, oder wie Ronge noch in der gewohnten alten Sprache es nannte, der „Menschheitskirche".

Zu dieser hohen, unaussprechlich großen Idee waren nun aber in der ersten Zeit nicht Alle, die sich zu dem sogenannten „Deutschkatholicismus" bekannten, gleich reif; sie konnten sich nicht auf einmal aus all den gewohnten Vorstellungen und Gewohnheiten herausreißen, so wenig sie auch ihre Befriedigung darin fanden, und so kam es, daß sie vorzogen, wenigstens vorerst noch eine mehr vermittelnde Stellung zwischen dem Alten und dem Neuen einzunehmen. Daß dieses geschah, daß nicht Alle sofort sich zu einer höheren, weitherzigeren Anschauung emporschwangen, daran hatte nicht zum wenigsten der seit Jahrzehnten auf allen Geistern und Gemüthern lastende Druck von oben, vor Allem das allmächtige Polizeiregiment die Hauptschuld. War aber dieses schon für die entschlossenen Freunde der Sache eine etwas betrübende Erscheinung, so war es die andere in noch höherem Grade, die nämlich, daß ein deutscher Stamm sich gar nicht an der Bewegung betheiligte, daß einer, und gerade der größte und zugleich so gemüthestiefe, — daß Oesterreich fehlte!

Doch auch Oesterreich sollte nicht ewig schlafen! Das Jahr 1848 ist auch ihm ein Wecker geworden! Begnügte sich das französische, das italienische Volk, nur seine politischen, seine socialen Zustände zu verbessern, — das deutsche Volk läßt es sich nicht nehmen, gründlicher und tiefer das Reformwerk anzufassen, es wollte und will auch eine Reform von Innen hinaus, eine Reform der Geister, der Herzen, des Denkens, des gesammten Bewußtseins. Kaum sechs Monate sind daher seit dem Beginn unserer politischen Erhebung verflossen, und das deutsche Volk, so unendlich schwer ihm diese Doppel-Arbeit fällt, es nimmt die Versuche der letzten Jahre auf religiösem Gebiet wieder auf, und ist jetzt daran, die politische und die religiöse Reform gleichzeitig in Angriff zu nehmen. Und welcher Stamm ist es denn jetzt gerade, in welchem sich hierfür die herrlichsten, die großartigsten Aussichten eröffnen, — dieser Stamm ist der Eurige!

Als freilich die erste Kunde von Eurer Erhebung zu uns kam, — ich muß es Euch der Wahrheit halber sagen, — ich und Viele mit mir, wir wollten es erst nicht glauben, wir zweifelten wenigstens, ob es Euch Ernst ist, ob Ihr entschlossen seid zu einem entschiedenen Schritte. Oesterreich, so sagten wir uns, Oesterreich, dessen Sigismund im Jahre 1415 am Märtyrer von Constanz, am edlen Böhmen Johann Huß sein Kaiserwort gebrochen, der ihn auf den Scheiterhaufen geliefert hat! Oesterreich, dessen Karl V. im Jahre 1521 den Augustiner-Mönch Martin Luther zu Worms in die Reichsacht gethan! Oesterreich, dessen Ferdinand im Jahre 1589 die Protestanten aus Steiermark und Kärnthen vertrieben und Hunderte ums Leben gebracht hat! Oesterreich, dessen Tilly und Wallenstein von 1618—1648 in dreißig unglückseligen Jahren Mord und Brand über unsere vaterländischen Gauen gebracht! Oesterreich, das seinen großen Kaiser Joseph II. in den letzten Jahren des vorigen Jahrhunderts schmählich verkannt und verlästert hat! Oesterreich, das nach dem Jahre 1814, wenn auch unter anderem Namen, als Liguorianer und Redemptoristen, die Jesuiten wieder ins Land gerufen! Das Oesterreich, so sagten wir uns, das sollte jetzt wirklich und in entschiedener Weise sich an der religiösen Reform des Jahrhunderts betheiligen!

Und doch, — so stark im Anfang unser Zweifel war, Ihr habt ihn uns genommen durch Eure thatsächliche Erhebung, und wir haben uns gesagt, daß jetzt die Zeit eine andere geworden, als jene war, wo Ihr und wir als Volk soviel wie nichts gegolten, wo die auf den Thronen und die an den Altaren das Recht oder die Macht für sich allein hatten, das Volk nichts war, als eine willenlose Heerde!

Wir haben uns gesagt, daß Ihr gerade im Andenken an Alles das, was in der Geschichte Oesterreichs aufgezeichnet steht, im Andenken an all das Unheil, was in den vergangenen Zeiten

Eure geistlichen Führer im Bunde mit den weltlichen über Euch und über ganz Deutschland gebracht, nur um so entschiedener Euch der religiösen Reform zuwenden, und um so entschlossener Euch von denen lossagen werdet, die durch diesen unseligen Bund als Diener und im Namen der Religion Euch und Euer schönes Land nur zu lange zu einer Domäne der allmächtigen Priesterherrschaft gemacht haben.

Statt des Zweifels an Eurer Entschiedenheit und Thatkraft war es darum noch ein anderer, der sich uns aufdrängte, ein Zweifel, den wir mit allen Denen theilten, die, wie wir, von der Nothwendigkeit einer religiösen Reform vollkommen überzeugt sind, die es aber für gerathener halten, — jetzt, wo die politischen Angelegenheiten die ganze Kraft unseres Volkes in Anspruch nehmen, die religiöse Reform auf spätere, ruhigere Zeiten zu vertagen. Noch bis vor wenigen Tagen, ich bekenne das offen, habe auch ich mir diese Frage in allem Ernst vorgelegt; doch auch diesen Zweifel hat mir gerade Euer mannhaftes Eintreten für die religiöse Reform vollständig benommen. Da aber in Eurer Mitte noch Manche sein werden, und gerade solche, die es am besten meinen, welche eine Vertagung der religiösen Reform für rathsam halten, und der gedeihliche Fortgang Eures begonnenen Werkes wesentlich davon abhängt, daß gerade über diesen Punkt völlige Klarheit herrsche, so lasset mich diese Stunde dazu benutzen, um meine Gründe offen auszusprechen, und die vollständige Unhaltbarkeit dieser Ansicht nachzuweisen.

Sie ist unhaltbar schon aus dem allereinfachsten Grunde, weil die religiöse Bewegung einmal da ist. Das meine ich aber so: Wenn's Frühling wird, da wollen alle Blumen blühen, und den würden wir einen Thoren heißen, der alle wollte blühen lassen, zur Rose aber gebieterisch sprechen wollte: Blühe nicht! Die Rose würde ihm antworten, ich blühe, weil es Frühling ist, und weil ich nicht anders kann. Frühling ist es jetzt aber in der Menschheit geworden, und an uns, an einem Jeden ist es, diesen Frühling zu pflegen, und die Geistesblüthen, die er hervortreibt, nicht durch die Kälte unseres berechnenden Verstandes zu ertödten, sondern sie groß zu ziehen am warmen Sonnenstrahl unseres Herzens.

Es ist sehr leicht, in unserem Verstandesegoismus, in dem wir Alle mehr oder weniger befangen sind, uns gleichsam zu Hofmeistern der Weltgeschichte aufwerfen zu wollen; aber den Mann des Lebens

erkennt man daran, daß er seine, wenn noch so gut gemeinte Privat-
ansicht dem großen Gang der Geschichte und ihren ewigen Gesetzen unterzuordnen weiß, und selbst da, wo ihm der Plan derselben dunkel und räthselhaft scheint, nicht der Geschichte, sondern
seiner eigenen Kurzsichtigkeit den Vorwurf macht. Mit anderen
Worten: die religiöse Bewegung ist da, sie ist gleichzeitig
mit der politischen aufgetreten, — wer will, wer darf da sich
das Recht herausnehmen und sie gleichsam als nicht vorhanden
betrachten, oder doch als etwas, das man nur so nach Belieben auf
unbestimmte Zeit zurückstellen kann?

Diese Geschichte aber, deren Gang wir uns zu unterwerfen
haben, sie weist uns bei näherer Betrachtung auf den zweiten Grund,
welcher gegen unser Bedenken spricht. Sie lehrt uns, daß es keine
große Epoche in der Menschheit giebt, in welcher nicht mit der
politischen und socialen Bewegung die religiöse
gleichzeitig aufgetreten und Hand in Hand gegangen.
Wie war es denn, als vor 1800 Jahren Jesus von Nazareth
auftrat, und durch den Lichtgedanken seiner Seele, durch die ganze
Erscheinung seiner Persönlichkeit den ersten Anstoß gab zu der
weltgeschichtlichen religiösen Bewegung, in welcher bis zur heutigen
Stunde noch die Menschheit begriffen ist. War das eine Zeit,
wo die andern Bewegungen ruhten, oder war es nicht vielmehr
gerade eine solche, wo die politische und sociale mit Macht auftrat,
weil in Folge der alle Freiheit und Selbstständigkeit erdrückenden,
und das Verhältniß der verschiedenen Stände und Klassen, vor
Allem der Armen und Reichen, unnatürlich spannenden römischen
Alleinherrschaft, es in allen Schichten der Gesellschaft gährte, und
alle Elemente des staatlichen Lebens in einer Umwandlung begriffen
waren? Und die Zeit der Reformation, die Zeit des Augustiner-
mönchs! War's nicht dieselbe, wo Kaiser, Fürsten und Volk des
heiligen römisch-deutschen Reichs die politischen Verhältnisse zu refor-
miren sich bemühten, und wo die bluttriefende Schreckgestalt des
Bauernkriegs uns einen der verzweifeltsten Versuche, die sociale
Frage zu lösen, erblicken läßt? Und wer konnte denn, wenn wir
des Ausgangs des vorigen Jahrhunderts gedenken, und der fran-
zösischen Revolution, den innigen Zusammenhang übersehen,
in welchem diese vorherrschend politische und sociale Bewegung un-
bestrittenermaßen mit der nicht nur vorausgegangenen, sondern auch
gleichzeitig nebenhergehenden religiösen sich befand?

Der wichtigste und entscheidenste Grund jedoch, welcher die Nichtigkeit des Zweifels, ob die religiöse Reform die politische nicht störe oder schädige, am schlagendsten darthut, der liegt nach meiner Ueberzeugung im Wesen der Religion selber, und namentlich im Wesen der Religion, welcher der „Deutschkatholicismus“ und die ganze gegenwärtige religiöse Bewegung überhaupt Bahn zu brechen begonnen hat.

Religion! Meine Brüder, was ist denn das? Was bedeutet dieses fremde, römische Wort, das wir so oft im Munde führen? Ihr, die Ihr Euch allein die rechte Religion zuschreibt, Ihr Pächter des allein wahren Christenthums, sagt an, was versteht Ihr unter Religion, und was sollte sie im Sinne dessen sein, mit dessen Namen Ihr Euch brüstet?

„Trachtet am Ersten nach dem Reiche Gottes und nach seiner Gerechtigkeit, so wird Euch das Uebrige alles zufallen!“ (Math. 6, 33.) So sprach er, der große Galiläer, der Prophet von Nazareth, und damit hat er klar und unzweideutig ausgesprochen, was er unter Religion versteht und was nicht. Er verstand nicht darunter das Schwören auf dieses oder jenes Glaubensbekenntniß, nicht darunter das Auswendiglernen dieses oder jenes Katechismus, nicht darunter das Hersagen dieses oder jenes Gesangbuchverses, nicht darunter das gedankenlose Herplappern dieses oder jenes Gebetes, nicht das handwerksmäßige, mechanische Mitmachen von Ceremonien, nicht das Kirchengehen und Opferbringen, überhaupt nicht das, was wir Kirche und kirchliches Leben nennen, — seine Religion war mehr als dieses alles! Seine Religion war nichts Geringeres als das ganze Leben selber, die sittliche That, die sittlich-schöne That, sie war: das „Trachten nach dem Reiche Gottes“, oder wie er es auch oft nannte, nach dem „Himmelreich auf Erden“.

Und dieses „Himmelreich“, was war es und was verstand er denn unter diesem? Es war ihm das Reich, dessen erste Ahnung uns schon aus den Paradiesessagen aller Völker entgegenklingt, das Reich, wo sie Alle, die jetzt zumal um des verschiedenen Glaubens willen sich hassen und befeinden, als Brüder und als gute Menschen mit und neben und für einander lebten! Das Reich, das in den Jahrtausenden vor unserer Zeitrechnung einem Moses vorschwebte, als ihn die Liebe zu seinem geknechteten Volk den Führerstab ergreifen

hieß, und dessen sinnliches Bild die Sage ihm am Abend seines
Lebens von Ferne vor Augen hielt, als er droben stund auf dem
Berge und hinübersah in das „gelobte Land", das Land seiner
Sehnsucht. Es war ihm das von den großen Propheten seines
Volkes vorausverkündete „Messiasreich", dessen zuversichtliche
Hoffnung die einzige Stütze und der letzte Trost seines Volkes in
den Zeiten seiner Trübsal gewesen, und als dessen erhabenster
Prophet er selber zuletzt auftrat, indem er es in geistigerer Weise
auffaßte als das Reich der Gerechtigkeit, der Wahrheit,
der Freiheit von Priesterwahn und Priesterherrschaft,
als das Reich der Tugend, der Brüderlichkeit, der Liebe.
Nach diesem Reich trachten, nach seiner Herstellung, den Grund
zu ihm legen durch die sittliche Arbeit an uns selber, an diesem
Reich und in diesem Reich schaffen und wirken, in diesem Reich
leben und streben, Alle zusammen, daß es Allen wohlergehe, das
war ihm „Religion", das war seine Religion!

Aber, o, meine Brüder, was ist im Lauf der Jahrhunderte
aus diesem Reich, was ist aus dieser Religion geworden?
Die Seele trauert, wenn wir ins Buch der Geschichte sehen!

In den ersten Jahrhunderten erhielt sie sich noch eine Zeit
lang in den Gemütern, in den ersten, kleinen christlichen Gemeinden.
Sie hielten fest an dem Glauben, daß dieses mit Sehnsucht erwartete
Reich, auf das sie sich vorzubereiten suchten, kommen, daß es bald
kommen, daß es während ihres Lebens auf Erden noch kommen
werde, wenn sie auch schon anfingen, schwärmerische Vorstellungen
damit zu verbinden, indem Viele von ihnen sich einredeten, daß der
Gekreuzigte und Auferstandene, um es zu eröffnen, in eigener Person
und von Engeln umgeben, vom Himmel niedersteigen werde. Je
mehr der Jahre aber vorübergingen, ohne daß der Himmel sich
öffnete, je mehr ferner der überaus traurige Zustand der irdischen
Lebens- und Staatseinrichtungen in grellem Abstand zu diesem erwarteten idealen Reiche erschien, desto mehr begann der Zweifel
in den Gemütern Platz zu greifen, ob überhaupt die Erfüllung
ihrer Sehnsucht auf Erden noch zu hoffen sei? Und dieser Zweifel
wurde allmählich zum Glauben, zum verzweifelten Glauben, daß
der Mensch thatsächlich auf diese Erfüllung ein für allemal verzichten,
daß er die Herrlichkeit dieses Reiches nie und nimmer auf Erden
noch erschauen und erleben werde. Eine menschenfeindliche Philo-
sophie und Kirchenlehre brachte es dahin, daß diese trostlose An-

schauung mehr und mehr Wurzel faßte, und es als einer der vor-
nehmsten Glaubenssätze des Christenthums betrachtet wurde, die
Erfüllung unsrer schönsten Hoffnungen erst nach diesem Erden-
leben, erst nach unserm Tode, im fernen Jenseits zu
erwarten. Der Mensch wurde für ein gefallenes, durch die Ver-
führung des Teufels verdorbenes Geschöpf erklärt, — seine Vernunft getrübt und unfähig, die Wahrheit zu erkennen seit Adam
in den verhängnißvollen Apfel gebissen, — des Menschen sittliche
Kraft gelähmt durch die Erbsünde schon vor seiner Geburt, — die
ganze Erde ein Jammerthal, ein Sündenpfuhl, aus dem es nur
eine Erlösung gab, nur eine Zuflucht, nur eine Retterin: —
die Kirche, die römische Kirche, mit ihren Priestern, ihren
Ceremonien und Sakramenten.

Dahin war es im Lauf der Jahrhunderte gekommen! Das
ersehnte Reich, nach dem zu trachten, und an dessen Gründung
— auf Erden zu arbeiten, vor Allem durch die sittliche Arbeit eines
Jeden an sich selber, — der Stifter des Christenthums als die
allein wahre Religion erklärt hatte, es war in den fernen Himmel
entrückt worden, und an die Stelle der eigenen sittlichen
Arbeit war die Kirche mit ihren Priestern und Ceremonien
getreten, wodurch allmählich der unselige Glauben hervorgerufen
wurde, daß schon die bloße Angehörigkeit an diese Kirche und die
bloße Beobachtung der von ihr vorgeschriebenen Gebräuche dem
Einzelnen eine Anwartschaft auf die Herrlichkeit des Reiches im
Jenseits verschaffe. Und wohin war es zuletzt mit dieser
Kirche und mit ihren Priestern gekommen! Was haben diese,
zumal in den Jahrhunderten des Mittelalters, was haben sie, die
Bischöfe und Päpste an der Spitze, aus dieser Kirche gemacht,
welche nach ihrer eigenen Behauptung die alleinige Rettungsanstalt
aus diesem irdischen Jammerthal, die „Arche Noah" aus der Sünd-
fluth der Zeit sein sollte! Sie haben Kirchen und Kapellen, Dome
und fürstliche Bischöfspaläste auf Kosten des gläubigen Volkes gebaut, und während dieses durch die fortwährenden Geldaussaugereien
„im Namen der Religion" von Jahr zu Jahr mehr verarmte, und
sich besonders in deutscher Gutmüthigkeit für die in Aussicht ge-
stellte Seligkeit im himmlischen Reich den letzten Heller abbetteln
ließ, haben sie, als seine geistlichen Führer und Seelsorger, an
strotzenden Tafeln gesessen, ihre geistlichen Bäuche gefüllt, und wie
viele von ihnen! mit lüderlichen Dirnen gebuhlt! Das ist leider

nichts als geschichtliche Wahrheit, die keine Macht der Welt leugnen oder umstoßen kann.

Und dennoch zwingt uns die Gerechtigkeit, anzuerkennen, daß trotz diesem Abfall der Kirche von dem, was Jesus selbst gelehrt und gewollt, trotz dieser furchtbaren Entstellung und Verleugnung dessen, was er als die wahre Religion verkündet hatte, auch dieser entarteten Kirche ihr Verdienst um die Völker nicht schlechthin ganz abgesprochen werden kann. Dieses Verdienst besteht zum Wenigsten darin, daß die Kirche es war, welche in den hinter uns liegenden Jahrhunderten, zumal in den Zeiten, wo es auf Erden trostlos überall aussah, daß sie durch die beständige Hinweisung auf das im Jenseits erst erscheinende himmlische Reich mit seinen Selig-keiten die Menschen nicht nur über ihr irdisches Elend tröstete, sondern daß sie auf dieselben auch insofern einen versittlichenden Einfluß ausübte, als sie dieselben durch ihren Cultus, durch ihre für Gemüth und Phantasie berechneten Bräuche und Ceremonien dazu anhielt und daran gewöhnte, auf den Genuß dieser Selig-keiten sich vorzubereiten, sich durch ein, wenn auch oft nur äußer-lich ehrbares Leben, derselben würdig zu machen.

Dasselbe Verdienst kommt deswegen auch der Kirche zu, welche mit der Zeit aus der ursprünglichen, römisch-katholischen, heraus sich bildete, der protestantischen, und welche ebenfalls kein höheres Ziel kannte und heute noch kennt, als ihre Gläubigen für diese nach dem Tode erst kommenden Seligkeiten vorzubereiten. Sie hat aber im Vergleich mit der römischen und im Hinblick auf das, was Jesus selbst gelehrt und gewollt, das andere Verdienst voraus, daß sie diese Vorbereitung nicht, wie die römische, aus-schließlich in die Hände des Priesterthums legte, als die alleinige, von Gott dazu eingesetzte auserwählte Kaste, sondern daß sie viel-mehr einem jeden Einzelnen das Recht zuerkannte, aber auch die Pflicht, als sein eigener Priester sich der im Jenseits winkenden Seligkeiten würdig zu machen.

So wenig wir daher, — von diesem thatsächlichen Fortschritt in der protestantischen Kirche abgesehen, — weder in dieser noch der andern christlichen Kirche und in dem, was ihnen Religion ist, das erblicken können, was der Stifter des Christenthums selbst unter Religion verstanden hat und verstanden wissen wollte, so können wir das noch viel weniger, wenn wir erst der großartigen wissenschaftlichen Forschungen und Enthüllungen gedenken, welche die letzten Jahrhunderte unternommen und gebracht haben.

Diese Forschungen und Enthüllungen, — ich erinnere nur an die der Himmelskunde! — sie haben uns gezeigt, daß es sich mit dem, was man früher den „Himmel" nannte, und dem Land, das man da droben in diesem „Himmel" hinter den Sternen dachte, ganz anders verhalte, als man bei der unvollkommenen Kenntniß des Weltalls früher und zum großen Theil heute noch sich vorstellt. Diese Enthüllungen, die wir einem Kopernikus, Keppler, Galilei, Newton und Anderen verdanken, sie haben dargethan, daß es nur eine optische Täuschung war, wenn sich die Menschheit der vergangenen Jahrhunderte da droben eine feste, gewölbte Decke dachte, hinter welcher die Wohnungen der Seligen, und an einem ganz besondern Platze der Thron Gottes selber sich befinde; sie haben dargethan, daß, was wir da droben sehen, was über und um uns, aber auch was unter uns, unter unsrer Erdkugel, nichts Anderes ist, als unendlicher unausmeßbarer Luft= oder Weltraum, daß wir uns deswegen „Gott" nicht an einem besondern Platz da droben denken können, daß er vielmehr, weil die Welt unendlich, gedacht werden muß als die eine, allmächtige und überall allgegen= wärtige Kraft, oder die in verschiedenster Weise sich offenbarenden Kräfte, als der eine, alles Leben schaffende, alles Leben erhaltende, und in allen Geistern allgegenwärtige ewige Geist, welcher die unendliche Welt, als die ihr gleichsam inwohnende Seele, zu jeder Stunde, im Kleinsten wie im Größten erfüllt, belebt und in ihrem wunderbaren Zusammenhang erhält, und welcher deswegen un= möglich als etwas der Welt Gegenüberstehendes, Anderes und Be= sonderes, außer der Welt, d. h. außer dieser in der unendlichen Welt sich vollziehenden Offenbarung gedacht oder vorgestellt werden darf. Damit ist für uns ein für allemal die ganze bisherige Trennung der Welt in ein Diesseits und Jenseits, sofern unter dem ersten unsre Erde, unter dem letzteren der geträumte Himmel hinter den Sternen verstanden wird, aufgehoben und ins Reich der bloßen Einbildung verwiesen. Unsere Erde erscheint uns viel= mehr, wie alle übrigen Sterne oder Himmelskörper als mitten im unendlichen Welten= oder Himmelsraum drinnen, und wir Menschen können deswegen, wenn wir nur ernstlich wollen, auf unserer Erde schon „im Himmel sein".

Somit muß uns klar geworden sein, daß, was man bisher

für Religion gehalten und dafür ausgegeben hat, im Vergleich
mit dem, was der Stifter des Christenthums selbst darunter verstanden,
und im Hinblick auf diese Enthüllungen über Gott und Himmel,
sich nicht länger aufrecht halten läßt; ist uns klar geworden, daß
sie nie und nimmer darin bestehen kann, daß wir uns einem
thatlosen Grübeln über Dinge hingeben, einer krankhaften Schwärmerei in vermeintlichen himmlischen Regionen, die es thatsächlich
gar nicht giebt; nicht darin, daß wir uns Dinge zu glauben zumuthen, die über allen Verstand, alles Wissen hinausgehen, oder
daß wir alle die verschiedenen Bräuche beobachten und mitmachen,
welche uns von der Kirche und ihren Priestern als die alleinigen
Hilfs= oder Gnadenmittel angepriesen werden, mit deren Hilfe wir
uns die Seligkeiten des Himmels verdienen.   Die Religion ist nicht
Kirchengehen und Kirchenlaufen, nicht Messe= und nicht Beichtehören,
nicht Fasten und Beten, nicht Händefalten und Knieebeugen, die
Religion ist mehr als das Alles, sie soll mehr und sie will mehr
sein. Wahre Religion, wie Jesus selbst sie gewollt und gelehrt,
ist das Leben selber, ist die sittliche That, die freie, gewissenhafte, von Liebe zu unsern Mitmenschen be-
seelte Mitwirkung an den Angelegenheiten der
Menschheit, an der Herstellung und Gründung von
Zuständen und Einrichtungen, welche uns in Stand setzen,
alles Gute und Schöne, alles Große und Herrliche, was
eine Menschenbrust erfüllt, zu verwirklichen, — ist mit einem Wort
nichts Anderes, aber auch nichts Geringeres, als das „Trachten
nach dem Himmelreich auf Erden.“ Dieser Religion Eingang zu verschaffen, ihr Bahn zu brechen, das ist darum das Ziel,
und das einzige Ziel, welches die gegenwärtige religiöse Bewegung
sich gesetzt hat.   Damit ist aber auch bewiesen, daß diese Bewegung
nie und nimmer der gleichzeitigen politischen oder der socialen hindernd
im Wege sein kann, und daß sie deswegen vertagt oder verschoben
werden müßte.   Sie ist diesen andern nicht hindernd, sie förderт
und unterstützt sie vielmehr, indem sie ihnen die höhere Weihe
und die tiefere, sittlich-religiöse Grundlage giebt.

Zum Schlusse aber lassen Sie mich auch auf einen letzten
Punkt noch hinweisen, der auch den letzten Zweifel an der Berechtigung
und an der Nothwendigkeit der religiösen Bewegung nehmen und
zerstreuen wird.

Ausgehend von der höheren Ansicht, die wir von der Religion

haben, haben wir uns, — zunächst veranlaßt durch die Abgötterei, die in Trier mit dem angeblichen Rock Jesu getrieben wurde, losgesagt von der römischen Kirche. Unser erstes Losungs= wort war Lossagung von Rom! War es vor 300 Jahren schon den Völkern, wenigstens einem großen Theil derselben, in dieser Kirche zu enge geworden und haben sie sich nach einer höheren Befriedigung ihrer religiösen Bedürfnisse gesehnt, so ist jetzt um so= viel mehr andre Zeit geworden, und haben die ungeheueren geistigen Fortschritte der letzten Jahrhunderte eine noch tiefergehende Ent= fremdung von dem Standpunkt, von den Glaubensgesetzen, von der ganzen Weltanschauung dieser Kirche herbeigeführt. Was aber gerade in unseren Tagen, und gerade uns Deutsche ganz be= sonders dazu drängt, von Rom uns loszusagen, das ist die Ueber= zeugung, daß wir unsere vaterländischen Angelegenheiten unmöglich vollständig und gründlich ordnen können, so lange wir nicht als Volk, als Nation, selbstständig, so lange wir nicht Alleinherren sind in unserem Hause, so lange wir vielmehr, und wenn auch nur ein Theil von uns, abhängig sind von einer nicht deutschen, einer fremden, einer Macht im Ausland. Es ist zwar zunächst nur eine Abhängigkeit in religiösen Dingen; aber gerade weil es diese ist, — das hat unser armes Vaterland jetzt aufs Neue wieder einzu= sehen angefangen, — ich sage, gerade deswegen ist diese Abhängig= keit, wegen ihres ganz unberechenbaren Einflusses auf unser ganzes Volksleben, die allergefährlichste.

Diese Lossagung von Rom ist aber nur das Erste und das Nächste, mit dem unsere Bewegung begonnen hat. Wollten wir nichts weiter, so ständen uns die Kirchen der Protestanten offen, und sie würden uns, deß dürfen wir gewiß sein, mit offenen Armen empfangen. Es waren in der That auch viele Protestanten anfangs der Meinung, daß das unsere Absicht sei, und viele von ihnen haben hauptsächlich aus diesem Grunde unsre Sache, unsre Gemeinden unterstützt. Doch sie haben sich getäuscht, schwer ge= täuscht! Sie haben vergessen, daß zwischen der ersten Gründung der protestantischen Kirche und zwischen jetzt 300 Jahre und mehr verflossen sind, sie haben vergessen, daß eine geistige Bewegung, wenn sie anders Lebenskraft hat, und das gesunde Kind ihrer Zeit ist, keine bloße Nachgeburt, kein bloßes Echo dessen sein will, was vor Jahrhunderten gewesen. Wie hätten sonst Prote= stanten selber sich unserer Bewegung anschließen können! Auch ich ſtände nicht hier, wenn dieſe Bewegung nicht etwas Anderes, wenn ſie nicht mehr ſein wollte, als was in der proteſtantiſchen Kirche ſchon zu finden iſt. Aber ſie will etwas Anderes, ſie will mehr ſein! Sie will keinen Papſt in Rom, aber ſie will auch keinen Papſt in der Bibel, ſie will keinen Papſt in geſchriebenen Glaubens= bekenntniſſen, in ſogenannten ſymboliſchen Büchern, wie dieſe auch heißen mögen! Sie will vielmehr volle, unbedingte und unbeſchränkte Glaubensfreiheit für jedes ihrer Mitglieder. Und wie ſie ſich darum von der römiſchen Kirche, ſo ſagt ſie ſich auch von der proteſtantiſchen los, ja, um es noch beſtimmter zu ſagen, ſie ſagt ſich überhaupt los von dem, was man bisher „Kirche" genannt hat, ſofern dieſe gewiſſe Glaubensſätze, gewiſſe Dogmen aufſtellt und gewiſſe Cere= monien einführt, von denen ſie verlangt, daß jedes Mitglied ſein ganzes Leben lang ſich zu ihnen bekenne und ſie beobachte.

Die Kirchen haben zwar in neueſter Zeit, das müſſen wir ihnen zugeſtehen, es nicht immer ſo ſtrenge genommen, und haben ein Auge zugedrückt, ſie haben jedes ihrer Mitglieder, ſo lange es da= mit kein Aufhebens machte, und vorausgeſetzt, daß es nicht ein Geiſtlicher ſelbſt war, der ſeinen Unglauben auf die Kanzel brachte, glauben laſſen, was jeder wollte. Aber gerade hierin zeigt ſich die Unwahrheit unſres heutigen religiöſen Lebens, der Widerſpruch, in dem Tauſende ſich im Stillen mit dem Be= kenntniß ihrer Kirche befinden, und trotz dieſem Widerſpruch ihr Verbleiben in derſelben. Es iſt das die entſetzliche Heuchelei, an welcher unſre ganze Gegenwart krankt und leidet.

Dieſe Heuchelei, dieſe weitverbreitete Unwahrhaftigkeit ſoll jetzt aber aufhören, ſoll wenigſtens bekämpft werden. Das iſt eine Hauptaufgabe, welche die gegenwärtige religiöſe Bewegung ſich geſtellt hat. Sie iſt gekommen, um den Tauſenden und Hundert= tauſenden, welche bisher den verſchiedenen Kirchen oder Confeſſionen angehörten, ohne das Bekenntniß derſelben zu theilen, ohne mit ihren Glaubens= und Grundſätzen ſelber übereinzuſtimmen, um ihnen die Maske der Heuchelei, die Maske des bloßen äußeren Scheines abzunehmen, und ſie mit Gleichgeſinnten aus allen Con= feſſionen zu einem Bunde zu vereinen, in welchem Niemand auf irgend ein ſogenanntes Glaubensbekenntniß verpflichtet wird, in welchem vielmehr vollſtändige Glaubensfreiheit herrſcht, und jeder Einzelne ſich nur zu dem einen Grundſatz be=

kennt: jeden, er glaube was er wolle, als seinen Bruder zu be=
grüßen und vereint mit Allen dahin zu trachten, daß das, was
Allen gemeinsam, was unsrer Aller sittliche Aufgabe, unsrer
Aller Ziel und Ideal ist, das Rein=Menschliche, das Mensch=
lich=Schöne und Gute, das edle Menschenthum gepflegt und
immer mehr in unserm gesammten Leben, in der Familie wie
im Staat, herausgebildet werde.

Das, meine Brüder, ist das Endziel der Bewegung, um welches
es sich heute handelt, und welcher Euch anzuschließen auch Ihr be=
gonnen habt. Damit ist aber auch der letzte Beweis dafür erbracht,
daß es sich nicht im Entferntesten um etwas handelt, was störend
oder hemmend auf die politische und sociale Bewegung ein=
wirken könnte, sondern gerade im Gegentheil um etwas, wodurch
diese nur wesentlich und ganz energisch gefördert und unterstützt
wird. Die religiöse Bewegung ist die treueste Bundesgenossin der
andern, ja, sie ist es, die, wie ich ausdrücklich noch einmal wieder=
hole, der andern erst ihre höhere Weihe, ihre tiefere sittliche
Grundlage giebt. Nur im innigsten Bunde mit einander
kann das hohe Ziel erreicht werden, das jede einzelne sich
gesteckt hat.

Es werden nun Viele unter Euch sein, die mit dem, was ich
von der gegenwärtigen religiösen Bewegung gesagt, einverstanden
sind, die schon längst von den sie beengenden Fesseln ihrer Kirche
befreit sein möchten, Viele, welche die unselige Heuchelei in unserm
ganzen religiösen Leben satt haben und sich derselben schämen; be=
vor sie aber einen entscheidenden Schritt thun, und ihre bisherige
Kirche verlassen, möchten sie doch noch etwas Näheres von dem
wissen, was an die Stelle des alten Glaubens treten soll, möchten
noch genaueren Bescheid haben über die einzelnen Grundsätze der
sich bildenden neuen Verbrüderung, der neuen freien Gemeinden.
Darauf antworte ich: Was ich gesagt, sind allerdings nur erst
Andeutungen, und ich werde mich freuen, in späteren Ver=
sammlungen, wenn es mir vergönnt ist, mehr in das Einzelne
einzugehen, das Bild auszuführen, das ich heute nur entworfen.
Die Hauptsache aber, auf die es ankommt, ist und bleibt, daß es
Jedem klar sein muß: wir stehen an einem Wendepunkt, wo wir
uns entscheiden müssen. Entweder finden wir unser religiöses Be=
dürfniß in unsrer Kirche befriedigt, dann bleiben wir in der Kirche,

ober wir finden es nicht befriedigt, bann müssen wir, wenn wir ehrliche Menschen sein wollen, aus unsrer Kirche heraus.

Als Moses, wie uns erzählt wird, vor sein Volk trat, und es aus der Knechtschaft Aegyptens befreien wollte, da fragten sie nicht lange, wie das Land wohl aussehe, in das er sie zu führen ihnen versprach. Sie hatten das Joch der Knechtschaft so übersatt, daß sie ihm freudig folgten, das Land ihrer Qualen verließen, und hoffend auf die Hülfe ihres Jehovah den Weg nach dem „gelobten Lande" muthig antraten, ob er im Anfang auch sie durch die Wüste führte. Einen Moses haben wir nun freilich nicht, aber in uns Allen ruft es doch mit Mosesstimmen, und zieht und treibt uns heraus aus unserem neuen Aegypten. Und da sollten wir den Muth nicht haben, hoffend und bauend auf den Jehovah unsrer Zeit, auf den Gott unsres Volkes, auf den Gott in uns selber, auf unsre eigne Kraft und Herrlichkeit, den Schritt zu thun, ohne welchen uns nie und nimmer unser religiöses Bedürfniß gestillt, nie und nimmer der stille Wunsch unsrer Seele erfüllt werden kann! Und noch mehr! Wir sollten, selbst wenn wir um unsrer selbst willen einen solchen Schritt nicht für unumgänglich nöthig hielten, wir sollten nicht soviel Liebe zu unsern Mitmenschen, nicht soviel Liebe zu unsren eignen Kindern haben, um das zu thun, was wir diesen schuldig sind, wenn uns ihr wahres Wohl, ihr geistiges Wohl, ihre geistige Ge= sundheit, und mit ihr ihre Zukunft, ihr Lebensglück wahrhaft am Herzen liegt! Die Erziehung unsrer Kinder, ihre reli= giöse Erziehung!

Aber hier eben fehlt es! Die Gleichgültigkeit ist zu groß, — es fehlt am rechten Ernst, es fehlt am rechten Muth, es fehlt an der rechten Liebe! Wir möchten wohl, wir würden gerne, — aber wir thun zu= letzt doch nichts. Wir gehen nicht mehr in die Kirche, wir gehen nicht mehr in die Beichte oder Messe, wir machen uns oft sogar lustig über Beides, wir ärgern und entsetzen uns, daß auch unsre Kinder mit diesen überlebten Glaubensvorstellungen sollen gequält werden, aber an einen entscheidenden Schritt, an den allein entscheidenden und helfenden denken wir nicht, und bleiben nach wie vor in unsrer alten Kirchengemeinschaft, — wir lassen Alles beim Alten! Das ist unser großer unverantwortlicher Fehler, das ist der Grundfehler unsrer Zeit!

Und nun noch zwei Worte! Den Gegnern unsrer Sache rufe ich zu: „Prüfet Alles, und das Beste behaltet!" Es ist nicht schwer, Worte, aus dem Zusammenhang herausgerissen, zur Verdächtigung und Verleumdung gegen uns auf den Straßen und Gassen herumzutragen. Prüfet Alles, sage ich darum, prüfet das Ganze, und danach entscheidet! Einen offenen, ehrlichen Kampf laßt uns führen, den Kampf des Geistes, — der wird aber nicht geführt mit Verdrehungen und Entstellungen.

Den Freunden, und denen zumal, die sich schon offen unsrer Sache angeschlossen, ihnen rufe ich nichts weiter zu, als: Muth! Welchen Jubel Eure Erhebung für die Freiheit des Geistes bei allen Gleichgesinnten im ganzen deutschen Land erregt hat, das sind meine Worte nicht im Stand, Euch zu sagen. Es war ein Jubel, wie in den Tagen des März, wo wir von der schwarz-roth-goldnen Fahne gelesen, die Ihr auf Euren Barrikaden entfaltet hattet. Ich kann es auch nicht aussprechen, mit welchem Hochgefühle ich heute vor Euch getreten bin, als der erste von Euern Brüdern draußen im Reich, vor Euch, Männer und Frauen Wiens, über die seit jenen unsterblichen Tagen ein Geist der Weihe ausgegossen ist. O, daß dieser Geist nimmer von Euch wiche! Und darum rufe ich Euch zu: Muth! Muth! Den Kampf, den Ihr begonnen, jetzt ein Doppelkampf, er kann nur durch Muth, nur durch Ausdauer, nur durch festes, brüderliches Zusammenhalten siegreich hinausgeführt werden! Aber mit Muth und Ausdauer wird er es auch.

Und welche Aussicht, welche Zukunft eröffnet sich dann vor Euern Blicken! War es Deutschland nicht, das Land, das am meisten gelitten unter Roms Tyrannei, und das doch oder gerade deswegen am entschiedensten in der ersten Reformation vor drei Jahrhunderten seinem Dränger entgegengetreten? Meine Brüder! Versteht Ihr den Fingerzeig der Geschichte, den Wink Eures Genius? Wie! Wenn Oesterreich, Euer schönes Heimathland, das Land mit seinen warmen, unverwüsteten Herzen, genährt von der Himmelsluft seiner Berge, getränkt vom reinen frischen Strahl seiner ewigen Quellen, — wenn Oesterreich, sage ich, das unter allen deutschen Ländern am meisten und schmerzlichsten geseufzt und gelitten unter dem römischen Druck, unter der römischen Glaubensknechtschaft, — wenn

Euer Land gerade jetzt erkoren wäre, den Kampf des deutschen
Geistes gegen den welschen, den Kampf der geistigen
Selbstständigkeit gegen jede hierarchische Bevor=
mundung und Knechtung, gleichviel woher sie kom=
me, für unser theures Vaterland durch das Ge=
wicht seines Einflusses endlich zur vollen Ent=
scheidung zu bringen! Erkennt Ihr die Größe dieses Be=
rufes?

So seid denn Männer und erfüllt ihn!

2. Die morschen Grundlagen des Papstthums.

Sonntag den 10. Sept. 1848 im Odeon.

Um einen richtigen Blick in das Wesen der gegenwärtigen religiösen Bewegung zu gewinnen, und um uns zu allererst von der Berechtigung derselben zu überzeugen, habe ich in meinem ersten Vortrag versucht, das, was wir unter Religion zu verstehen haben, auseinander zu setzen, und habe insbesondere auf den großen Unterschied hingewiesen zwischen dem, was der Stifter des Christenthums selber als das eigentlichste Wesen und die eigentlichste Aufgabe der Religion bezeichnet hat, und zwischen dem, was nach seinem Tode, im Lauf der Jahrhunderte, in der einen wie der andern der christlichen Kirchen daraus geworden ist. Wir haben uns überzeugt, daß eben wegen dieses Unterschiedes, weil diese spätere Religion, wie sie in den Kirchen gelehrt und geübt wird, in einem solchen Widerspruch mit der ursprünglichen Religion Jesu selbst steht, die Lossagung vom bisherigen Kirchenthum zur Pflicht wird; wir haben uns davon auch deswegen überzeugt, weil die ganze Glaubenslehre des Kirchenthums auch im Widerspruch steht mit den neueren Forschungen und Enthüllungen der Wissenschaft, im Widerspruch mit unserer ganzen heutigen Weltanschauung.

Um uns nun aber von dieser Pflicht der Lossagung noch gründlicher zu überzeugen, und namentlich der Lossagung von der Kirche, welcher die weitaus größere Zahl von Ihnen angehört, lasse Sie uns heute einen Blick in die Geschichte werfen, und etwas näher zusehen, wie diese Kirche, und vor Allem wie ihre oberste Leitung, mit anderen Worten, die römische Hierarchie, wie und auf welche Weise sie im Lauf der Jahrhunderte entstanden ist? Man wirft uns so oft Leichtsinn und Oberflächlichkeit vor, Unkenntniß und darum Mangel an Ehrfurcht vor der geschichtlichen Vergangenheit und ihren Schöpfungen. Wohlan! So lassen Sie uns heute in diese Vergangenheit, in ihre Geschichte etwas tiefer eingehen, lassen Sie uns sehen, wer sie kennt, und wer sie nicht kennt, wer sie nicht kennen will, lassen Sie uns sehen, wer sie entstellt und verfälscht, und wer auf diese entstellte und verfälschte Geschichte die ganze römische Hierarchie gebaut hat!

Rom und der römischen Hierarchie gilt in erster Linie der Kampf unsrer neu gegründeten Gemeinden, unsre ganze religiöse Bewegung! Ich weiß zwar wohl, daß nicht Alle, die hier versammelt sind, an diesem Kampfe theilnehmen, daß manche die bloße Neugierde hieher geführt hat; ich fordre aber dennoch alle Anwesenden auf, unsrer Betrachtung mit demjenigen Ernst zu folgen, der einer so hochwichtigen Sache ziemt! Diejenigen, welche sich thatsächlich von Rom losgesagt und bereits in unsern Reihen stehen, mögen sich überzeugen, daß sie daran Recht gethan; die Andern aber mögen, wenn es ihnen anders um Wahrheit und nicht blos um Gewohnheit zu thun ist, sie mögen erkennen, welch einer Macht sie dienen, sie mögen sich aufs Gewissen fragen, auf ihr ehrliches deutsches Gewissen, ob sie noch länger einer solchen Macht dienen dürfen, sie mögen sich fragen, ob sie die Bruderhand zurückstoßen wollen, die wir zu ihrer geistigen Befreiung, zu ihrer Erlösung, ja, ich sage: zu ihrer Erlösung ihnen entgegenstrecken!

Und so lassen Sie uns denn gemeinsam die Frage aufwerfen: wie ist denn diese Macht entstanden? Wem verdankt das Papstthum seine Entstehung? Auf welchen Grundlagen ruht das ganze gewaltige Gebäude der römischen Hierarchie?

Wer ein echter, wer in Wahrheit ein Katholik ist, und nicht blos dem Namen nach, der ist mit der Antwort nicht einen Augenblick in Verlegenheit: Das Alles ist Gottes eigenes Werk; Gott selbst hat durch Christus, seinen Sohn, das Papstthum eingesetzt; Gott selbst hat durch Christus, seinen Sohn, dem Apostel Petrus die Statthalterschaft der Kirche persönlich übertragen; Petrus aber war der erste Bischof in Rom, und darum sind die Päpste, mit der ganzen in ihnen gipfelnden hierarchischen Ordnung, seine legitimen, seine rechtmäßigen Nachfolger.

So sagt, ich wiederhole es, der echte, der wahrhaftige Katholik; wir aber, wir fragen, ist das auch wahr? Wir fragen, ist das Papstthum wirklich auf diese unmittelbar göttliche Weise entstanden?

Zum Beweis für die Richtigkeit seiner Behauptung beruft sich der echte Katholik auf die Bibel; in der Bibel, sagt er, da steht es, und die Bibel, sie ist ja „Gotteswort."

Ich aber frage jetzt zuerst, wozu ist nicht dieses angebliche „Gotteswort" im Lauf der Jahrhunderte gebraucht und mehr noch mißbraucht worden? Was hat man nicht Alles, wie man's gerade brauchen konnte, in dieses „Gotteswort" hineingelegt, und was Alles hat man aus ihm herausgedeutet?

Auf die Bibel berufen sich, wie Sie wissen, alle Parteien. Auf die Bibel berufen sich die Frommen, welche an die Dreieinig= keit, an die Erbsünde, an die Erlösung durch das Blut des Gottes= sohnes, an die übernatürliche Kraft der Sakramente, an die Ein= setzung des Cölibates, an die Sündenvergebung durch den ge= weihten Priester, an Beichte und Ablaß, an Hölle und Fegfeuer und an den Teufel glauben; auf dieselbe Bibel berufen sich und haben sich berufen alle die Zweifler und Ungläubigen, welche die Kirche im Lauf der Zeit wegen ihres Unglaubens verfolgt, gestraft und oft auch getödtet haben. Auf die Bibel beriefen sich die Wal= denser und Albigenser, welche der Verweltlichung des Christenthums im Papstthum entgegentraten; auf die Bibel beriefen sich die Päpste, welche Tausende dieser „Ketzer" durch ihre Söldnerschaaren er= morden ließen. Auf die Bibel beriefen sich Huß und Hieronymus, Segarelli und Savonarola, und auf die Bibel beriefen sich die Päpste und Bischöfe, welche jene verbrennen ließen. Auf die Bibel be= riefen sich die Hugenotten in Frankreich und den Niederlanden, auf die Bibel die Guisen und die Alba's, welche ihnen als Rebellen Gottes das Leben nahmen. Und so fort, und so weiter!

Aber es sei! Wir wollen dem frommen Katholiken in die Bibel folgen, wir wollen ihm das Recht einräumen, sich auf sie zu berufen.

Wo steht aber das Alles, was er behauptet? Wo steht es denn, daß Gott durch seinen Sohn Christus selber in ganz persön= licher Weise das Papstthum eingesetzt, Petrus zu seinem Stell= vertreter und zum Oberhaupt seiner Kirche ernannt hat? Die Haupt= stelle, auf die man sich beruft, ist die im Matthäus=Evangelium Cap. 16, 18, 19, wo es heißt: „Du bist Petrus, und auf diesen Felsen (griechisch: petra) will ich bauen meine Ge= meinde, und die Pforten der Hölle sollen sie nicht überwältigen. Und ich will dir die Schlüssel des Himmelreichs geben. Alles, was du auf Erden binden wirst, soll auch im Himmel gebunden sein, und Alles, was du auf Erden lösen wirst, soll auch im Himmel los sein!"

Da leuchtet aber doch gleich auf den ersten Blick ein, daß, wenn Jesus wirklich das gesagt hat, und wenn er unter seiner „Gemeinde" die spätere „Kirche" verstanden hat, so kann er keinesfalls die Kirche darunter verstanden haben, wie sie im Lauf der Jahrhunderte durch Bischöfe und Päpste erst geworden ist! Jesus, der nicht hatte, „wo er sein Haupt hinlegte," kann eine Kirche nicht gemeint haben, wo Bischöfe und Päpste sich zu Herren und Gebietern des Volkes aufwarfen, und während dieses das Nöthigste oft entbehrte, in Pracht und Ueppigkeit, in fürstlichem Pomp und an überfüllten Tafeln lebten und praßten. Jesus, der gesagt hatte: „Gebt's den Armen und folgt mir nach!", er kann eine Kirche nicht gemeint haben, wo mit der Zeit dieses Wort in sein gerades Gegentheil war verkehrt worden, wo die hohen und höchsten Würdenträger Schätze und Reichthümer sammelten, als habe es geheißen: „Nehmt's den Armen!"

Aber Jesus hat jene Aeußerung, auf die man sich Matth. 16, 18, 19 beruft, er hat sie garnicht gethan, er kann sie nicht gethan haben. Eine solche Einsetzung eines Einzelnen seiner Jünger wäre jedenfalls eine der wichtigsten und bedeutungsvollsten Handlungen während seines ganzen Lebens gewesen, und da hätten wir ein Recht, zu verlangen, daß sie uns auch von allen Erzählern seines Lebens, von allen Evangelisten übereinstimmend erzählt werde. Nun findet sich diese Erzählung aber unter allen vier nur in einem einzigen, in dem nach Matthäus genannten, alle Andern wissen nichts von ihr. Dazu kommt aber noch, um jeden Zweifel zu benehmen, die andere Thatsache, daß in diesem nämlichen Evangelium, nur zwei Capitel später, Cap. 18, 18, Jesus ganz dieselbe Vollmacht und ganz mit denselben Worten nicht dem Petrus allein, sondern allen Jüngern gleicherweise ertheilt, indem er sagt: „Wahrlich, ich sage Euch, was Ihr auf Erden binden werdet, soll auch im Himmel gebunden sein, was Ihr auf Erden lösen werdet, soll auch im Himmel los sein." Der Hauptbeweis aber, daß Jesus den Petrus nicht zu seinem Stellvertreter und zum Oberhaupt der Kirche eingesetzt haben kann, daß er jene Aeußerung mithin gar nicht gethan hat, das ist der ganze Charakter des Petrus, und was wir namentlich

von seinem Verhältniß zum Apostel Paulus wissen. Wie! Jesus
sollte den Jünger, dessen schwankenden Charakter er nur zu gut
kannte, den Jünger, dem er nach der Bibel vorher schon sagte, daß
er auf seine Betheuerungen nichts gebe, weil er ihn doch verleugnen
werde, und der thatsächlich nicht nur einmal, sondern dreimal in
der Stunde der Gefahr ihn verleugnet hat, — den Jünger und
den vor allen andern sollte Jesus zum Oberhaupt seiner Kirche
eingesetzt haben? Das ist nicht möglich. Daß aber Petrus in der
That dieses Oberhaupt nicht war, das zeigt sich schließlich am aller=
deutlichsten in seiner Stellung, welche er später, als Jesus nicht
mehr lebte, namentlich Paulus gegenüber einnahm. Paulus be=
richtet uns zwar und wiederholt in seinen Briefen, und ganz besonders
in dem an die „Galater", daß er keinen der andern Apostel als
dem Rang nach über ihm stehend betrachte, daß er anderer Meinung
sei, als namentlich Petrus, daß er sich von diesem so wenig als
von Johannes oder Jacobus in seiner Meinung irre machen
lasse, ja, er berichtet uns, daß er dem Petrus in Antiochia wegen
seines zweideutigen Benehmens den Heiden gegenüber starke Vor=
würfe gemacht habe. Das hätte Paulus doch wahrlich nicht ge=
than, überhaupt hätte er eine ganz andere Stellung dem Petrus
gegenüber eingenommen, wenn dieser wirklich und thatsächlich von
Jesus selbst zu dessen Stellvertreter und zum Oberhaupt der Kirche
wäre eingesetzt gewesen!

Die römische Kirche hat darum gar kein Recht, sich auf diese
Stelle in der Bibel zu berufen; sie hat keines, weil aus dem bis=
her Angeführten hervorgeht, daß, wenn diese Worte vom „Felsen",
von „den Pforten der Hölle, die ihn nicht überwältigen", vom
„Himmelreich" und den „Schlüsseln" dazu, vom „binden und lösen",
wenn sie auch in der Bibel stehen, sie gar nicht von Jesus ge=
sprochen sein können; es sind Worte, die ein späterer Schriftsteller
Jesus in den Mund gelegt hat, in einer Zeit, wo man durch ein
solches Einschiebsel die damals aufkommende Meinung, daß ein
Oberhaupt der Kirche sein müsse, in den Augen der Leichtgläubigen
durch die Autorität der Bibel bestätigen wollte; es sind Worte,
auf welche sich heutzutage nur Diejenigen noch berufen können,
welchen es nicht darauf ankommt, die Herrschaft des Papstthums
auch auf eine Unwahrheit zu gründen, wenn diese nur ge=
glaubt wird!

Aber ganz geradeso verhält es sich mit der andern Behauptung, daß die Päpste die rechtmäßigen Nachfolger des Petrus seien, weil dieser der erste Bischof in Rom gewesen sei. Auch das ist eine Unwahrheit, wie wir gleich sehen werden.

Petrus soll nicht weniger als fünfundzwanzig Jahre überhaupt in Rom gewesen, und als erster Bischof auch den Märtyrertod dort erlitten haben. Er müßte somit, da man sein Todesjahr gewöhnlich ins Jahr 67 nach Christus setzt, in den vierziger Jahren schon in Rom sich aufgehalten haben. Nun haben wir aber eine Schrift im Neuen Testament, welche uns eine Menge Mittheilungen über das Leben und Treiben der Apostel aufbewahrt hat, die sogenannte „Apostelgeschichte." Diese Mittheilungen betreffen ganz besonders die Apostel Petrus und Paulus, und reichen von den vierziger bis ungefähr in den Anfang der sechziger Jahre, wo uns die Gefangennehmung des Paulus und seine Reise nach Rom darin erzählt wird. In dieser Schrift müßte doch immer etwas von dieser so hochwichtigen Thatsache, von der Anwesenheit des Petrus in Rom, und seines dortigen Bischofsamtes erwähnt sein, um so mehr, als sie uns eine Menge anderer Dinge von Petrus erzählt, die vergleichsweise ganz unwichtig und kaum der Erwähnung werth sind. Aber wir suchen vergebens auch nur nach der leisesten Andeutung! Die Apostelgeschichte weiß nichts von einer solchen Anwesenheit des Petrus in Rom, weiß nichts davon, daß er dort der erste Bischof gewesen sei.

Damit allein schon ist die Behauptung der römischen Kirche widerlegt, und ins Reich der Fabeln verwiesen.

Die Unwahrheit dieser Behauptung geht aber auch namentlich daraus hervor, daß wir einen Brief von Paulus haben, den dieser vor seiner Gefangenschaft an die „Römer" schrieb, d. h. an die in Rom wohnenden Christen, in welchem ebenfalls nicht die leiseste Spur einer Anwesenheit des Petrus in jener Stadt zu finden ist. Paulus nennt in diesem Brief eine Menge Gesinnungsgenossen in Rom, die er grüßen läßt, des Petrus erwähnt er mit keiner Silbe; er grüßt ihn nicht; er erkundigt sich nicht nach ihm, wie es ihm gehe; Paulus weiß nichts von ihm, daß er in Rom war.

Wir haben somit das vollste Recht zu sagen, daß, wenn diese Schriften, welche der Zeit nach es am allerersten hätten berichten müssen, wenn sie nichts, aber auch gar nichts von einer solchen Anwesenheit des Petrus in Rom wissen, wenn erst in späterer Zeit diese behauptet wurde, dann ist's eben auch eine Behauptung, wie die von der Einsetzung des Petrus oder des Papstthums durch Jesus selber. Es ist eine Erdichtung, eine Sage der späteren Zeit, welche ganz aus demselben Grunde aufkam, wie die erste.

Auf Sagen also, auf erdichteten Thatsachen, auf unwahren Behauptungen ruht das Gebäude des Papstthums, und es ruht darauf, das dürfen wir nicht übersehen, weil diese Sagen in der damaligen Zeit leichten Eingang fanden bei der großen Masse, die von Alters her an Märchen und Sagen gewöhnt war, — weil sie gerne geglaubt wurden.

Die bisher erwähnten sind aber noch gar nicht alle; es kommen vielmehr namentlich zwei andere noch hinzu, Behauptungen, die zwar heutzutage ihrer Unwahrheit halber von der Kirche selber aufgegeben sind, die aber in früherer Zeit, als die Kirche noch fest darauf bestand, wesentlich mitgeholfen haben, die Macht des Papstthums in den Gemüthern der Leichtgläubigen zu begründen und zu befestigen.

Die eine dieser beiden Behauptungen ist folgende. Als die römischen Bischöfe im Laufe der Jahrhunderte durch das Zusammenwirken der verschiedenartigsten Umstände, und ganz besonders durch die Berufung auf die bisher besprochenen Sagen sich allmählich an die Spitze der ganzen Kirche emporgeschwungen hatten, und als sie sich in dieser unter heftigem Widerstand errungenen Stellung, als Oberhaupt, als Herren und Gebieter der Kirche gegenüber den andern Bischöfen und Gemeinden einerseits, gegenüber der weltlichen Macht, zunächst des deutschen Kaisers andererseits immer mehr zu befestigen suchten, da ergriffen sie mit beiden Händen ein Mittel, das sich ihnen zu jener Zeit darbot, und welches in nichts Geringerem bestand, als in einer betrügerischen Sammlung von erdichteten kirchlichen Verordnungen und Gesetzen. Es sind das die sogenannten Dekretalen des Pseudo-Isidor. In dieser Sammlung kirchlicher Gesetze sind namentlich solche enthalten, welche darauf ausgehen, der Geistlichkeit eine selbstständigere Stellung zu verschaffen, die Würde der Bischöfe zu heben, vor Allem aber die Herrschermacht des römischen Stuhls zu erweitern, zu vergrößern, um dadurch mehr und mehr die Kirche vom Einfluß des Kaisers zu befreien, sie als eine vollkommen selbstständige Macht vom Staate loszureißen. Unter diesen kirchlichen Gesetzen fanden sich

nun aber über hundert unechte, d. h. solche, welche der unbekannte
Verfasser der Sammlung absichtlich als falsche, als er=
dichtete untergeschoben und in die Sammlung einge=
schmuggelt hatte. Trotzdem, — obgleich diese erlogenen, und nur
betrügerischer Weise eingeschobenen Gesetze sich in dieser Sammlung
fanden, scheuten sich die Päpste nicht, in vorkommenden Fällen,
wo es ihnen gut dünkte, wo sie die Leichtgläubigen durch die Be=
rufung auf solche angeblich alte Gesetze glaubten um so eher
zum Gehorsam zwingen zu können, ich sage, sie scheuten sich nicht,
auf diese betrügerische Gesetzessammlung sich zu berufen. Und
das thaten sie Jahrhunderte lang bis zur Zeit der
Reformation! Da erst wurde der große Betrug, und zwar zu=
erst von protestantischer Seite gründlich nachgewiesen, so gründlich,
daß von jener Zeit an die römische Kirche selbst es unter ihrer
Würde hielt, sich länger darauf zu berufen.

Aber der Zweck des Betruges, und der Zweck der Berufung
darauf von Seiten der römischen Kirche in früheren Jahrhunderten,
er war erreicht. Dieser Betrug, d. h. diese Behauptung der Kirche,
daß die Päpste das Recht haben, diese und jene oft sehr anmaß=
lichen Forderungen zu stellen, die Behauptung, daß sie damit nichts
Anderes thun, als was seit den ältesten Zeiten ihre Vorgänger
ebenfalls gethan hätten, die Behauptung, daß sie sich auf wirkliche,
echte, älteste Kirchengesetze berufen, obgleich diese nur erdichtet
waren, sie hat in jenen vergangenen Zeiten wesentlich mitgeholfen,
die Macht des Papstthums zu befestigen und zu erweitern.

Mit dieser falschen Behauptung hängt nun aber noch eine
andere, von der ich schließlich ganz besonders sprechen muß, aufs
innigste zusammen; das Actenstück, in welchem sie niedergelegt ist,
ist sogar dieser nämlichen Sammlung des „Pseudo=Isidor“ einver=
leibt. Es ist folgende:

Die Päpste waren mit der allmählich erlangten Oberherr=
schaft über die Kirche nicht zufrieden; sie waren, trotzdem sie durch
die Hülfe der Frankenkönige sich von dem Unterthanenverband dem
oströmischen Kaiser gegenüber losgerissen, und trotzdem sie die
früheren Besitzungen dieses Kaisers in Italien durch Pipin und
Karl den Großen als Geschenk zu eigenem ewigen Besitz er=
halten hatten, doch diesen letzteren als Lehensmänner, als
Vasallen unterworfen. Dieses Unterthanenverhältniß war
ihnen unbequem, aber es war nicht so leicht, auch dieses zu lösen.

Was thaten sie? Es beruhte auf der Thatsache, daß das weltliche Besitzthum, der sogenannte „Kirchenstaat" den Päpsten von den Frankenkönigen geschenkt war. Darum fingen jetzt die Päpste an, im Widerspruch mit dieser Thatsache, die Behauptung, d. h. die Sage zu verbreiten, dieser weltliche Besitz habe ihnen schon lange vorher gehört, diese Länder in Italien seien sogar schon dem Papst Sylvester, und zwar durch Constantin den Großen im 4. Jahrhundert geschenkt worden.

Es ist das die Sage von der sogenannten „Schenkung Constantins." Zwar wurde auch sie später als eine bloße Sage nachgewiesen und beruft sich die Kirche heute nicht mehr auf dieselbe, wenn auch einzelne Schriftsteller es noch thun; aber, was die Hauptsache ist, auch ihr Zweck wurde für die Zeit wenigstens, wo sie Glauben fand, erreicht. Durch diese Berufung, durch die Behauptung, daß die Päpste seit undenklicher Zeit schon im Besitz ihrer weltlichen Besitzthümer gewesen, daß diese ihnen also von den fränkischen Königen gar nicht erst geschenkt werden konnten, dadurch gewann das Papstthum dem weltlichen Königthum gegenüber an Ansehen und Einfluß auf die Gemüther, es befestigte sich im Glauben der Menge, ja, es that damit einen der ersten kühnen Schritte, um sich im Vollgefühl seiner Selbstständigkeit sogar über das weltliche Königthum, über den Staat als solchen, hinaus-zuschwingen.

Damit, Ihr Männer und Ihr Frauen, bin ich am Schluß meiner Aufgabe angekommen, die ich mir heute gestellt habe. Es war nicht meine Absicht, an der Hand der Geschichte alle die ver-schiedenen Thatsachen mitzutheilen, welche im Lauf der ersten Jahr-hunderte zusammengewirkt haben, um die römischen Bischöfe zuletzt auf die hohe Rangstufe zu erheben, von wo aus sie die ganze Kirche beherrschten. Es war darum auch nicht meine Aufgabe, nach-zuweisen, wie bei den damaligen Verhältnissen und An-sichten diese Erhebung der römischen Bischöfe zum Rang der Päpste, wie das Papstthum überhaupt eine Forderung der hinter uns liegenden Zeit, eine geschichtliche Nothwendigkeit für jene Zeit war. Meine Aufgabe war vielmehr, zu zeigen, daß — abgesehen von allem Uebrigen — zur Begründung und Befestigung des Papst-thums diese falschen, irrigen und sogar betrügerischen Behauptungen und Berufungen der Kirche wesentlich und in erster Linie mit-geholfen haben.

Das Papstthum gleicht somit einem Baume, der mit vielen Wurzeln im Boden der Menschheit sich festgesetzt, in dessen stärksten Wurzeln aber der Wurm der Unwahrheit, der Wurm der Lüge sitzt.

Wie es möglich war, daß trotzdem seine Macht und Herrschaft sich so lange erhalten, wie es möglich ist, daß heute noch seine aufrichtigen wie seine scheinbaren Bekenner nach Millionen zählen, das ist eine Frage, deren Beantwortung nicht schwer fällt. Das Papstthum hat es verstanden, durch den furchtbaren Druck, den es durch alle Jahrhunderte hindurch ausübte, das selbstständige Denken und Prüfen darnieder zu halten; der Zweifel an seiner göttlichen Einsetzung führte in den Kerker, der Unglaube auf den Scheiter= haufen; und eine Vergleichung mit der Bibel wurde zuletzt un= möglich gemacht durch das Bibelverbot.

Ich frage Euch Alle, die Ihr hier seid, und bis zur Stunde Euch zum Papstthum bekennt, habt Ihr je einmal über diese Dinge, von denen ich sprach, habt Ihr ernstlich und unbefangen darüber nachgedacht? Ich frage Euch Alle, habt Ihr je einmal, um Euch Aufschluß, um Euch Gewißheit zu verschaffen, die Bibel selbst in die Hand genommen? Ja, habt Ihr überhaupt etwas Näheres von diesen Dingen gehört? — Was denkt Ihr aber jetzt und was werdet Ihr thun? — Werdet Ihr nach wie vor auf dem alten Geleise der Gewohnheit so fortgehen, oder steht Euch die Wahr= heit höher? Werdet Ihr zugeben, daß sich die Dinge anders ver= halten, als Ihr bisher geglaubt habt? Werdet Ihr zugeben, daß wir Andern, die uns vom Papstthum lossagen, gute Gründe dazu haben, daß wir deswegen noch nicht den Vorwurf verdienen, als hätten wir uns damit vom ganzen Christenthum, ja, von aller Religion losgesagt, oder als seien wir schlechte Menschen? Werdet Ihr uns noch immer verdammen?

Ihr Andern aber, Ihr Alle, die Ihr entschlossen seid, den Schritt zu thun, zu welchem Euer Gewissen, Euer Nachdenken Euch zwingt, Ihr Alle, die Ihr diesen Schritt schon gethan habt und die Ihr ihn jetzt um so weniger bereuen werdet, Euch rufe ich zu: stehet fest, oder wie Paulus zu den Corinthern sagt: „bestehet in der Freiheit, und laßt Euch nicht wieder in das knechtische Joch fangen!"

Vorgestern und heute feiert die Kirche, der Ihr Lebewohl ge= sagt, Marienfeste; Glocken und Blumen mahnen mit verführe= rischer Gewalt an den süßen Zauber, den die von Euch verlassene

Kirche für ihre Gläubigen zu entfalten versteht; schäme sich Keiner, wenn diese Klänge ihn zurück erinnern an vergangene Tage, zurück erinnern an den verlorenen Glauben der Kindheit! Aber stehet fest in Euerm neu gewonnenen! Auch unser Glaube, auch unsere Religion hat eine Maria; auch wir verehren und sehen begeistert empor zu einer „Himmelskönigin"; auch wir folgen und gehorchen ihrer Himmelsstimme, — es ist die Stimme der Freiheit, der Freiheit des Geistes! Dieser unsrer Himmelskönigin sind aber nicht ein und nicht blos zwei Tage, ihr sind alle Tage des Jahres geweiht; dieser unsrer „Himmelskönigin" dienen wir auch nicht durch bloßes Kirchengehen und Beten, ihr dienen wir durch den „Dienst der Freiheit", von dem unser Dichter sagt, er sei „ein schwerer Dienst."

Wohlan denn, Männer und Frauen! Wenn etwas noch fehlte, um uns zu treuem, muthigem, standhaftem Ausharren in diesem Dienst zu ermahnen, so ist's die politische Erhebung, welche mit unsrer religiösen Hand in Hand geht! Sie mahnt uns, damit nicht das auf ihrem Gebiet Errungene uns wieder entrissen werde, damit die berechtigte Hoffnung auf eine bessere, vernünftige, des freien, sittlichen Menschen würdige Neuordnung des Staatslebens nicht wieder zu Schanden werde, damit das Blut unsrer Brüder nicht umsonst vergossen sei, sie mahnt uns, nur um so gewissenhafter und unerschrockener an der Freiheit des Geistes, an der Befreiung des Volkes von religiösen Fesseln, an der Erlösung von Wahn und Aberglauben fortzuarbeiten, weil nur auf dieser festen Grundlage die politischen Reformen von Dauer sind. Diesen tiefsten, sittlichen Grund zu legen ist darum die höchste Aufgabe der gegenwärtigen religiösen Bewegung. Lassen Sie uns, jeder nach dem Maße seiner Kraft, daran mitarbeiten, — wir arbeiten im Dienst des Geistes, im Dienst der Religion, im Dienst des Vaterlandes, — und das Vaterland es wird uns segnen!

II

Vorträge in Graz.

1. Gegen den Vorwurf, daß wir Alles nehmen.

(Mittwoch den 25. Oktober 1848 Nachmittags,
in der Reitschule, am Tage vor der Gründung der Gemeinde.)

Als vor achtzehnhundert Jahren aus den Trümmern des Heiden=
thums und dem in Formen erstarrten Judenthum eine neue Re=
ligion sich zu erheben begann, als an die Stelle der vielen Götter
der Glaube an den Einen und an seinen „Eingebornen Sohn"
trat, an die Stelle des todten Gesetzesbuchstaben die Freiheit vom
Gesetz, da ging eine Klage durch die immer leerer werdenden
Tempel, in welche Alle einstimmten, die den neuen Geist noch nicht
zu fassen im Stande waren, es war die schmerzliche Klage: Man
nimmt uns ja Alles! Die Erlösung vom Joch des mosaischen
Gesetzes erschien den bisherigen Hütern und Wächtern der Ver=
gangenheit innerhalb des Judenthums als Lästerung des Moses,
der Glaube an nur einen Gott erschien inmitten des Heidenthums
als Leugnung der Götter, als Atheismus.

Ganz dasselbe wiederholt sich heute gegenüber unsrer neuen
religiösen Bewegung! Erlösung von todten Satzungen, in denen
der Geist der Menschheit erstarrte und verknöcherte, Bekämpfung
der vielen Götter, oder göttlichen Wesen und der Wahnvorstellungen
überhaupt, die im Lauf der Zeit auch in das Christenthum sich
wieder eingeschlichen, das ist die Losung mit der wir als Send=
boten einer geläuterten Religion vor unsre Mitbürger treten, —
„Ihr nehmt uns ja Alles!", das ist dieselbe Klage wie früher,
derselbe Vorwurf, der uns von den Hütern der Vergangenheit, der
uns von den Priestern der Kirchen und von allen Denen gemacht

wird, die sich vom gewohnten Alten nicht loszureißen, und den tieferen Sinn des Neuen nicht zu erfassen vermögen.

Gegen diesen Vorwurf, der uns selbst von Solchen oft gemacht wird, welche einer Reform der Kirche, einer Reform des ganzen religiösen Lebens nicht abgeneigt sind, gegen diesen Vorwurf möchte ich heute unsre gegenwärtige religiöse Bewegung in Schutz nehmen. Und ich beginne damit, daß ich zugebe, dieser Vorwurf ist nicht ganz ohne Grund, wenigstens nicht ohne den Schein eines Grundes.

Ja, die religiöse Bewegung der Gegenwart, die Reform der Kirche und Religion, welche jetzt auch in Eurem großen, schönen Land begonnen hat, sie nimmt allerdings, — sie nimmt Vieles, sogar sehr Vieles, aber ich frage zu allererst: ist denn das Nehmen für sich allein schon etwas Verwerfliches?

Wenn einer mit Gewalt nimmt, was dem Andern gehört, wenn Du der Mutter ihr Kind nimmst, das sie liebt, wenn der Fürst dem Volke die Freiheit nimmt, für die es geblutet, das ist Unrecht, ja das ist Verbrechen. Wenn aber der armen Mutter Sorgen und Noth abgenommen werden, daß sie um so freudiger ihr Kind erziehe, wenn dem Volk die Fesseln genommen werden, auf daß es an Freiheit wachse und erstarke, ist auch dieses Nehmen etwas Verwerfliches? Wie aber, wenn die Reformation der Gegenwart an gar kein anderes „Nehmen" dächte, als an ein solches? Wie denn? Würdet Ihr, die Ihr vielleicht gekommen seid, mit diesem stillen Vorwurf gegen uns im Herzen, würdet Ihr diesen Vorwurf auch dann noch erheben?

Wohlan denn! Ich will sagen, was unsre Reformation nimmt, ich will es sagen, ohne Rückhalt, ohne Scheu, und ich fordere Sie Alle auf, folgen Sie in ruhiger Sammlung meinen Worten, und lassen Sie sich darin am Allerwenigsten durch die ausgestreuten Gerüchte stören, als sollte heute diese Halle zertrümmert, oder Ronge und ich gesteinigt werden! Diese Gerüchte sind nur zur Einschüchterung der Furchtsamen ersonnen, — ich glaube nicht an sie im schönen Steierlande!

Und so sage ich denn, das Erste, was unsere Reformation nimmt, was sie wenigstens zu nehmen und ganz gründlich zu vertilgen sucht, das ist: der Irrthum, die Lüge, die Heuchelei in der Religion.

Wir gehören nicht zu den Schwärmern, die da meinen, es müsse und werde einmal eine Zeit kommen, wo alle Menschen in

Sachen der Religion einer und derselben Meinung seien; wir betrachten vielmehr die Verschiedenheit der Ansichten als in der menschlichen Natur tief begründet. Aber wir unterscheiden zwischen verschiedenen Ansichten, und zwischen solchen, die offenbar irrig, offenbar falsch und unhaltbar sind. Diese Letzteren bekämpfen wir, und zwar nicht mit Gewalt, sondern mit geistigen Waffen, mit Gründen der Ueberzeugung; sie, und nur sie allein, suchen wir unsern Mitmenschen durch Gründe der Belehrung und Ueberzeugung zu nehmen.

Wir bekämpfen darum, zunächst der katholischen Kirche gegenüber, die Meinung und die Behauptung, diese Kirche sei, so wie sie heute ist, zumal ihre ganze hierarchische Ordnung und Regierung, ihre Bischöfe und Päpste, sie seien unmittelbar und in aller Form von Gott selber, oder von Christus für alle Zeit kraft göttlicher Vollmacht eingesetzt. Diese Meinung und Behauptung bekämpfen wir aus dem einfachen Grunde, weil sie im Widerspruch steht mit der Geschichte, und im Widerspruch selbst mit dem Buch, auf das sie sich irrigerweise beruft, mit der Bibel. Was auch in ihr stehen mag, was auch von einer besondern Auszeichnung des Apostels Petrus darin erzählt wird, wir sagen einfach, einen Mann, wie Petrus, einen Jünger, der ihn nicht nur einmal, der ihn dreimal verleugnet hat, den kann Jesus nicht zum Oberhaupt der Kirche ernannt oder eingesetzt haben! Wir sagen, Jesus hat überhaupt an gar keine Kirche gedacht, nach Allem, was uns die Evangelien von ihm berichten. Zu einer Kirche gehören Priester, die Priester und das Priesterthum überhaupt aber, als einen Stand, der sich anmaßt andere Menschen wegen seiner vermeintlich größeren Heiligkeit zur Seligkeit verhelfen zu können, die hat Jesus auf das entschiedenste bekämpft, und sein Wehe über sie gerufen. Wir sagen, wenn aber auch Jesus eine Kirche und in ihr Priester gewollt hätte, — die Kirche, wie sie im Lauf der Jahrhunderte geworden ist, die Priester, Bischöfe und Päpste, wie sie in diesen Jahrhunderten, wenigstens zum großen Theil, sich gezeigt haben, diese hat er nicht gewollt!

Wir bekämpfen aus demselben Grund die Behauptung der Kirche und der Priester, als komme ihnen dadurch ein höherer Grad von Heiligkeit zu, daß sie auf das älteste Naturrecht des Menschen verzichten und ehelos leben; wir bekämpfen diesen Irrthum noch aus dem weiteren Grunde, weil die Erfahrung von

Jahrhunderten zeigt, daß dieses ehelose Leben der Priester noch
überdies größtentheils eitel Lüge und Heuchelei war, und noch ist.

Diese Lüge und Heuchelei in der Religion bekämpfen wir
aber ebenso bei den Nicht-Priestern, bei der Masse des Volkes;
und wer sich die Augen nicht absichtlich zuhält, der muß uns recht
geben, wenn wir sagen, diese Heuchelei ist groß, diese Heuchelei
verderbt und vergiftet unser ganzes gegenwärtiges religiöses Leben!
Es täusche sich doch Niemand! Es täusche sich Niemand über den
Anblick gefüllter Kirchen, über die Tausende und Hunderttausende,
die dem Namen nach sich zu dieser oder jener Kirche bekennen!
Wie viele von diesen Allen gehören ihr noch mit ihrem
ganzen Herzen, wie viele mit ihrer ganzen innersten
Ueberzeugung? O, ja, sie kommen, wenn die Glocken läuten,
sie kommen, wenn der Fest- und Feiertag im Kalender steht; sie
treten vor den Priester, damit er den Bund ihrer Herzen segne;
sie bringen ihr Kind vor denselben, damit er durch die Taufe es
aufnehme in den Schooß der Kirche; sie führen ihr Kind zum
Altar, daß es die Weihe der Firmung, die Weihe der Konfirmation
erhalte; sie rufen den Priester, daß er ihnen in der Stunde des
Todes die letzte Oelung gebe, und so weiter, und so weiter, — aber
thun sie das Alles aus wahrer Religion, d. h. aus wahrer Ueberzeugung, oder thun's nicht sehr viele wenigstens nur aus Gewohnheit, nur aus Herkommen, ja Manche nur aus Rücksicht, nur aus
Berechnung?

Wie viele von diesen sind im Stillen mit den Ansichten, den
Grundsätzen unserer Reformation vollkommen einverstanden, aber
sie machen sich kein Gewissen daraus, nach wie vor durch ihr Verbleiben innerhalb der Kirche, mit welcher ihr Herz und ihre Vernunft längst innerlich gebrochen hat, sich den Schein zu geben, als
seien sie trotz alledem ihre treuesten, gehorsamsten Mitglieder. Sie
spotten über die Priester, sie verwünschen und verfluchen die Priester,
aber sie bleiben ihre gehorsamen Diener, und durch dieses Verbleiben erhalten und stärken sie deren Macht und Einfluß.

Das ist die große Lüge und Heuchelei der Gegenwart, — und
sie bekämpfen wir, sie suchen wir mit der Wurzel auszurotten!

Mit derselben Energie, mit derselben sittlichen Empörung bekämpfen wir aber auch ein anderes Unwesen auf dem Gebiet der
Religion, das mit diesem ersten aufs Innerste verwandt ist, das
ist die falsche Demuth, die knechtische Furcht, die blinde,

würdelose Unterwerfung. Es ist was Schönes um die wahre Demuth, aber mit diesem Worte wird ein unseliger Mißbrauch getrieben. Wahre Demuth ist die freiwillige Unterordnung eines jeden Einzelnen unter die ewigen Gesetze der Natur und des Geistes; die freiwillige, selbstbewußte Anerkennung, daß wir als Einzelwesen dem großen, wundervollen, unendlichen Ganzen der Welt, den Gesetzen, die sich darin offenbaren, der Allmacht, von der sie gehalten und getragen ist, dem Geist, der sie erfüllt und beseelt, ein- und untergeordnet sind; es ist die freiwillige Anerkennung und das freudige Bewußtsein, daß wir im Einklang und nur im Einklang mit der ewigen Weltordnung, mit ihrem ewig heiligen Natur- und Sittengesetz unsre Aufgabe, unsre Bestimmung als Menschen erreichen. In diesem Bewußtsein, in diesem Gefühle suchen wir uns und unsere Mitmenschen zu stärken, zu befestigen. Aber es giebt noch eine andere Demuth, die nur von der Kirche gepredigt wird, und welche in nichts Geringerem besteht, als darin, daß wir uns Menschen für nichts, für gar nichts halten sollen, für Geschöpfe, welche nicht verdienen, von der Sonne beschienen zu sein.

Gegen diese falsche, von Priestern gepredigte Demuth, gegen diese Verachtung, Leugnung und Verleugnung unsrer selbst, gegen diese Verleugnung unsrer angeborenen Menschenwürde, dagegen protestiren wir, dagegen kämpfen wir, sie suchen wir der getäuschten Menschheit zu nehmen. Diese falsche Demuth hat aber ihre letzte Quelle in der grundfalschen Vorstellung, die wir uns von dem einen höchsten Wesen machen, das wir Gott nennen. So lange man sich Gott vorstellt als ein Wesen, das zwar erhaben über alle Begriffe, aber doch in einer Art menschenähnlicher Persönlichkeit, fern von uns, fern von der Erde, über den Wolken und hinter den Sternen, ja hinter der Welt, in einem besonderen Raum, dem Himmel, wohne und throne; das zwar allgegenwärtig, aber doch in diesem fernen Himmel seinen eigentlichen Wohnsitz habe; — so lange man sich ihn vorstellt als den Herrn, der auf dem Sinai der Menschheit ihr Gesetz gegeben, und auf das Uebertreten dieses Gesetzes in den meisten Fällen Todesstrafe gesetzt habe, so lange man sich ihn denkt, zwar als den Gott der Liebe, der aber, über die sündige Menschheit zürnend, nur dadurch besänftigt und zufriedengestellt werden konnte, daß er das Blut seines eigenen Sohnes auf Golgatha fließen sah; so lange man sich einbilbet, daß nur seine unmittelbare, übernatürliche Einwirkung auf unser Herz und unsern Geist uns befähige, seinen Geboten nach= zukommen, und für unsre Sündenschuld Vergebung zu erlangen, daß aber durch den sogenannten „Sündenfall" im Paradiese wir um alle eigene sittliche Kraft gekommen seien, unser Herz verborben, unsere Vernunft erblindet sei; so lange man sich einbildet, daß er zu unserm Heil und unsrer Rettung eine einzige Anstalt gegründet, eine alleinseligmachende Kirche, daß wir dieser angehören, ihren Gesetzen unbedingt folgen, ihren Priestern unbedingt uns unterwerfen, ihre Gebräuche, Cere= monien unbedingt beobachten müssen, daß wir dagegen unsrer ewigen Seligkeit verlustig gehen, wenn wir das nicht thun; so lange man schließlich glaubt, weil Gott im Himmel wohne, so müssen wir erst sterben, um zu ihm zu kommen, erst todt sein, um in die wahre Herrlichkeit, die unser wartet, einzugehen; erst todt sein, um die Erfüllung unsrer höchsten Wünsche und Bestrebungen erreichen zu können: so lange man sich Gott in dieser Weise denkt, vorstellt und einbildet, so lange ist es gar nicht anders möglich, als daß ein Geist der falschen Demuth, ein Geist der knechtischen Furcht, ein Geist der blinden, würdelosen Unterwürfigkeit Platz greift, und die Menschheit um das Höchste bringt, was ihr eigen ist, um das Gefühl ihrer Würde, um den Glauben an sich selber.

Und diesen Geist sehen wir aber leider in Schrecken erregender Ausdehnung über alle Länder und Völker verbreitet, in Wider= spruch nicht nur mit unsrer Vernunft, im Widerspruch sogar mit den deutlichsten Worten desselben Buches, auf das sich der Glaube so gerne beruft, der sich für den allein echten ausgiebt. Denn in der Bibel selbst steht das große, wunderbar tiefe Wort geschrieben, daß Gott „nicht ferne sei von einem Jeglichen unter uns", daß wir vielmehr „in ihm leben, weben und sind"; in der Bibel selbst steht geschrieben, daß wir geschaffen „zu seinem Ebenbild", daß wir „Gottes Tempel".

Wir haben somit selbst auf Grund der Bibel ein gutes Recht, gegen diesen entmenschenden Geist der Leugnung unsres Menschen= werthes, der Leugnung unsrer Menschenwürde mit aller uns mög= lichen Energie anzukämpfen. Und wir thun es besonders dadurch, daß wir die Vorstellungen über Gott zu läutern und zu reinigen suchen; daß wir hauptsächlich den Anmaßungen der Kirche und ihrer Priester entgegentreten, welche vorgeben, allein im Besitz der Wahrheit, allein im Besitz der Mittel zu unserm Heil, allein im Besitz der Schlüssel zum Himmel zu sein; wir thun es, indem wir die fromme Furcht bekämpfen, welche sich blindlings den Anordnungen und Befehlen der Kirche und ihrer Priester unterwirft, indem man sich einredet, daß Alles, was von diesen ausgeht, im Namen und auf Befehl Gottes selber geschehe; wir thun es, indem wir die leichtgläubige Angst bekämpfen, welche da meint, der Boden schon, auf dem eine Kirche steht, sei heiliger als der gewöhnliche, welche meint, der geweihte Priester nur dürfe sich dem Altar nahen, allen Andern sei es Sünde; welche meint, im Beichtstuhl säße wirklich ein Stellvertreter des höchsten Gottes selber, oder welche meint, unsre geliebten Todten litten unsägliche Pein im Fegfeuer, wenn wir nicht eine Messe oder recht viele für sie lesen lassen. Dieses Fegfeuer und mit ihm die Hölle und der Teufel, mit welchen Schreckbildern die meisten Priester den armen Gläubigen drohen, sie suchen wir ganz besonders, aber auch ganz und vollständig, mit der letzten Wurzel aus den Gemüthern der Geängstigten heraus zu reißen.

Und dann noch Eines! Wir bekämpfen den Irrthum, die Lüge, die Heuchelei, wir bekämpfen die falsche Demuth, die knechtische Furcht, die blinde, würdelose Unterwürfigkeit, wir bekämpfen aber auch noch ganz besonders den Glaubenshochmuth, den Glaubenshaß, und die unselige Trennung, zunächst unsres deutschen Vaterlandes, in verschiedene Confessionen. Allerdings sind die Zeiten vorüber, wo sich dieser Glaubenshochmuth und Glaubenshaß in jener rohen, barbarischen Weise geäußert hat, von welcher uns die Kerker und Folterwerkzeuge, das bluttriefende Schwert der römischen Soldknechte, die Schaffote und die rauchenden Scheiterhaufen der Vergangenheit als nie verstummende Zeugen tiefster menschlicher Verirrung und pfäffischer Anmaßung erzählen. Aber darüber kann sich doch Niemand täuschen, daß jener unselige Geist noch lange nicht ganz erstorben, daß er, wenn auch in milderen Formen, nur zuviel Einfluß noch über einen großen Theil der heute Lebenden ausübt.

Wohl hat ein edeldenkender Kaiser, Joseph II., das sogenannte Toleranz-Edikt erlassen, und dadurch zunächst den Völkern Oesterreichs ein glorreiches Beispiel gegeben, aber wenn wir uns näher umsehen, dann stoßen wir nur auf zu viele Fälle, die uns

5*

zeigen, daß in der Tiefe der Gemüther noch allerorten ein in-
toleranter, gehässiger Geist sein Wesen treibt, und von denen gerade
am meisten genährt und geschürt wird, welche sich so gerne Diener
„der Religion der Liebe" nennen lassen.

Es ist nicht so lange, daß noch an jedem Gründonnerstag die
berüchtigte Bulle verlesen wurde, in welcher alle Nichtkatholiken
verdammt werden; es geschieht heute noch, daß römische Priester
sich weigern eine Ehe einzusegnen, wenn nicht beide Ehegatten der
katholischen Religion angehören, oder wenigstens sich verbürgen,
daß die zu hoffenden Kinder katholisch erzogen werden; es geschieht
heute noch, daß bei katholischen Taufen Protestanten als Pathen
weggewiesen werden; es geschieht heute noch, daß im Beichtstuhl
die Dienstboten gewarnt und bei Verlust ihrer ewigen Seligkeit
aufgefordert werden, in keiner protestantischen, noch weniger einer
jüdischen Familie Dienst zu nehmen, oder wenn sie es gethan, ihn
schleunigst zu verlassen; es geschieht heute noch, daß die Leichen
von Nichtkatholiken auf keinem katholischen Friedhof dürfen beerdigt,
daß sie außerhalb, oder höchstens, wie die Selbstmörder, an der
Mauer verscharrt werden.

Und in diesem Geist wird die Jugend, werden die kleinen
Kinder schon an nur zu vielen Orten, und wie in der katholischen
Kirche gerade so auch in vielen protestantischen, großgezogen
durch den Unterricht in der Schule, besonders den Religionsunterricht. Kam doch dieser Tage erst ein katholisches Kind weinend
nach Hause, weil es in der Schule vom katholischen Geistlichen belehrt worden war, daß alle Protestanten, also zufällig auch seine
Mutter, ewig verloren, und zur Strafe, weil sie protestantisch seien
in die unterste Hölle kommen!

Aber davon selbst abgesehen, diese Trennung und Zerspaltung
in verschiedene Confessionen, die sich feindlich gegen einander ab-
schließen, ist ja für sich allein schon etwas, das wir vom Standpunkt unsres Jahrhunderts aus und im Hinblick auf unser Vaterland aufs Tiefste beklagen, und beseitigt wünschen müssen. Nicht
als ob Alle mit Gewalt in e i n e Uniform des Glaubens müßten
gebracht werden, — das wäre geradzu gegen alle Natur, gegen alle
Vernunft. Es werden ewig verschiedene Ansichten, verschiedene
Richtungen und Parteien auch auf dem Gebiet der Religion sein;
sie haben ihre vollkommene, natürliche Berechtigung. Aber wogegen
wir namentlich uns wenden und kämpfen, das ist: auf der

einen Seite der Wahn, daß ein sehr großer Theil den Bekennern der anderen Confession alle und jede Berechtigung abspricht, und, damit nicht genug, sie für Menschen ohne Religion, für schlechte Menschen, für Feinde Gottes hält, welche zu vernichten und auszurotten, und mit denen zum Allerwenigsten sie keinen Umgang haben dürfen, und auf der andern Seite die traurige Thatsache, daß so Viele sich zu einer Confession bekennen, nur dem Namen, nur dem äußern Schein nach, während in ihrer innersten Ueberzeugung sie längst mit dem Glauben ihrer Confession gebrochen haben.

Von diesen sollten wir denn doch verlangen dürfen, daß sie einem Zustand endlich ein Ende machen, der nichts Geringeres ist, als eine Unwahrheit, nichts Geringeres, als eine große öffentliche Heuchelei! Und diese sind es daher ganz besonders, an welche wir uns wenden, und denen wir zurufen: werft endlich Eure Maske ab, zeigt Euer ehrliches Menschenantlitz, scheint nicht länger, was Ihr nicht mehr seid! Diesen rufen wir zu: kommt, kommt und reicht den Andern, die im nämlichen Falle sind, in einer andern Confession, reicht ihnen über die Confession hinüber die Hand, die Bruderhand! Wozu länger diese doch nur scheinbare Trennung, wozu länger diese doch nur scheinbare Zerspaltung! Unser Vater-land hat lange genug darunter gelitten, Ströme Blutes sind ge-flossen, — wer denkt nicht des dreißigjährigen Krieges! — und heute noch, in wie vielen Familien ist durch diese confessionelle Trennung die Saat des Unfriedens, die Saat des Unglücks aus-gestreut! Wie viele gute, edle Menschen sind durch sie sich ent-fremdet, sind auseinander gerissen worden, oder leben in ewiger Angst der Eine um die Verdammniß des Andern! Sind diese confessionellen Schranken in Eurem Innern morsch und faul ge-worden, so haltet sie auch äußerlich nicht mehr aufrecht, — weg mit ihnen, reißt sie nieder, tretet zusammen, vergebt und ver-söhnt Euch!

So rufen wir, so ruft unsere Reformation Tausenden und Hunderttausenden zu; — es ist der Ruf zum einen, großen Bruder-bunde, zum einen, heil'gen Menschheitsbunde; es ist der Ruf zu der Religion, in der sich Alle zusammen finden, denen die sittliche Ge-sinnung über dem Bekenntniß, denen die Liebe über dem Glauben steht; es ist der Ruf zur Religion der Menschheit!

Damit habe ich Alles gesagt, Männer und Frauen der schönen

Steiermark, Alles, worauf es ankommt, um zu beurtheilen, wie viel Wahres an dem Vorwurf ist, daß unsre Reformation etwas rein Verneinendes sei, nichts als Umsturz, oder das leere Nichts, — daß sie dem Menschen Alles nehme, was ihm das Höchste und das Heiligste ist. So urtheilet selber nun und entscheidet!

Vor achtzehnhundert Jahren hat sich's um eine ähnliche Entscheidung gehandelt, als der unsterbliche Prophet von Nazareth sein Volk zunächst aufrief zur neuen Religion, in welcher nicht der todte Buchstabe des Gesetzes, sondern die innerste Gesinnung, das „reine Herz" über den wahren Werth des Menschen entscheiden sollte.

Klagend hat er damals ausgerufen: „Jerusalem, Jerusalem, die du tödtest die Propheten, und steinigst die zu dir gesandt sind, wie oft habe ich deine Kinder versammeln wollen, wie eine Henne versammelt ihre Küchlein unter ihre Flügel, aber ihr habt nicht gewollt!"

Die Religion der Menschheit, die Religion der Zukunft, mit ihr aber die ganze Zukunft unsres Vaterlandes — sie steht heute fragend vor uns Allen, und wartet unsrer Entscheidung, wartet der Eurigen! Groß und heilig ist dieser Augenblick; — aber der Augenblick entflieht, darum ergreift ihn! Ergreift ihn und entscheidet euch!

> Jetzt oder nie!
> Die Stunde hat geschlagen,
> Der Menschheit will ein neuer Morgen tagen,
> Und hell erklingt die Ostermelodie:
> Jetzt oder nie!
>
> Jetzt oder nie!
> Der Vorhang ist zerrissen,
> Der uns umflort mit bangen Hindernissen,
> Der Ruf: Es werde Licht! verscheuchte sie!
> Jetzt oder nie!
>
> Jetzt oder nie!
> Wollt Ihr die Zeit versäumen?
> Dann wird nie Wahrheit aus den schönen Träumen
> Von einer großen Menschenharmonie:
> Jetzt oder nie!

2. Paulus, oder: Kampf und Opfer der Ueberzeugung.

(1. Nov. 1848, auf der Terrasse im „Wilden Mann.")

Feierlich tönen die Glocken und rufen die Gläubigen heute zur Feier des Allerheiligenfestes. Auch wir haben uns an diesem Tage versammelt, aber es wäre ein Irrthum, wenn Einzelne der Anwesenden in der Voraussetzung gekommen wären, daß wir diesen Tag in dem nämlichen Sinne begehen, wie die katholische Kirche. „Heilige" in der eigentlichen Bedeutung des Wortes kennen wir keine und haben wir darum keine zu verehren. „Heilig" ist der, welcher ganz gut, ganz rein, ganz ungetrübt und unbefleckt von Fehl und Sünde, heilig ist darum selbst Der nicht, welcher in schlichter Bescheidenheit vor achtzehnhundert Jahren das Bekenntniß von sich selber abgelegt und gesagt hat: „Was heißest Du mich gut, Niemand ist gut, denn der einige Gott." (Matth. 19,17.)

Wir haben aber um so weniger Veranlassung, das Allerheiligenfest im Sinn der katholischen Kirche zu begehen, wenn wir erst daran denken, wie sehr wenig oft dazu gehört hat, um von ihr heilig gesprochen zu werden, — wenn wir daran denken, wie viele in der That „wunderliche" Heilige sich unter der Zahl derer befinden, die sie verehrt, zu denen sie sogar ihre Gebete sendet, damit sie „Fürbitte thun" beim „unnahbaren" Gott im Himmel. Wäre nicht heute der Tag dieses Festes selber, so würde ich es mir zur Aufgabe machen, näher und ausführlicher über diese Heiligenverehrung mich auszusprechen; da ich dieses aber nicht thun könnte, ohne manches harte Wort zu sagen, und da ich den Vorwurf nicht auf mich laden möchte, daß ich dadurch Manchem vielleicht der Anwesenden doppelt wehe thue, weil eben heute der Tag gerade ist, den er bisher zu feiern gewohnt war, so verzichte ich darauf, und will vielmehr im Gegentheil das Bekenntniß ablegen, daß rechtverstanden allerdings auch dieser Heiligenverehrung ein Gedanke, eine

Wahrheit zu Grunde liegt, von der wir nur jede Uebertreibung, jede Ueberschwenglichkeit und Uebernatürlichkeit fern halten müssen, um auch unsrerseits vollkommen damit einverstanden zu sein.

Dieser wahre Gedanke ist kein anderer, als daß der Mensch das Bedürfniß in sich fühlt, an hohen, edlen und großen Vor= bildern sich zu erheben, zu begeistern, um durch solche Vorbilder selber besser und größer zu werden. Und solche Vorbilder haben auch wir, solche Vorbilder ehren und verehren auch wir.

Solcher Vorbilder, das fühlen wir Alle, bedarf es aber zumal in unsrer Zeit, in unsrer Männer=armen Gegenwart, wo uns und unserm Volke nicht geholfen wird durch Legenden von „Heiligen", die oft nichts weiter waren, als frömmelnde Faullenzer! Wir brauchen sittliche Vorbilder, Vorbilder sittlich starker, thatkräftiger, hingebender, für die höchsten Güter der Menschheit begeisterter, für ihre Ueberzeugung aber auch opferfähiger, opfermuthiger Männer, Vorbilder von Männern, die, wenn's das Höchste gilt, auch das letzte Opfer, selbst das Leben freudig dahin geben.

Einen solchen Mann möchte ich Ihnen heute darum vorführen, sein Lebensbild in Ihrem Gedächtniß auffrischen und zwar einen von denen, die gerade uns in unserm reformatorischen Streben ein Beispiel hinterlassen haben, ein Beispiel des Muthes und der Auf= opferung für die nach schweren Kämpfen oft errungene neue Wahrheit.

Ein solcher Mann war Paulus, der große oder größte Apostel des neuen Evangeliums vor achtzehnhundert Jahren. Ihm sei diese feierliche Morgenstunde gewidmet!

Paulus war der Sohn jüdischer Eltern, zu Tarsus geboren in Kleinasien und römischer Bürger. Sein Vater, ein Pharisäer, hatte ihn nach Jerusalem gesandt, daß er sich in der Schule Gamaliels zum Rabbi ausbilde.

Paulus hatte aber auch ein Handwerk erlernt, das Zelt= oder Teppichmachen, und mit diesem Handwerk verdiente er sich in späteren Jahren seinen Lebensunterhalt.

Paulus war somit ein „Arbeiter" im vollsten Sinne des Wortes und Ihr Alle, die Ihr hier seid und diesem nämlichen Stand angehört, Männer und Frauen, Ihr habt das vollste Recht von der Welt, in Paulus einen Eures Standes zu sehen und Euch im Hinblick auf einen solchen Mitarbeiter in Euerm Bewußtsein, in Eurer Selbstachtung gestärkt und gehoben zu fühlen. Man hat

sich von gewisser Seite her daran gewöhnt, mit vornehmer Miene
stolz und kalt auf Euch hernieder zu sehen; man hat in hochmüthiger Verblendung nur zu oft und zu lange Euch als die
„Parias" der Gesellschaft betrachtet; — man hat dabei vergessen,
daß Ihr Ahnen zählt in Euerm Stammbaum, mit denen sich die
wenigsten von denen messen können, die so niedrig und so lieblos
von Euch urtheilen. Euer Stammbaum weist ja noch einen Andern,
noch einen Größeren auf, als Paulus; denn wenn dieser Zelt- und
Teppichmacher war, — Jesus von Nazareth war der Sohn des
Zimmermannes, — war vor seinem öffentlichen Auftreten selber
Zimmermann, wie eines der Evangelien selbst uns berichtet!
(Marc. 6, 3.)

Was für uns aber, für unsere Reform das Wichtigere und
Bedeutungsvollere an diesem Vorbild ist, das ist zunächst der Kampf,
den er innerlich durchgekämpft hat, ehe er als Herold einer neuen
Religion vor achtzehnhundert Jahren auftrat. Dieser innere Kampf
mit dem Glauben seiner Kindheit, mit dem ererbten Glauben seines
Vaters, seiner Mutter, seines Volkes, dieses Ringen mit sich selber
und sein endlicher Sieg, der Durchbruch der höheren Wahrheit,
und die Energie, die Begeisterung und die Opferfreudigkeit, mit
welcher er dafür einstand, das ist es vorzugsweise, was ihn, den
längst Dahingegangenen, uns heute noch so nahe bringt, was uns
bewundernd und verehrend an ihm emporsehen läßt.

Er hatte in Jerusalem sich vollständig in den Glauben des
jüdischen Volkes eingelebt, in den Glauben, daß dieser der einzig
wahre und einzig seligmachende sei; er hatte in der Schule des
Gamaliel sich mit allen wissenschaftlichen Beweisen der damaligen
Zeit ausgerüstet, um diesen Glauben der ganzen Welt gegenüber
zu vertheidigen. Von ihm beseelt, hatte er es für seine Pflicht
gehalten, dem neu auftauchenden, den er in den Mitgliedern der
ersten messianischen Gemeinde, an deren Spitze Petrus stand,
kennen lernte, mit aller ihm innewohnenden Energie entgegen-
zutreten. Er sah in diesem neuen Glauben, der sich an die Person
des gekreuzigten Jesus von Nazareth knüpfte und in diesem den
Messias als erschienen betrachtete, während die andern Juden erst
in der Zukunft ihren Messias erwarteten, in diesem Glauben sah
er einen Abfall von der Religion seiner Väter, ja, eine Lästerung
derselben, weil dieser neue Glaube sich nicht scheute, einen als Verbrecher, als Gotteslästerer und Staatsempörer gewaltsam Getödteten,

einen schmachvoll Hingerichteten als Messias seines Volkes zu ver=
ehren. Wie er daher erst schadenfroh stille der Steinigung des
Stephanus beigewohnt, so trat er kurz darauf mit einem wahr=
haft glühenden Fanatismus unmittelbar angreifend und verfolgend
gegen die ersten Bekenner des neuen messianischen Glaubens auf;
ging, wie die Apostelgeschichte erzählt, von Haus zu Haus, spürte
die Anhänger der neuen, ketzerischen Lehre auf, „zog Männer und
Frauen hervor und überantwortete sie ins Gefängniß;" er schnaubte
mit Drohen und Morden wider die Zeugen des Herrn und ging
zum Hohenpriester und bat ihn um Briefe an die Schulen in
Damaskus, auf daß er, so er etliche dieser Partei dort fände,
Männer und Frauen, gebunden führete nach Jerusalem. Mag diese
furchtbare Erzählung vielleicht auch absichtlich seinen furchtbaren
Fanatismus noch übertrieben haben, damit die nachher mit ihm vor
sich gegangene Umwandlung besto wunderbarer und in so glänzen=
derem Lichte erscheine, so viel steht doch fest, Paulus benahm sich
mit außerordentlicher Leidenschaftlichkeit gegen die neu auftauchende
Sekte, weil er in ihr einen Abfall, eine Verleugnung des Glaubens
seiner Väter zu sehen meinte.

Wenn wir uns darum recht lebendig in dieses für den Glauben
seiner Väter fanatisch erregte und begeisterte Gemüth hinein denken
und hören, daß derselbe Paulus es war, welcher kurze Zeit darauf
als der begeistertste, kühnste und todesmuthigste Herold der neuen
Religion auftrat, derselben, die er eben erst noch so glühend ge=
haßt und bekämpft und verfolgt hatte, dann stehen wir in der
That vor einer so außerordentlichen Erscheinung, daß wir es ganz
leicht erklärlich finden, wenn man zur Zeit, wo das vor sich ging,
d. h. vor achtzehnhundert Jahren sich diese Umwandlung nicht
anders glaubte erklären zu können, als durch ein vollständiges
W u n d e r , das mit Paulus vorgegangen sei. Wunderbar, wer
könnte das leugnen, muß ja uns selbst diese Umwandlung erscheinen,
wenn wir auch noch so wenig daran denken, daß hier etwas ge=
schehen sei, was sich aus natürlichen Ursachen nicht erklären lasse.
Nach unsrer heutigen Anschauung kann es nicht anders, als auf
natürlichem Wege geschehen sein, aber trotzdem ist hier etwas ge=
schehen, was in der That ans Wunderbare grenzt! Und es macht
auf uns um so mehr diesen Eindruck, als uns alle näheren Nach=
richten, alle Andeutungen sogar fehlen, aus denen wir uns diesen
inneren Vorgang in der geistigen Entwickelung des Paulus, aus

denen wir uns das Nähere erklären könnten, wie er aus dem
früheren Saulus dieser Paulus geworden ist. Nach der poetisch
schönen Erzählung der Apostelgeschichte war diese Umwandlung das
Werk eines Augenblicks. Wir werden aber nicht fehlgehen, wenn
wir annehmen, daß damit nur der erste, plötzliche Anfang derselben
gemeint sein kann, der Augenblick, wo mitten in seinem fanatischen
Denken und Treiben es auf einmal wie ein Blitz in seine Seele
schlug, und von wo beginnend es ihm dann allmählich erst ganz
klar wurde, daß er mit Unrecht die neue Religion und ihre Bekenner bisher bekämpft und verfolgt habe. Ob nun aber auch
diese wunderbare Umwandlung mehr allmählich oder mehr plötzlich,
ob sie vielleicht durch eine außerordentliche Naturerscheinung, ein
großartiges Gewitter, oder durch den wunderbaren Einfluß der
auf jener Reise, zumal in der Nähe von Damaskus ihn umgebenden, ebenso prachtvollen als lieblichen und reizenden Landschaft zunächst in ihm veranlaßt worden ist, je weniger wir jemals darüber
eine Gewißheit erhalten werden, desto mehr muß uns die Hauptsache genügen, diese Umwandlung selber. Denn sie ist uns einer
der sprechendsten und unleugbarsten Beweise dafür, daß das ganze
Christenthum, wie es sich vorzugsweise durch die Bemühungen eines
Paulus weiter verbreitet und weiter und freier entwickelt hat, daß
es diese seine Verbreitung und Weiterentwickelung eben dieser Umwandlung verdankt, welche in Paulus vor sich gegangen, das heißt
aber mit andern Worten, dem Abfall des Paulus von seinem
früheren Glauben, vom Glauben seiner Väter!

Und darin liegt eine Rechtfertigung, eine Genugthuung für
uns enthalten, für uns, die wir ja auch dem Glauben unserer
Väter Lebewohl gesagt, um das Evangelium einer neuen Zeit verkünden und verbreiten zu helfen! Man schilt und verdammt uns
wegen unseres sogenannten „Abfalls“, man schimpft uns „Ab-
trünnige“, „Abgefallene“, man nennt uns „Verräther“ am Glauben
unsrer Väter! Aber wir haben ein Recht, alle, die uns so entgegentreten, auf Paulus hinzuweisen! Wir haben ein Recht, denen, die
unsern Abfall uns zum Vorwurf machen, zu sagen, daß wir nichts
anders gethan, als Paulus auch gethan hat. Wie er, sind wir
abgefallen von einem Glauben, der mit der neuen Zeit nicht mehr
bestehen kann, von einem Glauben, der uns heute noch als der
unserer Väter werth ist, der für uns aber keine bindende und keine
verpflichtende Kraft mehr hat, weil er mit unsern neu gewonnenen

Anschauungen, mit der heutigen Bildung und Wissenschaft im Wider=
spruch steht. Abfall ist kein Verbrechen, wenn es der Abfall zum
Besseren, die Hingabe an die höher erkannte Wahrheit ist; Ver=
brechen an unsrer Menschennatur aber ist es, wenn wir aus
bloßer Gewohnheit oder aus falschen Rücksichten bei dem stehen
bleiben, bei dem verharren, was wir nicht mehr als wahr er=
kennen können.

Auch uns ist dieser Abfall, diese Umwandlung, nicht leicht ge=
fallen; auch uns hat es Kampf gekostet, den einen mehr, den andern
weniger. Mancher hat von Kindheit an, Dank dem Einfluß zumal
seiner Eltern, nicht viel Werth gelegt auf die veralteten Glaubens=
sätze und Ceremonien, für ihn war der Anschluß an unsere refor=
matorische Bewegung ein unmerklicher, milder Uebergang, und doch
ist dieser Anschluß manchem auch von diesen erschwert worden, durch
Rücksichten verschiedener Art. Aber viele, vielleicht die Meisten
von uns, wir waren nicht nur aufgewachsen und erzogen im alten
Kirchenglauben, wir hatten ihn, weil's ja der Lehrer uns sagte,
auch für wahr, für den allein wahren gehalten. Uns kam mit
den Jahren erst die bessere Einsicht; aber auch als wir diese hatten,
hielt doch der alte Glaube noch mit manchen unsichtbaren Fäden
fest in unserm Gemüthe; auch als wir uns von seiner Unhaltbar=
keit überzeugt, fiel es uns doch nicht so leicht, vollständig mit ihm zu brechen,
nicht so leicht, der Kirche Lebewohl zu sagen, in der wir sehr oft Vater
und Mutter und Geschwister noch zurück wußten. Das hat Manchem
schwere Stunden tiefer Seelenkämpfe verursacht, von denen die freilich
nichts wissen, die nur einen oberflächlichen, gewohnheitsmäßigen
Glauben kennen. Doch diese Stunden, diese Kämpfe sind hinter uns!

Worauf es jetzt ankommt, nachdem wir den Entschluß gefaßt,
nachdem wir in die Reihen der Verkünder einer neuen Religion,
der Religion der Zukunft, eingetreten, das ist, daß wir dem Volk
beweisen, daß es uns mit unserm Schritt tiefer, sittlicher Ernst
war, und daß wir deswegen uns auch bereit und stark zeigen, alle
die Opfer zu bringen, welche unsere Ueberzeugung von uns fordert.
Auch darin aber steht Paulus als ein hohes, nachahmungswerthes
Vorbild vor uns!

Wenn ihm die Sorge um eine gesicherte Zukunft, eine
gesicherte Existenz höher gestanden wäre, als die Liebe zur
Wahrheit, so hätte er von vornherein seine bessere Ueberzeugung
für sich behalten, hätte sie vor der Welt aber verleugnet. Sein

Vater hatte ihn zum Rabbi bestimmt; er hätte bei seinem Talent und seinen Kenntnissen mit der Zeit eine der höchsten Stellen, der höchsten geistlichen Würden bekleiden können, durch reiches Einkommen gedeckt und versorgt für alle Zeit seines Lebens. Wie viele stehen heute in Amt und Würde, vielleicht auf den höchsten Stufen kirchlicher Rangordnung, sowenig als Paulus mit dem Glauben der Kirche mehr übereinstimmend, aber den Schein wahrend und ihre bessere Ueberzeugung verleugnend! Aber Paulus gab der Wahrheit die Ehre, Paulus wollte nicht scheinen, was er nicht war, Paulus wollte Amt und Würde und Einkommen und sichere Zukunft nicht um den Preis seines Gewissens, seiner Ueberzeugung erkaufen. Paulus hat auf das Alles verzichtet, hat sich rückhaltlos in den Dienst der von ihm erkannten höheren Wahrheit gestellt, nicht fragend und sich nicht kümmernd, wie sein persönliches Lebensloos ihm fallen werde.

Und es ist ihm dieses nicht zum freundlichsten gefallen! Er hat verzichtet und verzichten müssen auf Vieles, was unser angebornes Menschenrecht, was die höchsten Freuden in sich schließt, aber er hat verzichtet mit der stolzen Entsagung eines Mannes, dem das Wohl der Menschheit, das Wirken für deren höchste Güter höher steht, als aller persönlicher Lebensgenuß, ja, eines Mannes, der zuletzt gerade in diesem Wirken einen Ersatz findet, wovon gewöhnliche Menschen keine Ahnung haben.

Erfüllt von demselben idealen Geiste, der Jesus von Nazareth schon das bedeutungsschwere Wort sprechen ließ: „Wer ist meine Mutter? Wer sind meine Brüder?", betrachtete auch er die ganze Menschheit als seine Familie; und so wenig er sich dem Gedanken verschloß, daß in der Liebe, in der Ehe süße Freuden dem Menschen zu Theil werden, so entschloß er sich doch mit vollkommen klarem Bewußtsein, für seinen Theil auf diese Freuden zu verzichten. „Freien ist gut, aber nicht freien ist besser." Er mag in mancher Stunde trotz des hohen Fluges seiner Seele sich oft allein und vereinsamt gefühlt haben, — wer möchte es bestreiten?, aber die Ueberzeugung, daß er nur so, nur in völlig freier Stellung, nicht gebunden durch Familienbande, und gar vielleicht durch Sorgen für die Familie gedrückt, seinem erwählten Berufe mit voller Hingebung sich widmen könne, die gab ihm die sittliche Kraft, sein Alleinstehen zu tragen.

Und wie er verzichtet hat auf dieses Familienglück, so

hat er um seiner Ueberzeugung willen auch auf das Glück der Heimath verzichtet! Unstät zog er von Stadt zu Stadt, von Land zu Land; erst fort von der Vaterstadt Tarsus nach Jerusalem, von Jerusalem nach Damaskus und nach Arabien, und dann durch alle Theile Kleinasiens, von Kleinasien hinüber nach Europa, nach Griechenland, nach Philippi, Athen, Corinth; wieder zurück nach Ephesus und Jerusalem, und noch einmal nach Griechenland und wieder nach Jerusalem, und zuletzt nach Rom.

Aber nach Rom kam er nicht freiwillig, er ward zu Schiff hingeführt als Gefangener. Somit hat er auch seine persönliche Sicherheit und Freiheit seiner Ueberzeugung zum Opfer gebracht, und zwar hat er das gethan zu wiederholten Malen auch vorher schon, ehe er nach Rom geschleppt wurde. — Schon in Damaskus war er verfolgt, in Ikonien fast gesteinigt worden.

Paulus konnte darum mit Recht in dem einen der Briefe, den er an die Corinther schrieb, das Selbstbekenntniß von sich ab= legen: „Von den Juden habe ich fünfmal empfangen vierzig Streiche, weniger eins. Ich bin dreimal gestäupt, einmal gesteinigt, dreimal habe ich Schiffbruch gelitten, Tag und Nacht habe ich zu= gebracht in der Tiefe. Ich habe oft gereiset, ich bin in Gefahr gewesen zu Wasser, in Gefahr unter Mördern, in Gefahr unter den Juden, in Gefahr unter den Heiden, in Gefahr in Städten, in Gefahr in der Wüste, in Gefahr auf dem Meer, in Gefahr unter falschen Brüdern; in Mühe und Arbeit, in viel Wachen, in Hunger und Durst, in viel Fasten, in Frost und Blöße, ohne was sich sonst zuträgt, nämlich daß ich täglich werde angelaufen und trage Sorge für alle Gemeinden.“ (2. Cor. 11, 24.)

Eines fehlte noch, das letzte Opfer, das der Mensch seiner Ueberzeugung bringen kann, — und auch dieses letzte hat Paulus gebracht, es war sein Leben selber. Nach allen Berichten wenigstens, die uns einen Aufschluß über sein Lebensende zu geben vermögen, ist anzunehmen, daß er in Rom zur Zeit der Christenverfolgung unter Nero seinen gewaltsamen Tod gefunden habe. (64 nach Chr.)

So steht er vor uns, in der That ein hohes, herrliches Bild, herüberleuchtend aus einer längst entschwundenen Vergangenheit, und unsre Gegenwart, uns Alle mahnend und rüttelnd, daß wir's ihm nachthun, daß wir ihm folgen in Muth und Treue bis zum Tode!

Diese Mahnung ergeht an die, welche sich uns angeschlossen,

sie ergeht aber ebenso an diejenigen, welche uns im Stillen zwar zustimmen, aber unsrer Vereinigung noch ferne bleiben.

Muth, Ihr Zagenden, Muth, Ihr Bedächtigen und Aengstlichen, die Ihr mit dem Glauben Eurer Kirche gebrochen habt, die Ihr aber Euch nicht entschließen könnt, ihr Lebewohl zu sagen! Wer mit seinem ganzen Herzen noch am alten Glauben hängt, und seine wahre Befriedigung in ihm findet, denen gelten meine Worte nicht. Ihr andern aber, die Ihr's uns wiederholt erklärt habt, daß Ihr mit unsern Grundsätzen, mit unsern Bestrebungen einverstanden, ermannt, entschließt, entscheidet Euch!

Oder wollt Ihr zur Seite stehen bleiben, während Ihr uns im heißen Kampf begriffen seht? Wollt Ihr am einstigen Siegeszuge Theil nehmen, ohne in unsern Reihen selber mitgekämpft zu haben? Wollt Ihr die Lüge und Heuchelei Eures Daseins noch länger fortsetzen?

Ihr aber, die Ihr bereits kämpfend in unsern Reihen steht, Ihr Jünglinge, vor Allen, die Ihr mitten auf der Bahn Eurer wissenschaftlichen Forschungen mit dem ganzen Muth jugendlicher Begeisterung Euch uns angeschlossen,*) und bereit seid, für den Dienst unsrer großen heiligen Sache Euch auszubilden, ebenso aber Ihr Alle, Männer und Frauen von Graz, von der Steiermark, blicket hin auf diese Heldengestalt, blicket hin auf den todesmuthigen Apostel des neuen Evangeliums vor achtzehnhundert Jahren, blicket hin auf Paulus, und schöpfet Kraft, Muth und Begeisterung für den Geisteskampf, den wir gemeinsam begonnen!

Was wir wollen und erstreben, ist das Höchste, wofür ein Menschenherz sich begeistern kann. Die Religion, zu der wir rufen, sie soll, wie vor achtzehnhundert Jahren, nicht durch vorgeschriebene Dogmen, nicht durch vorgeschriebene Ceremonieen, sie soll von Innen heraus, aus der Tiefe des Gemüthes, aus der Tiefe unsrer Ueberzeugung uns selbst und unsre Mitmenschen, und alle unsre menschlichen Zustände erneuen, verjüngen, veredeln; sie soll neue Menschen schaffen durch die einfachen Grundsätze unsrer sittlichen Menschennatur, in denen wir Alle, weß Glaubens

*) Es hatten sich mehrere Studirende der Grazer Universität eingeschrieben, darunter Sigismund Cuit, der nachmals Prediger der Freien Gemeinde in Danzig, jetzt todt, und auch derjenige, dem ich in der „Neuen Reform" von E. A. Rßlicenus, August-Heft 1861 S. 446 und in der „Tidaslalia" einen Nachruf gewidmet, nachdem er als Flüchtling in der Schweiz fast im buchstäblichen Sinne des Wortes dem Hungertod geworben war. Ferdinand Barth.

wir auch bisher waren, übereinstimmen: sie soll auf diesem neuen, bessern Menschen den Staat aufbauen, der ohne das, selbst bei den kühnsten politischen Reformen, auf Sand gebaut ist.

So lassen Sie uns denn fest und unverrückt dieses hohe, heilige Ziel im Auge behalten! Unsre Zahl ist noch klein, und die unsrer Gegner ist groß! Wir glauben an keine „Heilige", die im Himmel für uns beten, und durch übernatürliche Hülfe im Leben und seinen Gefahren uns beistehen, — aber unsichtbare Helfer haben auch wir, die uns schon durch die Erinnerung, durch das Wachrufen ihres Bildes in uns mit Muth und Freudigkeit ausrüsten. — Ein solches möge uns der sein, mit dessen Lebensbild wir heute uns beschäftigt haben! — Sein Wahrheitsmuth, sein Opfermuth erfülle auch uns!

3. Erinnerung, wie Jesus „Gottesdienst" gefeiert?

(5. Nov. 1848 auf derselben offenen Terrasse.)

Wie still ergreifend spricht diese Morgenstunde zu unserm innersten Gemüthe! Kein Lüftchen weht, die welken Blätter fallen rings von den Bäumen, fallen nieder auf uns selber, die wir unter freiem Himmel hier versammelt sind, in unseren Herzen aber da singt's und klingt's wie Stimmen des Frühlings, da drängt's und treibt's wie Knospen und Blüthen eines neu erwachenden Lebens! Das ist der Geistesfrühling, der in unserem Vaterlande angebrochen, der auch uns ergriffen und aus Todesschlummer geweckt hat, — er läßt uns frischen Sinnes, mit gehobenem Bewußtsein in dieses herbstliche Spiel des Vergehens hineinblicken. Dieser Frühling aber, der in uns angebrochen, er ruft uns zugleich einen andern in die Erinnerung zurück, den großen heiligen, der vor achtzehnhundert Jahren aus den Trümmern gestürzter Tempel und Götterbilder emporblühte, jene ersten Tage, in denen, neues Leben der erstorbenen Welt spendend und ausgießend, die Sonne von Nazareth am Himmel aufgegangen war. An diese schöne, große Zeit mahnt uns das in uns selber erwachte neue Leben, an sie mahnen uns aber auch die Vorwürfe und Anklagen, welche von unsern Mitbürgern gegen uns erhoben werden.

Aus diesem Grunde, wegen dieser Vorwürfe und Anklagen, habe ich mir vorgenommen, die heutige Morgenstunde dieser Rück-erinnerung zu weihen, ausgehend von der festen Ueberzeugung, daß die meisten, ja alle Vorwürfe uns und unseren Gemeinden niemals würden gemacht werden, wenn unsere Ankläger sich erst die Mühe genommen und sich vergewissert hätten, wie es vor achtzehnhundert Jahren zuging, wenn sie sich überzeugt hätten, daß — wenn sie gegen uns im Recht wären — sie g a n z d i e s e l b e n Vorwürfe dem ersten Christenthum, ja Jesus selber machen müßten!

Vor Allem möchte ich heute über einen Vorwurf sprechen, der
uns zunächst in Beziehung auf diesen Ort, wo wir versammelt sind, gemacht wird, über den Vorwurf, daß eben schon
darin ein Beweis unsrer religionslosen und religions-
feindlichen Bestrebungen liege, ich sage schon darin, daß wir
unsere sonntäglichen Versammlungen, oder wie man's noch lieber
nennt unsern „Gottesdienst“ in einem solchen „unheiligen“, „pro-
fanen“ Ort halten, in einem „öffentlichen Garten“, und was noch
schlimmer ist, in dem Garten eines „Gasthauses“, also einem Ort,
wo es an Werk- und Sonntagen, zu jeder Stunde, wo wir nicht
versammelt sind, sehr weltlich, sehr lärmend, sehr unkirchlich zugehe.

Ich könnte zwar im Namen des Vereins diesen Vorwurf einfach
mit der Erklärung abfertigen, daß dieser Ort uns selbst nicht genügt,
daß wir selbst gewünscht, einen bessern zu finden, daß wir zur
Stunde aber trotz all unsrer Bemühungen keinen passenderen
gefunden haben. Ich könnte auch daran erinnern, daß wir einen
bessern, dem ernsten Zweck unseres Zusammenkommens entsprechenderen
in Aussicht gehabt und schon zugesagt erhalten hatten, daß uns
aber die Zusage gebrochen, und der von uns gewünschte Raum
uns wieder entzogen wurde, weil „fromme Seelen“ dem Eigenthümer
desselben so lange zugesetzt haben, bis er „zur größeren Ehre Gottes“
sein gegebenes Wort wieder zurücknahm. Ich denke aber den
uns gemachten Vorwurf auf eine bessere, gründlichere und die Ankläger noch beschämendere Weise zu entkräften, wenn ich diesen
unsern Versammlungsort mit jenem vergleiche, wo vor achtzehnhundert Jahren die ersten Christen zusammenkamen,
ja, wenn ich noch allgemeiner an die ganze Art und Weise erinnere,
wie man damals überhaupt „Gottesdienst“ gefeiert,
und wie ganz besonders Jesus selbst ihn gefeiert hat! Ich hoffe
unsern Gegnern dadurch Manches zu denken zu geben, uns selbst
aber über den uns gemachten Vorwurf, wenn es nöthig sein sollte,
vollständig zu beruhigen.

Wie hat, frage ich also, wie und wo hat Jesus selbst,
was man heute so nennt, „Gottesdienst“ gefeiert? Geschah's
auch nur in einer sogenannten „Kirche“, oder einem „Tempel“?
Geschah's auch nur in einer streng vorgeschriebenen Form, mit so
und soviel Gebeten, so und soviel Gesängen u. s. w.? — Es
muß uns in der That ein Lächeln ankommen, wenn wir Angesichts
der Thatsachen der Geschichte, Angesichts dessen, was wir von Jesus

und seinen ersten Anhängern wissen, solche Fragen nur aufwerfen hören. Im Lauf der Jahrhunderte hat der sogenannte Gottesdienst allerdings eine solche feste, bestimmte Form und Gestalt innerhalb der Kirche angenommen, wie wir sie heute kennen; man hat sich daran gewöhnt, sich den „Gottesdienst" als etwas zu denken, was nicht nur an einem ausschließlich dazu bestimmten, gewissen Ort, sondern auch als etwas, was mit einer vorausbestimmten Reihenfolge von Gebeten und Gesängen, durch besondere Priester, und in Verbindung mit allerhand heiligem Schmuck, mit Bildern, Kerzen, Blumen, Weihrauch u. s. w. vor sich gehe und vor sich gehen müsse. Aber Jesus, der Stifter des Christenthums, er hat in Wahrheit von dem Allen nichts gewußt, — den „Gottesdienst" in dieser Form, den überließ er den Priestern!

Wie hätte er's auch mit seiner ganzen Denkweise, mit seinem Widerwillen gegen all die Aeußerlichkeiten, welche das Wesen des damaligen Tempeldienstes ausmachten, und über die er sein dreifaches Wehe ausgerufen hatte, wie hätte er's mit seiner reineren Anschauung vom Wesen Gottes vereinigen können, die sich in den Worten des Johannes-Evangeliums ausspricht: „Gott ist ein Geist, und die ihn anbeten, sollen ihn im Geist und in der Wahrheit anbeten?" So wenig er selbst, wenn er zum Volke sprach, einen besonderen „Priesterrock", ein „geistliches" Gewand anzog, wie ein solcher Gedanke ihm auch sein ganzes Leben nicht im entferntesten in den Sinn kam und kommen konnte, so wenig hat er überhaupt „Gottesdienst" gefeiert in dem Sinn, wie es jetzt verstanden wird.

Er sprach zum Volk, er lehrte das Volk, er suchte es aufzuwecken aus seinem geistigen Schlummer, zu befreien vom Joch der Gewohnheit, vom Joch der Ceremonie, zu erlösen von Wahn und Aberglauben, zu bessern und zu veredeln von Innen heraus, durch die Reinheit des Herzens —, das war, wenn wir denn doch das Wort gebrauchen wollen, das war sein „Gottesdienst"! Der Ort, wo er das that, war ihm gleichgültig; er sprach und lehrte das Volk, wo er es fand; er sprach zu ihm darum auch nicht blos zu einer vorgeschriebenen Stunde, nur an dem, oder nur an jenem Tage, er sprach, so oft das Herz ihn dazu trieb, so oft er Menschen um sich hatte, die ihn hören wollten.

Wohl sprach und lehrte er auch im Tempel, aber das war nicht der geschlossene Raum, wie wir uns einen Tempel, oder eine

6*

Kirche denken; in dem geschlossenen Raum des Tempels in Jerusalem hatte Jesus so wenig Zutritt als das Volk überhaupt, den durften nur die Priester betreten. Er lehrte im Tempel, d. h. in den offenen Säulengängen, welche den eigentlichen Tempel in den Vorhöfen umgaben, in der „Halle Salomons", wo das Volk um ihn stand, oder auf den steinernen Treppen sich lagerte, die zu den höher gelegenen Höfen hinauf führten. Aber daß er am liebsten da zum Volke sprach, das lesen wir nirgends. Wir haben im Gegentheil ein gutes Recht anzunehmen, daß es ihm wohler war, daß es ihm erwünschter war, je weiter weg vom Tempel mit seinen Opfer= altären und seinem von Blut bespritzten Boden, je weiter weg von den eingebildeten, hochmüthigen, herzlosen Priestern!

Darum treffen wir ihn zumeist im Freien, an den Ufern des Sees Genezareth, auf einem Hügel gelagert, zu Schiff, im Saatfeld, am Brunnen, auf der Straße, in den Häusern ihm befreundeter Menschen, an gedeckter Tafel, und beim letzten Mahl, dem soge= nannten Abendmahl, treffen wir ihn sogar im Saal eines Gasthauses.

Das waren die Orte, wo er sprach und lehrte; da hielt Jesus lehrend seinen „Gottesdienst". Und doch will, auch so verstanden, dieses Wort nicht recht passen, denn was nach seinem innersten Sinne allein der rechte „Gottesdienst" war, das war doch etwas ganz anderes.

Jesus „jammerte", wie's in der Bibel heißt, sein armes Volk, er hatte ein Herz für dessen leibliches und geistiges, wie für sein nationales Weh, er suchte ihm zu helfen, er heilte Kranke, er tröstete Unglückliche, er ermuthigte Hoffnungslose, an sich Verzweifelnde, er richtete die Blicke auf die bessere Zukunft, auf das kommende und schon begonnene Reich des Messias, er brach Bahn dem milderen Geist der Sanftmuth, der Liebe, der Brüderlichkeit. Sein persönliches Leben aber, — so wenig er sich für frei von Fehl, für vollkommen hielt, — es stand zugleich da inmitten der Seinen als ein Bild, werth, daß es Andere nachahmen, als ein schönes Menschenbild, in welchem das Ewige, die Ideen des Wahren, des Rechten, der Tugend und der Sitte, der Freiheit und der Liebe in seltner Harmonie sich vereinigt hatten. Und darin, in diesem seinem persönlichen Leben, in diesem „Einssein mit dem göttlichen", in dieser liebererfüllten Seele, die nichts höheres kannte, als den Brüdern helfen, die selbst vor dem schauberhaftesten Tod nicht zurückschreckte, nachdem er sich von der sittlichen Nothwendigkeit desselben überzeugt hatte, darin bestand in Wahrheit sein schönster „Gottesdienst".

Und fragen wir noch, warum das so war, warum Jesus gerade von dem „Gottesdienst", wie die spätere Zeit ihn verstand und einführte, warum Jesus so wenig oder gar nichts davon wußte, warum er sich mit diesem andern begnügte, was heutzutage Viele für gar keinen eigentlichen „Gottesdienst" halten, so liegt die Antwort eben in dem schon enthalten, worauf ich zuletzt hingewiesen.

Je weniger Religion der Mensch in seinem Herzen hat, und in seinem Leben, seinem Thun und Lassen bethätigt, desto mehr Gewicht legt er auf den sogenannten äußerlichen, cere= moniellen oder kirchlichen „Gottesdienst", ja desto mehr ist ihm ein solcher wirkliches Bedürfniß. Je weniger Halt und Weihe der Mensch in sich selber besitzt, desto mehr verlangt er nach Dingen außer ihm, nach kirchlichen Bräuchen und Ceremonien, daß diese ihm den fehlenden Halt, die fehlende Weihe ersetzen. Je weniger der Mensch in seinem eignen Haus wie Herzen sich daheim fühlt, sich bei sich selber fühlt, d. h. sich fühlt im Vollbewußtsein seiner ganzen Menschenwürde, desto mehr ist er geneigt, den Tempel, die Kirche, den Dom, den Altar oder den Beichtstuhl als Orte zu betrachten, wo ihm dieses erhebende Bewußtsein durch die vermeinte Heiligkeit, die ihnen ausschließlich anklebe, von Außen her zu Theil wird. Je weniger der Mensch Gott oder das Göttliche da zu sehen und zu fühlen im Stande ist, wo es wirklich ist, je weniger er vermag, sich zum Gedanken der wirklichen Allgegenwart, des wirklichen Einwohnens des Göttlichen in Allem, was ist, zunächst in ihm selber, zu erheben, desto mehr wähnt er gewisser äußer= licher Dinge, äußerlicher Formen zu bedürfen, um seine Vereinigung mit dem fern geglaubten Göttlichen zu bewerkstelligen, um ihm zu „dienen."

Das Alles aber trifft gerade bei Jesus nicht zu, — daher sein anderer „Gottesdienst". Jesus theilte zwar auch die Glaubensvorstellung seines Volkes, daß Gott, der Vater, im Himmel wohne, aber er fühlte zugleich das allgegenwärtige Gottesleben in seinem nach dem höchsten ringenden Geiste, in dem stillen Frieden seiner Seele mit solch überzeugender Gewalt, daß er sich seinen Gott nicht „ferne, sondern nahe", ja, daß er, rechtverstanden sich mit diesem Gottesgeiste „eins" fühlte. Mag die Liebe der Seinen, und die Verehrung der Nachwelt aus diesem Grunde sein geschichtliches

Lebensbild sogar ins Uebernatürliche verklärt, oder besser — entstellt haben, soviel steht fest, daß sie es nur thaten und thun konnten, weil in Jesus thatsächlich eine solche Innigkeit des Gottesbewußtseins vorhanden, weil in Jesus ein solches höheres Menschenleben und Menschenbewußtsein erschienen war.

Was hätte für ihn der sogenannte „Gottesdienst" für einen Sinn gehabt? Aber er hielt ihn auch für die Andern nicht für nöthig. Ueberzeugt von den gleichen geistigen Anlagen Aller, über= zeugt, daß alle ein „Tempel Gottes" zu sein berufen sind, machte er nirgends auch nur den leisesten Versuch, durch äußere Mittel, äußere Formen oder Ceremonien das Göttliche im Menschen wach= zurufen, überließ es vielmehr Jedem, sich seinen Frieden, seine Seligkeit, seinen Einklang mit dem Ewigen durch und aus sich selber zu schaffen, einzig darauf bringend, daß das Herz rein und ihm entsprechend unser Thun sei.

Wir haben darum das vollste Recht, gegenüber allen Vor= würfen und Anklagen in Beziehung auf die Art unsres „Gottes= dienstes", nicht nur was den Ort betrifft, wo wir zusammenkommen, sondern des sogenannten Gottesdienstes überhaupt, uns auf das erste Christenthum, uns auf Jesus selber zu berufen! Mag noch so viel in den evangelischen Berichten dunkel und streitig sein, das steht mit deutlichen Lettern auf allen Seiten geschrieben: Jesus hat von einem jetzt so sich nennenden „Gottesdienst", d. h. von einem, der an irgend einen Ort, überhaupt irgend eine Form ge= bunden sei, nichts gewußt, nichts wissen wollen. Er hat zum praktischen „Gottesdienst", d. h. zum sittlichen Leben, zum Recht= thun, zur hingebenden Liebe aufgefordert, das war ihm die Hauptsache.

Und ich denke, wenn jeder von uns, die wir in unserer früheren Kirche uns an die vorgeschriebene Form des „Gottes= dienstes" gewöhnt hatten, wenn wir uns fragen, ob er uns wirk= lich das gegeben hat, was man von ihm herkömmlich erwartet, wenn wir uns fragen, ob er uns mehr auf uns selbst gewiesen und innerlich gehoben, oder ob er uns mehr zerstreut und unsre An= dacht verflüchtigt hat, ob er uns mit allem Aufwand selbst der Bild= und Ton= und Dichtkunst mehr ergriffen und gestärkt, oder mehr leer gelassen und verweichlicht hat, die Antwort wird uns nicht schwer fallen.

Versuchen wir's darum doch endlich einmal mit jenem andern

„Gottesdienst", wie Jesus ihn gepredigt, wie er ihn in seinem Leben und seinem Tode selbst gefeiert hat! Versuchen wir's um so mehr, wenn wir daran denken, wie wenig im großen Ganzen die Früchte, die Erfolge im Leben der Menschheit und unsrer nächsten Gegenwart dem Aufwand von äußerlichen Formen und sinnlicher Pracht entsprechen, der auf den bisherigen kirchlichen Gottesdienst verwendet, wenn ich nicht sagen soll, verschwendet worden ist!

Lassen wir diese Außendinge und kehren wir ein in uns selber! Lassen wir diese Versuche vergangener Jahrhunderte, nur unter Beobachtung vorgeschriebener, herkömmlicher Formen und Ceremonien uns dem Ewigen zu nahen, dem Ewigen zu „dienen", rufen wir's wach in uns, jeder durch seine eigene Kraft, rufen wir's wach durch die Stimme des Geistes, die Stimme der Wahrheit, — hegen und pflegen wir's durch treue, gewissenhafte Pflichterfüllung, durch ein Leben, getragen von unsrer innersten Ueberzeugung, durch ein Leben, gewidmet dem Wohl unsrer Brüder, weß Glaubens sie auch seien! So lassen Sie uns Gottesdienst feiern, „im Geist und in der Wahrheit", und wenn unsre Gegner trotz alledem fortfahren wollen, uns deswegen Vorwürfe zu machen und zu meinen, nur ihre Art des Gottesdienstes sei Religion, dann lassen Sie uns ihnen das Wort ihres eigenen Meisters entgegenhalten das, rechtverstanden, auch für uns heute Lebende noch seine volle Anwendung findet:

„Es werden nicht Alle, die zu mir: Herr, Herr sagen, in das Himmelreich kommen, sondern die den Willen thun meines Vaters im Himmel." (Matth. 7, 21.)

4. Unsere Reform und die Frauen.

(12. November 1848 im Saal des „Wilden Mann".)

Es ist eine ebenso erfreuliche, als tiefbedeutsame Erscheinung, daß es ganz vorzugsweise auch die Frauen sind, welche sich an unserer religiösen Reform betheiligen. Seit dem ersten Auftauchen unsrer Bestrebungen waren sie es, die mit ganz besonderer Wärme und Innigkeit dieselben erfaßten, mit rascher Entschlossenheit sich für dieselben erklärten, und in die Listen unsrer neuen Gemeinden einzeichneten. Viele derselben haben sich aber damit nicht begnügt, und sind vielmehr unter sich noch zu besonderen „Frauenvereinen" zusammengetreten, theils als zu unsern Gemeinden selbst gehörend, theils als Vereine neben unsern Gemeinden.

Wir fragen wohl mit Recht, woher kommt diese Erscheinung, worin hat sie ihren tieferen Grund?

Wenn wir zurück denken an die der unsrigen verwandte große religiöse Bewegung vor achtzehnhundert Jahren, so bemerken wir sofort, daß damals auch die Frauen es waren, welche einen hervorragenden Antheil nahmen, welche sich mit unter den ersten für die neuen Ideen begeisterten. Es ist einer der eigenthümlichsten Züge der Berichte, welche uns die Evangelien über das Leben Jesu selbst geben, daß sie uns dieses sein Leben schildern, umgeben gleichsam von einem Kranze der verschiedensten Frauengestalten. Sogar vor seiner Geburt schon und ganz am Anfang seines Lebens, wenn freilich nicht ohne sehr sagenhafte Ausschmückungen, treten uns die Gestalten jener Elisabeth entgegen, jener Hanna, die mit prophetischem Geist im Kinde schon den Messias begrüßt haben! Wer denkt nicht später dann jenes Weibes aus Samaria und des Gespräches am Jakobsbrunnen; wer nicht der Unbekannten, die den Saum seines Kleides berührte und des Cananäischen Weibes? Welch ein stiller Zauber ist insbesondere über das Verhältniß Jesu zu den beiden Schwestern Martha und Maria aus=

gegoffen, den Jüdinnen in Bethanien, über die Gaftfreundschaft, die von ihnen ihm zu Theil warb, über die Liebe, mit der Jesus felbft ihnen zugethan war! Und das Weib, das ihm die Füße wufch beim Mahl des Pharifäers, das feine koftbare Salbe an ihn verfchwendete, ehe er den letzten Gang antrat, den Gang zum Tode. Und dann die Frauen alle, die auf diefem Gang ihn begleiteten, die ihn nicht verließen, obfchon er als Verbrecher am Kreuze hing, die mit Räucherwerk zu feinem Grabe gingen, die dort wachten und weinten, ja die, wie es heißt, die erfte Kunde feiner Auferftehung den Jüngern brachten!

Frauen waren es, das läßt fich nicht hinwegleugnen, die in ganz eigenthümlicher Weife mit feinem Lebensgang verknüpft waren, Frauen waren es in erfter Reihe, die in der Tiefe ihrer Gemüther und bei der fchwärmerifchen Verehrung, die fie ihm zollten, zuerft den Gedanken ausfprachen, daß der geliebte Meifter nicht todt fein könne, daß er, wenn gleich geftorben, doch ewig lebe!

Umfomehr drängt fich uns die Frage auf, wie wir fowohl diefe eigenthümliche Erfcheinung der Vergangenheit, als die ganz ähnliche der Gegenwart, wie wir fie uns zu deuten, zu erklären haben? Und ich will es daher verfuchen durch einige Andeutungen zur Löfung diefer Frage Einiges beizutragen.

Daß damals wie heute, überhaupt bei allen großen religiöfen Bewegungen fich ganz befonders das weibliche Gefchlecht, die Frauen betheiligen, das hat wohl zu allererft in der eigenthümlichen Natur der Frau feinen tieferen Grund. Bei ihr ift im Allgemeinen das Gefühl, das Gemüth das vorherrfchende, im Unterfchied vom Mann, bei welchem die Denkkraft, der Verftand, der überlegende und berechnende, vorwiegt. Das Weib im Umkreis feines engbegrenzten Haufes, im unmittelbaren und ftündlichen Umgang mit der Kinderwelt, das Weib am heiligen Feuer des Heerdes, an der Wiege des Säuglings, am Spinnrocken, es wird weniger von der lärmenden Außenwelt, dem gefchäftigen Treiben des Tages berührt, es führt im großen Ganzen wenigftens ein zurückgezogenes Stillleben, in welchem es ungeftörter und dauernder fich den unmittelbaren Eindrücken feines Empfindens, feiner Gefühle hingeben kann, und in Folge deffen mehr in fich felber lebt, in fich felber feine Welt fucht und findet. Im Weibe find es daher vorzugsweife die Gefühle und zwar die der Innigkeit, der Hingebung, der Anhänglichkeit, der Treue, des Vertrauens, der Zuverficht, der Hoffnung, der Ahnung, welche es erfüllen und befeligen.

Ich sage: vorzugsweise; denn es wäre ein Verkennen der Allen gemeinsamen Menschennatur, diese Gefühle im Mann zu leugnen; sie sind auch in ihm, aber mit größerer Stärke, mit tieferer Wärme und Innigkeit sind sie im Weibe; sie sind aber auch im Manne, um mich so auszubrücken, etwas Weibliches, was uns schon die Sprache andeutet, welche nicht ohne Grund sagt: die Innigkeit, die Hingebung, die Anhänglichkeit, die Treue, die Liebe u. s. w. und dagegen gerade umgekehrt: der Verstand. Beide Geisteskräfte sollen zusammenwirken, beide sich zu einer schönen Harmonie ver= einigen; aber sie sind selten die Menschen, in denen wir dieses vollständig verwirklicht finden. Im Allgemeinen trennen wir uns aber gerade durch diesen Unterschied; im Allgemeinen ist und bleibt es die Frau, in welcher das Gefühl, der Mann, in welchem der Verstand das Vorwiegende ist. Und eben dieser Unterschied macht sich auch bei den religiösen Bewegungen geltend, von denen wir sprechen.

Der klare, scharfe Verstand des Mannes erleichtert es diesem, seine Wahl, seine Entscheidung zu treffen, wenn es sich darum handelt, beim alten Glauben, in der alten Kirche bleiben, oder unsern Bestrebungen, unsern Grundsätzen, unserer Gemeinde sich anzuschließen. Derselbe kalte, prüfende Verstand ist es aber auch wieder, der gerade dem Manne seine Wahl sehr oft erschwert, und zwar deswegen, weil vor lauter Prüfen und Ueberlegen, und Bedenken und Zweifeln, der Verstand zu keinem Entschluß kommt. Das sagt uns die Vergangenheit, das finden wir bestätigt in der Gegenwart, bestätigt in unsrer allernächsten Umgebung. Wieviel Männer, gescheibte, vernünftige, gebildete, freisinnige Männer, sind mit unserer Sache einverstanden, haben sich gefreut, daß unsre Gemeinden endlich den Anfang gemacht haben, die Menschen aus den Banden des Kirchenthums, den Fesseln des Wahns und Aber= glaubens zu erlösen, haben uns zugejubelt, uns die Hände gebrückt, aber sie können sich nicht entschließen, unsern Schritt uns nachzu= thun, sie können sich nicht entschließen, ihre Kirche, ihre Confession, obgleich sie nicht mehr mit ihr übereinstimmen, zu verlassen, ihr Lebewohl zu sagen, ja sie bereuen oft, sich uns gegenüber verrathen zu haben. Vor lauter Bedenken, Rücksichten, Aengstlichkeiten, wegen dem und jenem, wegen Verwandten, wegen Geschäftskunden, wegen ihren vorgesetzten Behörden und wer weiß Alles, verharren sie in ihrem bisherigen unwahren, und darum unsittlichen Zustande.

Wie ganz anders die Frauen! Finden sie für ihren Geist und ihr Gemüth wahre Befriedigung im alten Glauben, in der alten Kirche, dann hängen sie dieser an mit einer unzerstörbaren Treue und Hingebung, dann sind sie die stärksten Stützen und Säulen dieser Kirche. Finden sie diese Befriedigung aber nicht, fühlen sie eine Leere in ihrem Herzen, sehnen sie sich nach besserer, eblerer Geistesnahrung, und tritt dann eine religiöse Bewegung auf, welche die Gedanken, die Grundsätze verkündet, nach denen die Frau im Stillen verlangt, in denen sie ihres Gemüthes und Geistes Sehnsucht erfüllt sieht, dann begrüßt sie die neuen Ideen als ein Evangelium, die Reform als eine Erlösung, und hat nicht die vielen Bedenken und Rücksichten, welche den Mann zu keinem Entschluß gelangen lassen. Sie bringt die ihr angeborne Treue und Hingebung als schönste Mitgift in unsre neuen Gemeinden, sie bringt ihr ganzes Herz, ihre ganze Liebe.

Zu diesem im eigensten Wesen des Weibes liegenden Grunde ihrer innigen, warmen Betheiligung an religiösen Bewegungen im Allgemeinen, kommen dann aber allerdings noch andere, und ich nenne vor Allem die falsche Stellung des Weibes im öffentlichen Leben, eine Stellung, durch welche es nur zu oft sich entwürdigt fühlt.

Das Weib des Alterthums, also auch der Zeit, in welcher vor achtzehnhundert Jahren jene großartige Reformation auftrat, war, wenn wir die Germanen etwa ausnehmen, nicht viel mehr als die Sclavin des Mannes. Rebekka reist dem Isaak entgegen, anstatt umgekehrt, damit ist jenes ganze Verhältniß in einem ein-zigen Bilde gekennzeichnet. Das Weib galt als dem Manne an Werth tief untergeordnet, als seine Gehülfin, seine Magd, als eine Art Waare, zu Spiel und Tand, zur Fortpflanzung des Ge-schlechtes; wenn es dem Mann beliebte, gab er ihr selbst den Scheidebrief.

Das Weib wird aber auch heute noch von nur zu Vielen als untergeordnet, als wenigstens eine Art von Sclavin betrachtet. Diese Heirathen, durch welche das Weib einem Manne, den es oft nicht einmal gesehen, den es beim besten Willen nicht lieben kann, gezwungen angetraut, „angekuppelt" wird, weil die Eltern es so wollen, weil die Firma es verlangt, weil's eine „gute Partie", eine glückliche Speculation ist, sind sie etwas anderes, als eine Entwürdigung des Weibes? Sind sie verschieden von jenen andern, wo sie als Waare auf dem Markte gekauft wurden, und bei den Negern noch werden? Diese Ehen, wo die durch Schönheit glänzende Tochter des Armen, oder weniger Bemittelten freiwillig, aber nur deswegen dem reichen Mann die Hand giebt, weil sie Freude an Putz und Nichtsthun, weil sie Lust nach besseren Verhältnissen, sorglosen Tagen, sorglosem Alter hat, nicht weil sie ihn liebt, sind sie etwas anderes, als eine Entwürdigung des Weibes, und sind sie viel verschieden von dem Thun derer, welche in vergangenen Jahrhunderten vor dem Tempel der Götter saßen, und gegen Geld sich dem ersten besten Fremden hingaben?

Und die ganze Erziehung des Weibes, wenigstens noch immer eines zu großen Theiles derselben, sagt sie uns nicht deutlich, zumal wenn wir sie mit der männlichen vergleichen, mit den Kosten, die auf die Ausbildung der Söhne verwendet werden, daß man es nicht der Mühe werth hält, eine ähnliche, gründliche, allseitige auch ihnen angedeihen zu lassen?

Und doch ist das lange noch nicht Alles, was auch in unsrer Zeit noch dem Weibe eine falsche, eine untergeordnete, eine unwürdige Stellung im Leben verschafft!

Ich muß an eine Einrichtung erinnern, welche in der römisch-katholischen Kirche Gesetz ist, welche im Namen der Religion gehandhabt und strenge aufrecht erhalten wird, welche aber, bei Lichte besehen, auf der vollständigsten Verkennung des Weibes, seines Werthes, seiner Würde beruht, ich meine das Cölibat. Die Kirche verbietet dem Priester, in den Stand der Ehe zu treten, sich eine Familie zu gründen, sich ein Weib zu nehmen; sie verbietet es, wie sie sagt, um dadurch dem Priesterstande eine höhere Weihe, einen höheren Nimbus in den Augen des Volkes zu geben. Wir wissen Alle, was es mit dieser höheren Weihe, diesem höheren Nimbus für ein Bewandtniß hat; wir wissen, daß der Hauptgrund dieser Einrichtung kein anderer ist, als durch das Alleinstehen des Priesters, durch sein Losgelöstsein von allen innigen Familienbanden, ihn um so leichter zu einem gefügigen, blinden Werkzeug der Kirche zu machen. Aber wenn das nur nicht erreicht würde um einen so theuren Preis, wenn es nur nicht erreicht würde auf Kosten entweder der Gesundheit, oder der Wahrhaftigkeit des Priesters selber, ebenso aber auch auf Kosten des ganzen weiblichen Geschlechtes, seiner Ehre, seiner Würde!

Das Cölibat entwürdigt das Weib in den Einzelnen, welche

im Geheimen den einzelnen Priestern zum Opfer fallen, mit denen sie im besten Falle wahre, aufrichtige Liebe verbindet, die sie aber vor der Welt nicht als die rechtmäßige Gattin erklären dürfen. Wieviel Tausende der besten Menschenleben sind auf diese Art geknickt, gebrochen, vergiftet, getödtet worden! Wieviel Tausende im Namen der Religion ins Unglück, in Schande, in Noth und Elend gestürzt! Und doch ist das nur eine Entwürdigung dieser Einzelnen, dieser unmittelbaren Opfer des Cölibates.

Das Cölibat entwürdigt aber zugleich das gesammte weibliche Geschlecht, und zwar aus dem sehr einleuchtenden Grunde, weil es zuletzt auf dem Glauben beruht, daß der Umgang mit dem Weibe in der Ehe überhaupt, strenggenommen, eine Entwürdigung des Mannes ist. Wenn es den Mann nicht herabwürdigt, warum sollte es dann den Priester? Ist der Priester mehr als ein Mensch, oder soll er mehr sein? Das Cölibat hat ja nur dann einen Sinn, wenn es wirklich eine Ausnahme sein soll von der natürlichen, aber in den Augen der Kirche unsittlichen, Ordnung der ganzen menschlichen Gesellschaft, nur dann, wenn der Gläubige und der Priester selbst wähnt, durch seine Nichtverehelichung stehe er eine Stufe höher, als die gewöhnlichen Menschen. Das heißt aber dann eben nichts Anderes, als: durch das Weib wird der Mann verunreint, das Weib ist selber also nichts Reines, das Weib ist etwas Ungöttliches, — und daraus folgt, daß es eigentlich noch eher entschuldbar ist, wenn sich der Priester nur zeitweise, nur vorübergehend, nur hie und da am Weibe vergeht, als wenn er durch einen dauernden Bund fürs Leben sich ganz an dasselbe fesseln würde.

Ich frage darum, giebt es eine größere Verkennung, eine größere Beleidigung, giebt es eine größere und unverschämtere Herabwürdigung des Weibes, des ganzen weiblichen Geschlechtes? Ist das weibliche Geschlecht durch dieses Kirchengesetz nicht geradezu für eine Heerde Aussätziger erklärt? Und das sollte das Weib, zumal das edle, in seinem ganzen Werth sich fühlende Weib, ohne die innerste Empörung seines ganzen Selbstbewußtseins auf die Dauer tragen, diese Achtserklärung durch die Kirche? Oder meint vielleicht die Kirche, es dadurch gut zu machen, daß sie wenigstens ein Weib, die „Gottesmutter" als „Himmelskönigin" in den Himmel erhebt! Dann vergißt sie aber die Hauptsache, daß diese Himmelskönigin ja nach ihrem Glauben selbst wieder ein Weib sein soll, dem kein anderes gleicht, weil es ein „unbefleckt empfangenes" ist, während alle anderen im Schmutz der Sünde geboren sind! Die Ächterklärung des weiblichen Geschlechtes durchs Cölibat, sie bleibt darum aufrecht, trotz der Himmelskönigin und ihrer schwärmerischen Verehrung.

Aber dazu kommt dann noch etwas, noch eine andere römisch-katholische Einrichtung, welche an ihrem Theil ebenfalls mithilft, die Frauen in dem Gefühl zu bestärken, daß ihnen die Kirche eine Stellung anweist, die ihrer nicht würdig, die sie erniedrigt, ich meine die sogenannte Beichte, die Ohrenbeichte.

Die Kirche verlangt und die Priester bringen darauf, sie drohen mit Strafen, selbst mit ewigen Höllenstrafen, wenn der Gläubige nicht so und soviel mal des Jahres zur Beichte, d. h. zum Priester geht und diesem seine Sünden bekennt, damit er sie im Namen Gottes ihm vergebe. Die, welche zur Beichte gehen, sind Männer und Frauen, ich rede aber heute blos von den letzteren.

Und da möchte ich denn doch allen Ernstes und selbst an fromme, gläubige Katholiken, die vielleicht aus Neugierde unter uns sind, noch mehr aber diejenigen, die schon einmal gründlich darüber nach-gedacht haben, was es heißt „beichten", ich möchte fragen, liegt nicht zumal für das Weib, für die Jungfrau, wie für die Gattin, in dieser Beichte etwas, was wir nicht anders bezeichnen können, als eine himmelschreiende Entwürdigung des weiblichen Geschlechtes?

Vergegenwärtigen wir uns doch recht deutlich, was Alles dem Weib gerade in der Beichte — was wenigstens einem großen Theil derselben — geschieht, widerfährt? Da sitzt der Priester, getrennt durch ein hölzernes Gitter, im Beichtstuhl, und vor ihm sitzt oder kniet eine Jungfrau, eine Gattin. Schon durch ihr Kommen in den Beichtstuhl, wo sie mit dem Priester ganz allein verkehrt, durch ihr Kommen zu ihm, ermuthigt sie ihn, wenn er nicht ganz und vollständig auf der idealen Höhe seines Berufes steht, nur um so breister von seinem geistlichen Rechte Gebrauch zu machen. Und wie weit geht oft diese Dreistigkeit, diese geistliche Frechheit, diese heilige Unverschämtheit! Welchen Blicken, welchen Fragen, welchen halbschüchternen, halbverwegenen Anspielungen, welchen Auseinander-setzungen und zuletzt welchen Drohungen, ja welchen wirklichen Strafverhängungen ist die Jungfrau, ist die Gattin ausgesetzt! Sie wird vom Priester behandelt oft nicht anders als seine Seelen- und Leibeigene! Im Gefühl seiner vermeintlichen höheren Mission macht er sich kein Gewissen daraus, das Weib, das vor ihm kniet, mit wahrhaft souveräner Frivolität nicht nur über die innersten Geheimnisse ihres Seelenlebens überhaupt, sondern noch mehr über solche Dinge auszufragen, auszuforschen, auszuhorchen, welche dem unverdorbenen Weibe beim ersten Wort schon die Schamröthe in die Wangen treiben.

Was ist im Beichtstuhl nicht Alles schon gefragt worden! Was ist im Beichtstuhl nicht Alles, wenn's noch so schändlich, noch so schamlos, noch so niederträchtig war, im Namen der Kirche, im Namen der Religion versucht und ins Werk gesetzt worden!

Wie vieler Ehen Friede, wie vieler einst glücklicher Familien Wohl ist vom Beichtstuhl aus, indem der Priester die Gattin oder die Jungfrau zu fanatisiren verstand, getrübt, auf immer zerstört worden!

Wie weit mehr Frauen und Jungfrauen aber sind durch die oft aller Scham und aller Sitte baren, oft rohesten, ruchlosesten, frivolsten und unfläthigsten Fragen des Priesters ins innerste Herz verwundet und dadurch der Kirche, ja der Religion selbst fürs ganze Leben entfremdet worden!

Giebt's darum, frage ich, eine größere Geringschätzung, eine tiefere Beleidigung, giebt's eine gewissenlosere Herabwürdigung, als sie hier im Beichtstuhl, in der Ohrenbeichte, wenigstens in sehr vielen Fällen, dem Weibe, dem weiblichen Geschlechte angethan wird?

Damit ich aber nichts vergesse, lassen Sie mich zum Schlusse noch kurz auf einen letzten Punkt aufmerksam machen, der uns nicht weniger, als die bisher besprochenen klar beweist, daß auch in unserer Zeit, nicht nur im Alterthum, die Stellung des Weibes noch lange nicht diejenige ist, welche sie sein sollte. Ich meine den von der Kirche sanctionirten Ehezwang, oder mit andern Worten, die sogenannte Unauflöslichkeit der Ehe.

Nach der Lehre der römisch-katholischen Kirche ist die Ehe ein Sakrament, und keine Scheidung, d. h. vollständige Auflösung der Ehe gestattet, wenigstens so lange einer der beiden Ehegatten noch lebt. Sie giebt die Scheidung in einzelnen Fällen zu, aber nur die sogenannte Scheidung von Tisch und Bett; sie willigt ausnahmsweise einmal auch in die völlige Scheidung, aber nur in äußerst seltenen Fällen und nie, ohne daß für diesen Dispens die dafür geforderte Ablösungssumme bezahlt wird.

Wir werden nun mit der katholischen Kirche darin vollkommen übereinstimmen, daß sie Alles aufbietet, um den Gläubigen die Ehe als eine Vereinigung erscheinen zu lassen, welche nur nach ernstester, reiflichster Prüfung und nur mit dem festen, aufrichtigsten Vorsatz soll eingegangen werden, daß diese Vereinigung eine dauernde fürs ganze Leben, eine in Wahrheit unauflösliche sein soll. Es verlangt das die Heiligkeit des Ehebundes. So sehr wir aber darin voll= kommen mit der Kirche einverstanden sind, eben so sehr müssen wir andererseits darauf bestehen, daß, wenn sich die Ehegatten mit der Zeit überzeugen, daß sie sich, beim besten Willen vielleicht, in einander getäuscht, daß sie in Wahrheit nicht zu einander passen, daß ihre Charaktere, ihre Temperamente, ihre Lebensansichten, ihre Grund sätze zu verschieden, zu weit auseinandergehen, daß sie in Folge dessen den eigentlichen und alleinigen Zweck der Ehe, die gegen= seitige Veredelung und Beglückung nie und nimmer erreichen können, daß nicht nur sie selber, daß auch die Kinder unter der Unwahr= heit, der Unnatur des Verhältnisses empfindlich Schaden leiden, — wir müssen darauf bestehen, daß in solchen Fällen es beiden Ehe= gatten frei steht, ein Verhältniß zu lösen, das sie eben unter Voraus= setzungen eingegangen, welche nicht eingetroffen sind. Wir verlangen mit anderen Worten Schutz des Einzelnen gegen leicht= sinnige, frivole Ehescheidung, aber wir verlangen auch das Recht der Ehescheidung, wenn sittliche Gründe dafür sprechen.

Betrachten wir nun die Lehre und Gesetzgebung der Kirche, und betrachten wir in Verbindung damit die Ehegesetzgebung der Staaten überhaupt, so zeigt sich uns die traurige Thatsache, daß Hunderte und Tausende der oft besten Menschen einem Zwange unter= worfen sind, der näher besehen die entsittlichendsten Einwirkungen auf Mann wie Frau, in den meisten Fällen aber den entwürdigendsten Einfluß gerade auf die letztere ausübt und ausüben muß.

Ist es einmal so weit gekommen, daß der eheliche Friede, das eheliche Glück gewichen, daß beide Gatten sich innerlich entfremdet sind, und keinen höheren Wunsch mehr kennen, als die Lösung eines drückenden, unseligen, verhaßten Bundes, dann liegt es in der Natur unserer Verhältnisse, daß in den meisten Fällen der Mann sich leichter zu entschädigen und zu vergessen weiß, während die Frau mit ihrem Schmerz allein bleibt, und sich immer tiefer und hoffnungs= loser in das Gefühl ihres Unglücks, in die Trauer um verlornes Lebensglück hinein versenkt.

Ist's aber gar die Frau allein, welche die Lösung des Ehe=
bundes wünscht, weil sie sich an einen Mann gekettet sieht, den sie
nie geliebt, dem sie nur auf Wunsch, nur auf Drängen der Eltern
und Verwandten ihre Hand gegeben, oder an einen Mann, in
welchem sie sich selbst getäuscht, der ihr in früheren Tagen schmeichelnd
und lockend entgegenkam, der aber später, von Leichtsinn, von Sinn=
lichkeit, von Hang zu Trunk und Spiel, von Hang zu Verschwendung
getrieben, Haus und Geschäft, Familie und Beruf vernachlässigt,
Tage und Nächte dahinlebt, unbekümmert um die Seinen, in Aus=
schweifungen seine Pflicht, sein Wort, sein Weib und Kind vergessend,
dann ist der Zwang, dem sie die Kirche und das Gesetz unterwirft,
nur um so empfindlicher, nur um so ungerechter, um so empörender.

Sage man nicht, sie kann die Scheidung von Tisch und Bett
erlangen! Sie kann das, wenn's ihr gelingt, wenn sie die Mittel
hat, um es durchzusetzen. Aber vergesse man doch nicht, was es
heißt, eine Frau solle das Alles thun; vergesse man nicht, wie es
ihr von der Kirche und vom Staate so furchtbar erschwert wird,
daß, um es durchzusetzen, ja, um nur den Entschluß dazu zu fassen,
ein Muth, eine Kraft gehört, wie wir sie bei der Frau gerade
am wenigsten suchen dürfen, welche durch Jahre langes Unglück,
Jahre lange Vernachlässigung, Jahre langes Hinsiechen an Leib
und Seele, innerlich geknickt und gebrochen ist!

Aber wenn sie's auch erreicht, was hat die Frau davon? Ist
sie wirklich frei, ist sie wirklich los der Bande, die sie gedrückt, die sie ent=
würdigt haben? Sie ist frei, und doch gebunden, sie ist los, und doch ge=
fesselt! Sie ist äußerlich frei, aber sie muß nach der Lehre der
Kirche sich trotzdem als die Frau des Mannes betrachten, als die
geschiedene zwar, aber als seine und nur seine Frau, und das so
lange, bis der Mann stirbt. Das ist ein Zustand der Halbheit,
der Unwahrheit, des Scheins und der Heuchelei, der in der That
seines Gleichen nicht findet!

Und wie viele Frauen sind zu diesem Scheinleben und werden
noch alle Tage dazu im Namen der Religion, im Namen der Kirche
verurtheilt! Wie viel Unsittlichkeit ist durch diesen Zustand im
Namen der Kirche gehegt und gepflegt worden! Wie viel Schmach
und Unfreiheit, wie viel Zwang und Entwürdigung ist dadurch über
das ganze weibliche Geschlecht gekommen!

Ist's da ein Wunder, frage ich darum, wenn auch aus diesem
Grunde in den Frauen seit langer Zeit sich das Gefühl, das Be=

wußtsein dieses schmachvollen Zustandes, die Ueberzeugung von ihrer falschen, unwürdigen Stellung überhaupt immer tiefer festgesetzt, und die Sehnsucht nach Erlösung, die Sehnsucht nach einer menschen= würdigeren Stellung in ihnen erweckt hat? Müßten wir nicht am besseren, edleren Gefühl im Weibe geradezu verzweifeln, wenn wir nach alle dem es für möglich hielten, daß ein solcher Zustand, eine solche Stellung nicht wenigstens von vielen derselben längst aufs schmerzlichste empfunden worden, und daß sie, gleich einem Ge= fangenen, auf jeden Ton, auf jeden Laut horchen und lauschen, von dem sie glauben, er bringe ihnen die Botschaft ihrer Befreiung, das Evangelium der Anerkennung ihres vollen Menschenwerthes?

Einen solchen Laut haben viele von ihnen in unseren Tagen und in den Grundsätzen unserer „freien Gemeinden" vernommen, — glauben wenigstens, ihn vernommen zu haben. Und sie täuschen sich nicht! Nicht, als ob diese Gemeinden etwas ganz Neues ver= kündigten, — aber sie haben sich's zur Aufgabe gemacht, was im Lauf der Zeit mehr und mehr in Vergessenheit gerathen, das Evangelium von der Allen gleichen Menschenwürde wieder zu seiner vollen Geltung zu bringen, und darum auf die Beseitigung von Allem hinzuarbeiten, was sie beeinträchtigt, was sie in Frage stellt.

So lassen Sie uns denn Alle, Männer und Frauen, zur immer weiteren Verbreitung dieses Evangeliums zusammen wirken! Lassen Sie uns Männer eingedenk sein, wie vieles gerade von unsrer Seite gut zu machen, wie es in doppelt und dreifachem Grade unsre Pflicht ist, dem weiblichen Geschlechte mit aller Energie zur Auf= hebung einer falschen, entwürdigenden Stellung und zur Erringung der einzig natur= und vernunftgemäßen, zunächst der Kirche gegen= über, zu verhelfen!

Ihr aber, Frauen und Jungfrauen, bleibet treu dem ersten hohen Gefühl, das euch in unsre Reihen geführt hat, bleibet treu dem begeisterten Glauben, der euch in unsrer Reformation das Unter= pfand einer bessern Zukunft auch für euer Geschlecht erblicken läßt!

Hand in Hand, — des Mannes vorwiegender Verstand, und des Weibes Gemüth, Innigkeit und Hingebung an das als wahr Er= kannte, — so lassen Sie uns mit vereinten Kräften dieser bessern Zukunft Bahn brechen!

5. „Weinet nicht, sie schläft nur!"

19. November 1848.

So erhebend das Gefühl ist, im Kreise von Gesinnungsgenossen
sich aussprechen zu können über das, was gemeinsam unsre Herzen
erfüllt und begeistert, sich auszusprechen über die großen Grundgedanken, mit welchen wir es unternommen haben, die Reform des
religiösen Lebens mit unsern schwachen Kräften zu beginnen, so
giebt es doch Zeiten und Stunden, in welchen wir, so voll auch
unser Herz ist, doch lieber schweigen möchten, Zeiten und Stunden,
die sich wie dunkle, schwere Wolken auf unsre Seele lagern, daß
uns das Sprechen fast unmöglich wird. Und eine solche Zeit ist
über uns hereingebrochen; es haben sich in diesen letzten Tagen,
in unsrer nächsten Nähe, in der Hauptstadt unsers Landes Dinge
zugetragen,*) welche zunächst allerdings mit unsern religiösen Bestrebungen nichts zu thun haben, deren Rückschlag aber auf
den Fortgang unsrer Sache wir früher oder später
werden empfinden müssen.

Furchtbares, Unseliges ist geschehen! Ein blutiges Gericht ist
gehalten worden über die so herrlich begonnene, so jubelnd begrüßte
Freiheitsbewegung, der auch unsre Gemeinde ihre Entstehung mit
verdankt! Wir untersuchen nicht, und wir haben in dieser Versammlung nicht zu untersuchen, warum es so gekommen, — ob es
so kommen mußte, — wir fühlen nur, daß es unsrer ganzen Kraft
bedarf, um uns in das Geschehene zu finden, und ich persönlich
fühle mehr denn je das Bedürfniß, um Ihre ganze Nachsicht heute
zu bitten. Sie verlangen ein Wort des Trostes, ein Wort der
Erhebung über die niederdrückende Gegenwart, Sie verlangen's
von mir, und ich ringe selbst danach!

---

*) Die standgerichtlichen Hinrichtungen in Wien! — Robert
Blum auf der Brigittenau!

So lassen Sie uns gemeinsam denn ein solches suchen, und lassen Sie's uns heute dort suchen, wo seit Jahrhunderten so viele Millionen Herzen, wenn nichts Anderes mehr im Stande war, sie aufzurichten, wenn der Glaube an sich selber zu schwinden anfing, wo sie's gefunden haben, ich meine die alten, ehrwürdigen Urkunden unsrer Bibel, an deren Buchstaben wir freie Gemeinden uns zwar nicht mehr sklavisch und blindlings binden lassen, deren hohen Werth aber, als einer reichen Fundgrube wahrer und erhebender Gedanken und Aussprüche, wir niemals verkennen oder leugnen werden. Lassen Sie umsomehr zu ihr uns unsre Zuflucht nehmen, weil wir dadurch in Stand gesetzt werden, von dem, was zunächst geschehen, uns zu einer allgemeinen Betrachtung zu erheben, und einen gemeinsamen Trostgedanken zu finden, nicht nur für einen einzelnen, sondern für alle ähnlichen Fälle und Zustände überhaupt.

Ein solcher Gedanke liegt in jener Erzählung der Bibel enthalten, wo es von Jesus heißt, er habe einen Vater, welchem eben der Tod seiner Tochter gemeldet wurde, getröstet, indem er das Wort zu ihm und den andern Trauernden sprach: „Weinet nicht, sie ist nicht gestorben, sie schläft nur!" (Luc. 8, 52.) Man hat unnöthiger Weise in diesem Vorgang ein sogenanntes Wunder entdecken wollen; die klaren Worte der Erzählung jedoch entheben uns jedes weiteren Beweises dafür, daß es sich um nichts weniger als ein Wunder, sondern einfach um eine ganz natürliche Geschichte handelte. „Sie ist nicht gestorben", sagte Jesus selber; sie war nicht wirklich todt, sondern nur scheinbar; sie befand sich also wahrscheinlich in einem starrkrampfähnlichen Zustande, wo die Lebenskräfte entschwunden scheinen, aber bei entsprechender Behandlung und meist von selber wiederkehren.

Wie dem aber auch sei, für uns liegt das Tröstliche, das Erhebende in dem einfachen Gedanken, daß wir beim Eintreten eines unvorhergesehenen Unglücks, wenn uns der Schmerz zu übermannen droht, uns daran erinnern, daß auch der größte Schmerz nur vorübergehend, und oft auch das herbste Leid sich mit der Zeit auflöst in Freude.

Dieser Gedanke und seine tröstliche Wahrheit tritt uns ja schon in der bewußtlosen Natur und ihren Erscheinungen entgegen. Es überfällt uns Alle eine tiefe Wehmuth, wenn wir's mit unsern Augen sehen, wie der Frühling mit seiner Blumenpracht verschwindet, das Lied der Nachtigall so schnell, so schnell verhallt, die Blätter sich entfärben, die Sonne matter strahlt, der Herbstwind über die Stoppelfelder dahin weht, wenn wir sehen, wie's still und immer stiller wird, bis zuletzt lautloses Schweigen in Wald und Feld unheimlich uns umgiebt, und das letzte Leben, die letzte Spur von Leben entschwunden scheint! Dieser Anblick des Vergehens, dieses Bild des Todes schneidet uns ins Mark unsrer Seele. Die Natur erscheint uns wie eine schöne Jungfrau, deren Auge — die Sonne — erloschen, deren Mund — die Lieder der Vögel — verstummt, deren Schmuck — die Blumen in Feld und Wald — entblättert, entfallen; aber bei alledem ist es uns doch, als riefe eine geheimnißvolle Stimme uns zu: „Weinet nicht, sie ist nicht gestorben, sie schläft nur!" Die Blumen, sie kommen ja wieder, und die Sänger des Waldes, sie kommen auch wieder, und die Sonne und der blaue Himmel, und Alles kommt wieder, — es giebt ja keinen Tod, es giebt keine Vernichtung im weiten, weiten All!

Und wie in der Natur, so empfinden wir die Wahrheit dieses Trostgedankens in unserem eigenen Leben, im Schicksal der Unsern, im Schicksal oder im großen Entwickelungsgang der ganzen Menschheit.

Wie Mancher ist unter uns, der noch lebendig der Zeit, der Stunde gedenkt, wo alle seine Hoffnungen, alle seine Wünsche, auch seine gerechtesten und bescheidensten, unerfüllt geblieben, wo Alles, was er angriff, ihm mißlang, wo alle seine Versuche, sich eine Zukunft zu begründen, scheiterten, wo der Lebensmuth zu schwinden anfing, wo der Glaube an sich selbst, der Glaube an Glück erstarb! Es sind schwere Stunden gewesen; wir dachten oft nicht, daß wir die Kraft besitzen, ihre Last zu tragen, wir dachten noch weniger, daß sie jemals würden von uns weichen, daß sie abgelöst würden von freundlicheren, heiteren, wir gaben uns ganz unserem Schmerz, ganz unsrer Verstimmung, ganz unsrer Verzweiflung hin. Und wer konnte es uns auch verargen? Dem Einen stockte sein Geschäft, auf das er sich vielleicht Jahre lang vorbereitet, das er mit großen Kosten begonnen hatte; der Andere sah sich getäuscht in seinem Berufe, den er mit Liebe, mit Begeisterung ergriffen, er sah sich gehemmt und gelähmt in seinem besten, redlichsten Wirken; dem Andern nahm der mitleidlose Tod das blühende Kind, die treue Gattin, den Erhalter und Ernährer, den Freund des Herzens, den Vater, die Mutter von seiner Seite, oder Krankheit hielt ihn gefesselt, Monde, Jahre lang, ohne Aussicht auf Besserwerden, ohne

Hoffnung! Das sind schwere Zeiten, das sind Schmerzen, welche
die Seele durchwühlen, und ich frage noch einmal, wer kann's
verargen, wenn da der Muth schwindet, wenn der Glaube an die
Zukunft vollständig oft verloren geht?

Und doch, sagt uns nicht Allen unsre eigene Erfahrung, trotz=
alledem ist der Muth immer wiedergekommen, und der Glaube kam
wieder, und der Himmel, der sich zur Nacht verfinstert hatte, er
ist wieder hell geworden, und die Sonne der Freude, die Sonne
des Glücks sie fing wieder an zu strahlen, und wir fingen an, uns
sogar etwas zu schämen, daß wir so ganz muthlos, so ganz hoffnungs=
los hatten werden können? Es galt ja auch von unserm Glück
und unserer Hoffnung das Wort der Bibel: „Weinet nicht, sie
ist nicht gestorben, sie schläft nur!"

Dasselbe gilt und galt aber auch im Großen, wenn sich's um
die Geschicke der Völker, um das Wohl der ganzen Mensch=
heit handelte!

Wie oft gab es Zeiten, in welchen alle Hoffnungen, welche
die Völker auf das Besserwerden ihrer Zustände, auf eine glücklichere
Zukunft sich gemacht hatten, vernichtet schienen, und wie ist es
trotzdem doch immer wieder anders und wieder besser geworden!
Ja, es gab ja Zeiten, in welchen der Glaube an die Menschheit
überhaupt den Besten, den Edelsten oft, und diesen zumeist fast ganz
entschwunden war!

Wie sah es aus vor achtzehnhundert Jahren! Der Glaube,
dem sie Tausende von Altären und Tempeln errichtet hatten, der
Glaube an ihre Götter und Göttinen, dem Tausende von Priestern
dienten, er war nicht nur in den Köpfen des Vornehmen und
Gebildeten, er war selbst in einem Theil des weniger gebildeten
Volkes, in seinem innersten Herzen erloschen, und vergebens sahen
sie aus nach einem Ersatz, vergebens aus nach einem höheren Ge=
danken, der ihnen volle Befriedigung gewährt hätte. Entweder
stunden die Tempel leer, oder die sie besuchten und ihre Opfer
brachten, und die Ceremonien noch mitmachten, sie thaten's nicht
aus voller Ueberzeugung. ihr Herz war nicht dabei; sie thaten's
aus Gewohnheit, weil sie's von Kindheit an so gesehen, es so ge=
lernt hatten, sie thaten's aus Rücksicht auf das und jenes, sie
thaten's, weil sie ihren Vortheil dabei fanden. Die Religion war
höchstens noch ein bloßes äußerliches Thun, war Lüge, Schein,
Heuchelei. Und es war kein Unterschied, ob sich's um die der

heidnischen Völker, oder ob sich's um die des damaligen Judenthums handelte. Gerade im letzteren war infolge der vielen geschriebenen Gesetze, der Unzahl religiöser Satzungen, auf deren geringster Verletzung die stärksten Strafen standen, die äußere Werkheiligkeit, das scheinheilige Pharisäerthum zur höchsten Blüthe gekommen.

Wie aber in der Religion, so trüb und hoffnungslos sah es gerade auch in ihrem gesellschaftlichen Leben, in ihrem ganzen Staatswesen aus. War überhaupt dem Alterthum, mit Ausnahme seiner tieferen Denker, das Bewußtsein ziemlich fremd, daß alle Menschen Brüder sind, war daher das unselige Kasten=, Stände= und Sklavenwesen in den meisten Völkern zu Haus, so wurde die Kluft, welche die einzelnen Volksklassen von einander trennte, dadurch noch größer, daß infolge der ewigen Kriege und Eroberungen sich eine Unmasse von Reichthümern bei den Einen aufhäuften, während die Andern, das eigentliche Volk, leer ausging. Daher sehen wir auf der einen Seite fast ausschließlich den Besitz, und mit ihm Luxus und wahnsinnige Verschwendung, auf der andern den Mangel, die Noth, die Armuth und ihr ganzes unseliges Gefolge.

Jene Kriege hatten aber nicht nur den Geist der Selbstsucht, der Genußsucht, der Lieblosigkeit, der Herzlosigkeit in allen Ländern mehr als je zuvor verbreitet, sie hatten auch die Selbstständigkeit der einzelnen Völker, die alle zuletzt von Rom unterjocht waren, vernichtet, sie hatten der Freiheit den Todesstoß gegeben. Wohin die römischen Adler drangen, da herrschte fortan Roms Gesetz Roms Gewalt, das eigene Leben der Unterjochten wurde erdrückt, getödtet. Die Welt war ein einziges, stehendes Heerlager geworden, die rohe Soldateska war Herrin und Gebieterin der Menschheit.

Und doch! So unselig diese damaligen Zustände waren, so wenig wir's den Menschen von damals verdenken können, wenn sie, zumal die Besseren, die Edleren unter ihnen, ihr Unglück, das allgemeine beweinten, wenn sie alle Hoffnung, allen Glauben an ein Besserwerden verloren hatten, wenn Einzelne in ihrer Verzweiflung so weit gingen, daß sie mit eigner Hand, wie namentlich unter der Regierung des furchtbaren Tiberius, sich das Leben nahmen, um, wie sie sagten, „den gegenwärtigen und künftigen Greueln zu entrinnen", dennoch, sage ich, hat auch jene Noth der Menschheit nicht ewig gewährt! Auch jene stockfinstere Nacht, die sich über die Erde gelagert hatte, ist endlich gewichen, es fing noch mitten in ihr zu dämmern an, und zuletzt stieg die lang verschwundene Sonne am Himmel der Menschheit wieder empor, — es war die Sonne von Nazareth. Das Christenthum trat auf, und wenn es auch nicht geleugnet werden kann, daß es nur zu bald den eigensten Geist seines Stifters wieder vergessen hat, so begann mit ihm allmählich wenigstens ein neuer besserer Geist die ersterbenden Völker zu durchdringen, eine neue Zeit, eine neue Religion, eine Periode neuen Lebensglückes, neuer Lebenshoffnung eröffnete sich. So hat sich darum auch an der ganzen Menschheit damals, obgleich sie erstorben schien und erstorben war, auch an ihr die Wahrheit des Wortes bewährt: „Weinet nicht, sie ist nicht gestorben, sie schläft nur!"

Und nun lassen Sie uns noch einen letzten Blick auch auf die Gegenwart richten, lassen Sie uns zusehen, ob sich die Wahrheit jenes Wortes nicht auch hier bewähre?

Unser Jahrhundert hat begonnen so viel verheißend wie wenig andere. Es waren Tage und Jahre der höchsten, heiligsten Begeisterung, als wir den Boden unsers Vaterlandes vom fremden Eindringling und seinen Söldnerschaaren durch die Wucht unsers Schwertes gesäubert, als Volk und Fürsten sich in dem einen Hochgefühl zusammen fanden: Das Vaterland ist wieder frei! Deutschland träumte von seiner Auferstehung, Deutschland schwärmte im Glauben an seine große Zukunft! Aber diese geträumte Zukunft — sie ist nicht gekommen! Kaum daß die letzten Fremden unsre Grenzen verlassen hatten, da waren die Eidschwüre vergessen, die im Augenblick der Noth, als die Throne wankten, dem Volk waren gegeben worden. Eine Zeit schmachvoller Verkennung unsrer ewigen Menschenrechte, eine Zeit der Unterdrückung jedes freien Gedankens, der Niederhaltung jeder freien Regung, der Vorenthaltung der heiligsten Versprechen begann und hat gedauert, mit kaum merklichen Unterbrechungen, bis zum vorigen Jahre. Und trübe, wie im politischen, sah es auch aus in unserm gesellschaftlichen Leben, trüb und traurig in der Religion! Luxus und Verschwendung der Einen, Noth und Elend der Andern, Hochmuth neben Verzweiflung, blinder Glaube neben vollständiger Gleichgültigkeit, herzlose Glaubensherrschaft, Bigotterie, Fanatismus, zumal in Sachen der Ehe, eingreifend ins Heiligthum der Familien!

Woher, so fragten Viele, woher soll Rettung kommen? Wir

bangten, wir zagten und Viele verzagten, Viele verzweifelten an der
Zukunft, verzweifelten an Volk und Vaterland!

Und siehe, da kam das Jahr, das jetzt zum Ende sich neigt!
Mit ihm kam der Glaube, und kam die Hoffnung wieder; die
Völker kamen zu ihrem Rechte, kamen wenigstens zum höheren Be-
wußtsein ihres Rechtes, die Völker hatten sich selber wiedergefunden.

Und wenn darum jetzt auch in unsrer nächsten Nähe Dinge
geschehen sind, die wir vor kurzem noch für unmöglich gehalten,
furchtbar entsetzliche Dinge, die alle Hoffnungen aufs Neue zu vernichten scheinen, die uns wiederholt zweifeln und bangen machen
für die Zukunft, o, meine Freunde, so lassen Sie uns deswegen
doch nicht unsern Glauben, doch nicht unsre Hoffnung verlieren!
Lassen Sie uns vielmehr, belehrt durch die Geschichte der Vergangenheit, belehrt durch unsre Erfahrungen im eigenen persönlichen
Leben, belehrt durch die Winke selbst aus der bewußtlosen Natur,
lassen Sie auch diese Vorgänge uns im großen Zusammenhang des
Ganzen betrachten, und nicht vergessen, daß nach dem Gesetz des
Lebens und seiner Wandlungen, nach dem Gesetz des Geistes in
der Menschheit auch diese Vorgänge nur vorübergehende sein können,
und daß sie nie und nimmer, wie sehr es auch dem oberflächlichen
Betrachter so scheinen möge, den neubegonnenen Aufschwung des
Geistes, den Fortschritt der Menschheit auf die Dauer zu hemmen
im Stande sind.

Lassen Sie mich aber schließlich auch noch Verwahrung gegen
einen Vorwurf einlegen, der von gewisser Seite mir für diese meine
heutigen Worte wird gemacht werden, ich meine den Vorwurf, als
hätte ich vergessen, daß ich in einer religiösen Versammlung spreche,
den Vorwurf, ich hätte eine politische Rede gehalten.

Eine Predigt im alten Kirchenstyl, das gebe ich zu, ist's nicht
gewesen, aber solche Predigten zu halten ist auch nicht die Aufgabe
des Predigers einer freien Gemeinde. Ja, ich habe vom Volk
und seinen ewigen Rechten, ich habe von den Schicksalen der
Völker und der Menschheit überhaupt gesprochen, aber ich frage,
sind denn das Dinge, welche mit der Religion oder mit denen
die Religion nichts zu schaffen hat? Ich frage den Gläubigen, wo
ist denn Dein Gott? Ist denn der Gott des Allergläubigsten
selbst nicht ein Allgegenwärtiger? Wenn er aber allgegenwärtig ist, dann ist er es auch im Leben und in den Schicksalen
der Völker, dann ist er es auch in unserm Volk, in unserm

Vaterland, dann ist er es in Allem, was überhaupt geschieht, sei's hier auf Erden, sei's droben im Himmel.

Ich bin mir bewußt, den Boden der Religion nicht verlassen zu haben; ich habe von „Gott" gesprochen, ohne ihn zu nennen; ich habe vom „Allgegenwärtigen" gesprochen, indem ich vom Vater= land sprach.

Und so schließe ich denn, indem ich zurückkehrend zur Gegen= wart und unsre Blicke lenkend auf die Zukunft sage: Was auch Schmerzliches und furchtbar Entsetzliches in diesen Tagen geschehen ist, und was auch kommen möge, lassen wir uns nicht entmuthigen! Die Völker und durch sie die Menschheit, sie schreitet vorwärts! Ihr Weg geht oft durch wasserlose Wüsten, durch furchtbare Stürme und sternenlose Nächte, aber vorwärts geht es trotz alledem, und ewig Recht behält darum der edle Dichter Ihres schönen Landes, wenn er uns zuruft:

„Eins doch weiß ich, und dies Eine giebt mir Kraft und Zuversicht:
Keine Nacht war noch so dunkel, der nicht obgesiegt das Licht,
Keines Winters Eis so feste, daß der Lenz es nicht zerhieb,
Keines Kerkers Wand so ewig, daß die Zeit sie nicht zerrieb."

(Anastasius Grün.)

6. Am Tag der Einweihung der Gemeindehalle.

(17. December 1848.)

So hätten wir denn endlich eine Stätte gefunden, nach der unser Herz so lange sich vergeblich gesehnt hat! Dem Verbrecher gleich, vor welchem Jeder seine Thüre schließt, dem Verbannten gleich, dem nur auf einen flüchtigen Augenblick die gastliche Schwelle eines Hauses zu betreten vergönnt ist, wie ein gejagtes, gehetztes Wild haben wir uns seit vielen Wochen von einem Ort zum andern geflüchtet, aber heute ist's uns wie dem Wanderer zu Muth, der nach langem, langem Irren im Dunkel des Waldes erst einen freundlichen Lichtschimmer in der Ferne entdeckt und der, diesem Lichte folgend, endlich das schützende Obdach gefunden, nach dem er so lange gesucht hat.

Und doch wollen wir eines nicht vergessen, wir wollen nicht vergessen, daß dieses unstete Umherziehen, diese Ungewißheit, wo wir uns die nächsten Tage wieder werden versammeln können, dieses dadurch herbeigeführte Ausfallen mancher unsrer sonntäglichen Versammlungen, es hat uns — was sonst vielleicht nicht so schnell geschehen wäre, — die große Wahrheit zum lebendigen Bewußtsein gebracht, daß, wenn die Glieder unserer Gemeinde nur fest und einig unter sich zusammenhalten, es zuletzt nicht darauf ankommt, und unseren reformatorischen Bestrebungen keinen wesentlichen Eintrag thut, wenn wir auch nicht gerade, wie's in den Kirchen Sitte ist, alle Sonntage unsre Versammlungen haben.

Wie aber weihen wir nun heute am besten, am entsprechendsten dem Geist unsrer Grundsätze diese Räume ein, in denen wir endlich eine gesicherte Zufluchtsstätte gefunden, eine Stätte, die auch durch ihre äußere Einrichtung dem Ernst und der Würde unsrer heiligen Sache entspricht? In den „Kirchen" gilt solche Einweihung als eine Art Taufe und wird daher nicht ohne äußerliche, wenigstens sinnbildliche Ceremonien vorgenommen. Lassen Sie's auch uns eine

„Taufe" sein, aber in dem höheren Sinn, wie er aus dem be=
rühmten Worte des „Täufers" uns entgegen tritt, der einst gesagt
hat: „Ich taufe mit Wasser, der aber nach mir kommt, der
wird Euch mit dem Feuer des Geistes taufen!"

Diese Feuertaufe des Geistes sei die Aufgabe unserer heutigen
Andachtsstunde!

Und da glaube ich im Sinn unsrer Aller zu handeln, wenn
ich damit beginne, daß ich vor Allem Andern demjenigen Gefühl
Ausdruck gebe, von welchem unsre Herzen in diesem Augenblick zu
allermeist erfüllt sind, dem Gefühl des Dankes.

Es ist zunächst der Dank gegenüber dem Mann, der uns
diese Zufluchtsstätte in seinem Hause aufs bereitwilligste und ent=
gegenkommenste eingeräumt hat. Dieser Mann hat dadurch be=
wiesen, daß er die Religion anders versteht, als mancher seiner
Mitbürger, daß er sich zu derjenigen bekennt, welche nicht nur dem
Namen nach sich „Religion der Liebe" nennt, sondern die es auch
in Wahrheit, in der That sein will. Wir haben aber gerade des=
wegen, weil so viele leider von dieser durch die That sich bewähren=
den Religion nichts wissen wollen und nie etwas gewußt haben,
weil so viele uns die Thüre gewiesen, aus dem einzigen Grunde,
weil wir in Dingen des Glaubens anderer Meinung sind, weil so
viele uns, wenn es auf sie allein ankäme, zwar gerne aufgenommen
hätten, aber aus Aengstlichkeit, aus Besorgniß, aus Rücksichten aller
Art uns den Rücken gekehrt haben, gerade deswegen haben wir
doppelt und dreifach Ursache, dem Manne zu danken, denn er hat
durch seine Bereitwilligkeit zugleich bewiesen, daß er ein Mann von
Charakter ist, der dem Grundsatz folgt: Thue Recht und scheue
Niemand! Daß er recht gethan, das hat ihm sein Gewissen gesagt,
das sagt und bestätigt ihm aber auch das Kaiserwort vom
25. April dieses Jahres, welches im § 17 der neuen Verfassung
ausdrücklich erklärt: „Allen Staatsbürgern ist die volle
Glaubens= und Gewissensfreiheit, sowie die persönliche
Freiheit gewährleistet." Sollte trotzdem seine im strengsten
Sinn rechtliche und vollkommen gesetzmäßige Handlungsweise gegen
unsre Gemeinde ihm nachtheilige Folgen zuziehen, so wird es Pflicht
unsrer Gemeinde sein, nach besten Kräften ihn zu entschädigen.

Unser Dank gebührt aber in ebenso herzlicher und aufrichtiger
Weise der edeln Frau, welche uns als Zeichen ihrer begeisterten
Zustimmung zu unsern reformatorischen Bestrebungen die Mittel in

die Hand gegeben, die wir zum Erwerb dieser Halle nöthig hatten. Eine Protestantin von Geburt, hat sie durch dieses große, hochherzige Geschenk bewiesen, daß sie eine würdige Enkelin jener glorreichen Glaubensmärtyrer ist, denen sie, als Glied einer alten hugenottischen Familie, durch Blutverwandtschaft angehört.*) Unser Dank ihr gegenüber ist aber um so inniger, als dieses Zeichen der Zustimmung den eignen Glauben an unsre Sache dadurch noch bestärkt und erhöht, daß es ausgeht von einer Greisin, von einer Frau, die über siebenzig Jahre sich im Leben umgesehen, die an der Seite ihres Gatten in den verschiedensten Welttheilen die Menschen und ihre Religionen kennen gelernt und die am Abend ihres langen Lebens gleich jenem Simeon und jener Prophetin Hannah in der evangelischen Sage, in unseren „freien Gemeinden" das „Heil der Völker", den Messias einer bessern Zukunft erblickt.

Wie diesem wackern Mann und dieser edeln Frau, so fühlen wir uns schließlich allen Denen noch zu Dank verpflichtet, welche uns zur inneren Einrichtung und Ausschmückung dieser Halle ihre Gaben gespendet und das schöne Instrument geschenkt zur Begleitung unsres Gesanges, ja, wir vergessen heute auch der harten, schwieligten Hände nicht, welche als fleißige Arbeiter in Stein und Holz und Eisen und Farben die ganze Halle in dieser freundlichen Gestalt uns gebaut und hergestellt haben. Ich habe den letteren an einem andern Orte schon gedankt, ich halte es aber für Pflicht, diesen Dank öffentlich auch heute auszusprechen, und das um so mehr, als der größte Theil derselben aus Katholiken und guten Katholiken besteht, die aber doch mit ihrer Religion es vereinigen konnten, an einem Hause mit zu bauen, von welchem sie wußten, daß es zur Aufnahme solcher bestimmt ist, welche in Sachen des Glaubens andere Wege gehen als sie. Ueberhaupt möchte ich durch diesen öffentlich ihnen ausgesprochenen Dank zeigen, daß wir selbst im ärmsten Arbeiter mehr sehen, als ein bloßes Werkzeug, das bezahlt wird, daß wir auch in ihm den Menschen sehen, dem wir Andern nicht zu hochmüthig sein sollten, für seine oft so schwere Arbeit auch unsern Dank zu sagen.

Es wird nun mancher freilich denken, das ist Alles recht und gut, aber es sei eben doch ein schlimmes Zeichen für unsere Religion,

---

*) Emilie von Peche, geb. d' Aubigny, königl. großbritannische General-lieutenants-Wittwe, wohnend auf Schloß Plankenwarth bei Graz.

daß wir unfern Dank nur Menschen gegenüber ausfprechen; fie werden fragen, wo bleibt denn Euer Dank gegen Gott? Darauf habe ich eine kurze, aber, ich denke, eine gründliche Antwort. Sie ift enthalten in dem alten, aber ewig wahren Bibelwort, wo es heißt: „Wer feinen Bruder nicht liebt, den er fiehet, wie kann der Gott lieben, den er nicht fiehet?" Wie das von der Liebe gilt, fo gilt es auch vom Danke.

Nachdem wir nun aber diefem erften Gefühl, das heute unfre Seele erfüllt, Ausdruck gegeben, laffen Sie uns auch eines andern nicht vergeffen, das uns unwillkürlich ergreift, wenn wir beim An= blick diefer neuen Halle zurückdenken, an die „Kirchen", die wir ver= laffen haben, eines Gefühles, das mit dem erftgenannten aufs innigfte verwandt ift. Es ift das Gefühl dankbarer Er= innerung.

Wohl haben wir, die einen ihre katholifche, die andern ihre proteftantifche Kirche, in denen wir geboren und auferzogen waren, wir haben fie verlaffen, weil wir in ihnen nicht die Be= friedigung mehr fanden, deren wir bedürfen, weil wir nicht mehr über= einftimmten mit dem, was uns zu glauben dort vorgefchrieben war, weil die Gebräuche und Ceremonien für uns keinen Sinn mehr hatten, oder zum wenigften den nicht mehr, welchen die Kirchen hineinlegen, wir haben fie verlaffen, weil unfre innerfte Ueber= zeugung, unfer Gewiffen es uns zur Pflicht machte. Dennoch wäre es ein Verkennen unfrer innerften Gefinnung, wenn man glauben wollte, wir hätten diefen Schritt fo leichthin, ohne reife, ernfte Ueberlegung gethan, und ein noch größeres Verkennen wäre es, wenn man uns zutrauen würde, daß wir mit dem Verlaffen der Kirchen auch Alles zugleich vergeffen hätten, was wir trotzdem ihnen zu danken haben.

Das, was wir in Wahrheit ihnen zu danken haben, ja, was im großen Ganzen der Weltgefchichte die Menfchheit überhaupt ihnen zu danken hat, das gefteht ihnen gerne unfre Seele zu, und daran denken wir gerade heute in dankbarer Erinnerung. Es ift uns zu Muth wie den Auswanderern, die das Land der Heimath verlaffen, um eine neue fich zu fuchen und zu gründen. Auch fie haben fich nicht leichten Herzens zu diefem entfcheidenden Schritt entfchloffen, auch fie haben ihn reiflich überlegt, und auch fie find, trotz allem, was ihnen das Verbleiben unmöglich machte, nicht blind, nicht ungerecht, nicht undankbar gegen das Viele, was fie eben doch der Heimath, was sie dem alten Vaterlande danken. Wenn sie vom Bord des Schiffes, das sie über den Ocean zu führen bestimmt ist, noch einmal ihre Blicke zurück wenden, und wenn ihnen all das Schmerzliche, das sie zum schweren Schritte getrieben, noch so sehr das Herz beklemmt, es tauchen daneben unwillkürlich doch auch all die lieben, freundlichen Bilder der Heimath noch einmal in ihrer Seele auf, und erfüllen sie mit wehmüthig dankbarer Erinnerung.

Die katholische wie protestantische Kirche hatten und haben in der Weltgeschichte ihre große, hohe Aufgabe, sie sind Erzieherinnen der Völker, sind es gewesen und sind es für einen Theil wenigstens noch zur Stunde. Und was sie im Großen sind und waren, das waren sie im Kleinen, mehr oder weniger, auch für jeden Einzelnen von uns. Sie haben, wenn auch in einer Weise, die wir heute nicht mehr für die rechte halten, aber sie haben doch die ersten sittlichen und religiösen Gefühle in uns geweckt, haben nach ihrer Art unsre Blicke und Gedanken auf das Hohe und Höchste zu richten gesucht; wir können deswegen nicht an unsre Kindheit, an die ersten Jahre unsres Lebens zurückdenken, ohne zugleich an sie und an den Einfluß, den sie auf unsre Erziehung überhaupt ausgeübt, wie an manche schwärmerisch-schöne Stunde, die uns der alte Glaube, den sie uns lehrten, wenn auch nicht ganz ungestört vom Zweifel, bereitet hat! Dafür bewahrt ihnen unsre Seele eine dankbare Erinnerung trotz alledem!

In diesem Gefühle liegt dann aber noch etwas enthalten, was wir gerade heute nicht stark und laut genug aussprechen können, es liegt in ihm die sicherste Bürgschaft dafür, daß wir mit den Mitgliedern dieser Kirchen, so sehr unsre Glaubensansichten uns von ihnen trennen mögen, uns in der Hauptsache doch verbunden und eins fühlen, eins in der brüderlichen Liebe, eins im Streben und Ringen nach dem Höchsten!

Und das führt uns schließlich zum Hauptgedanken, der unserm Fest der Einweihung dieser Halle seine schönste und höchste Weihe geben soll, und das um so mehr, je klarer und deutlicher wir uns desselben bewußt werden. Es ist das der Gedanke unsrer eigenen Aufgabe, das Bewußtsein des großen Zieles, das unsre freien Gemeinden sich gesteckt haben.

Was wollen wir? Was erstreben wir? Was ist uns

Religion? Was ist uns der Endzweck aller Religion? Wodurch unterscheiden wir uns von der bisherigen?

Es haben manche unsrer Gegner geglaubt und gesagt, die Antwort auf diese für uns wichtigste Frage, die brauchten wir gar nicht erst zu geben, diese Antwort gäbe einem Jeden, der nur Augen hat, sogar schon der bloße Anblick dieser unserer neuen Halle und ihrer inneren Einrichtung. Da sei's ja ganz deutlich zu sehen, daß wir entweder gar keine, oder doch jedenfalls erschreckend wenig Religion hätten. Diese kahlen Wände, diese kunstlosen Sitze, dieser Tisch ohne Kruzifix, und dort jenes einzige Bild, Jesus vorstellend, aber, wie Einige ausdrücklich tadelten, „ohne Brod in der Hand", das spreche doch deutlich, weß Geistes Kinder wir seien, das beweise mehr als alles Andere, daß wir keinesfalls die rechte Religion hätten.

Wir geben nun gerne zu, daß diese unsre Halle in der That sehr schmuck- und kunstlos aussieht, daß sie wenig oder nichts von dem hat, was man ein „kirchliches" Aussehen nennt, wir geben auch zu, daß man allerdings aus ihr allein schon in gewissem Sinne einen Schluß auf das ziehen kann, was wir „Religion" nennen, aber wir bitten unsre Gegner doch nicht zu vorschnell über uns abzuurtheilen, — diese schmucklose Halle könnte am Ende gerade das Gegentheil von dem beweisen, was sie uns zur Last legen.

Wir fragen einfach, wann ist die Religion, — und wir wollen zunächst nur von der christlichen sprechen, — wann ist sie in ihrer größten Reinheit, in ihrer sittlich reinsten Gestalt, am wenigsten getrübt und entstellt von fremdartigen Zu-sätzen und Beimischungen aufgetreten? War's in jener Zeit, wo man die steinernen, prächtigen, reich ausgeschmückten Kirchen und Dome gebaut, oder war's damals, wo man noch keine „Kirchen" hatte, wo sich die ersten Bekenner unter Gottes freiem Himmel, am Ufer des Jordan, am Ufer des Sees Geneza-reth, höchstens in einer kleinen, schmucklosen Synagoge der Juden ver-sammelten?

Die Geschichte sagt es uns. Die Geschichte sagt uns, als man anfing diese steinernen und marmornen „Kirchen", diese von Gold und Silber strotzenden Altäre, diese mit Edelsteinen besetzten Cruzifixe und Reliquienschreine, diese kunstvoll geschnitzten Priester-chöre und Beichtstühle zu bauen, und als die Priester in diesen

Kirchen anfingen, in Gewändern zu erscheinen, welche ebenfalls von Gold und Silber und Edelsteinen strotzten, da war die schönste Zeit der christlichen Religion vorüber, da war sie verunreinigt durch eine Menge fremder, jüdischer und heidnischer Vorstellungen und Gebräuche, da war sie erstarrt und versteinert in Priestersatzungen, in unverstehbaren Dogmen und Ceremonien, da war sie aus einem Reich des Geistes, das sie ursprünglich war und immer sein sollte, umgewandelt in ein weltliches und verweltlichtes Reich, an dessen Spitze der gefürstete Bischof von Rom trat, der, wie die andern gekrönten Häupter, in Staatskarossen, mit Livreebedienten und einer fürstlichen Leibwache einherfuhr.

Der Bau der ersten steinernen und reichgeschmückten Kirchen fällt genau mit der Zeit zusammen, in welcher an die Stelle des einfachen Bibelglaubens vom „Vater im Himmel" der Kirchenglaube an den „Dreieinigen" Gott, und bald darauf an die Stelle des Glaubens an unsre „Gotteskindschaft" der finstere Glaube an die „verteufelte" Menschen-Natur trat, und die Verfluchung Aller, die nicht daran glaubten. Der Bau jener Prachtwerke kirchlicher Kunst, der himmelragenden Dome und Münster von Köln, von Straßburg u. a., er fällt in die Zeit, wo die Scheidung von Laien einerseits und des heiligen Priesterstandes andrerseits längst sich vollzogen, wo das Volk zu einer Heerde blindgläubiger und blindgehorchender Schafe herabgewürdigt, und die Priester und Bischöfe die alleingebietenden Herren in der Kirche waren, wo die Hierarchie mit dem weltlichen Fürsten= und Kaiserthum um die Weltherrschaft rang, wo der Papst für die Sonne, der Kaiser für den Mond erklärt ward, wo die Inquisition Tausende sogenannter Ketzer zum Tode schleppte, wo die Waldenser und Albigenser im Namen Gottes hingemordet wurden, wo der letzte Hohenstaufe im Riesenkampf mit Rom auf dem Blutgerüst endete, wo aber auch die unparteiischen Geschichtschreiber uns erzählen, daß die Hauptsitze der Stellvertreter Gottes in Rom und Avignon ein wahres Sodom und Gomorrha waren!

Das sagt uns, das sagt einem Jeden, der es wissen will, die Geschichte! Aber daraus ersehen wir deswegen auch, daß es ein falscher Schluß ist, von prächtigen Kirchen auf die Wahrheit und Reinheit der Religion schließen zu wollen, und ein ebenso falscher, von der schmucklosen Einfachheit dieser Halle auf unsre schlechte Religion, oder gar auf unsre Religionslosigkeit.

Wir wollen allerdings der Welt durch dieses Aeußere schon zeigen, daß wir eine andere Religion haben als diejenige, welche prächtige Kirchen gebaut hat, und die nach dem Reichthum dieser bemessen und beurtheilt wird! Wir wollen der Welt zeigen, daß es eine Religion giebt, welche dieses äußeren, kirchlichen Schmuckes gar nicht bedarf, eine Religion, welche überhaupt nicht nach Aeußerlichkeiten beurtheilt werden darf, sondern einzig und allein nach ihrem innern Werth, ihrem innern Gehalt, nach dem hohen Ziele, das sie sich gesteckt hat.

Hat Jesus selbst denn eine „Kirche", oder was man so nennt, gründen wollen, oder nicht vielmehr etwas viel Größeres? Hat Jesus steinerne, todte Häuser bauen wollen, oder nicht vielmehr etwas ganz Anderes, etwas Lebendiges? Hat Jesus gewollt, daß aller Schmuck, aller Reichthum auf Kirchen verwendet wird, daß aber neben ihnen die Armuth betteln geht? Hat Jesus reiche Kirchen und darbende Menschen gewollt? Entspricht es seinem Geiste, seinen Grundsätzen, wenn diese Kirchen sein Bild zeigen, wie Manche verlangen, „mit dem Brod in der Hand", wenn aber Tausende nur deswegen betend darauf blicken, weil ihnen das tägliche Brod mangelt?

Jesus hat nichts Geringeres bauen und gründen helfen wollen, als, wie die Bibel selber sagt, das „Himmelreich auf Erden." Das war die Sehnsucht seines Herzens, das war das Endziel seines Lebens, das war seine — „Religion", und war seine ganze Religion. Und dasselbe, — daß ich's denn doch mit diesen wenigen Worten ausspreche, — dasselbe ist das Endziel unsres Strebens, dasselbe, nicht weniger und auch nicht mehr, ist unsre Religion!

Wir wollen bauen helfen am „Himmelreich auf Erden", wir wollen helfen, daß es nicht auf ein Jenseits erst verschoben werde, daß es hier schon, auf Erden schon sich verwirkliche. Und das wollen und erstreben wir, indem wir darauf dringen, daß unser gesammtes Menschenleben von innen heraus ein andres, ein besseres, ein reineres, ein edleres werde.

Wie einst der Bahnbrecher des Christenthums, der „Täufer" schon und nach ihm Jesus selber seiner Zeit das große Wort entgegenrief: „Geht in euch, ändert euren Sinn, das Himmelreich ist herbeigekommen," so bringen auch wir

auf eine Umwandlung der Menschheit, welche ihren Ausgang und ihren Anfang, in unserm Innern, in unserm
Herzen, in unserm Geistesleben nimmt. Was helfen alle
äußeren Mittel, was helfen und haben geholfen die heiligsten und
geheimnißvollsten Ceremonien, was helfen alle vorgeschriebenen kirchlichen sogenannten „guten Werke“, was helfen alle Priester und
alle Kirchen, wenn das Herz schlecht, das Gemüth roh und lieblos,
wenn der Geist verdunkelt, der Verstand von Wahn und Aberglauben verfinstert ist!

Darum andere Herzen, bessere Herzen, — andere
Geister, hellere Geister, — das ist der Messiasruf, mit dem
unsre Gemeinden vor die Mitwelt treten! Ist's da erst anders geworden, dann, aber auch dann erst kann es, dann muß es anders,
muß es besser werden auch in unsern Familien, in
unsern Gemeinden, in unsern Staaten, im ganzen
Völkerleben rings auf der Erde!

Dann baut sich auf der festesten und dauerndsten Grundlage
das Leben der Menschheit auf, als ein Leben des Ewigen, des
Göttlichen in uns, oder umgekehrt als unser Leben in „Gott!“ Dann
kommt die Zeit, wo wir in Wahrheit sagen können, „in ihm
leben, weben und sind wir!“ Dann erscheint das große,
heilige „Gottesreich“, das der Unsterbliche vor achtzehnhundert
Jahren ahnungsvoll verkündet, und für das er in den Tod ging!

Daraufhin ist unser Streben gerichtet, an diesem Reiche, an
diesem Hause wollen wir bauen helfen, und darum haben für uns
all diese steinernen Gotteshäuser und alle vorgeschriebenen Dogmen
und Ceremonien keinen, oder nur untergeordneten Werth.

In diesem Streben uns zu bestärken, dazu möge denn auch
unsre heutige Feier ganz besonders dienen! Das wird die schönste,
die erhebendste Weihe sein, die wir dieser Halle geben können.

Und nun gestatten Sie mir persönlich noch ein kurzes Wort
von mir selber; ich richte es selbstverständlich zunächst und ganz
besonders an Euch, die Ihr Mitglieder unsrer Gemeinde seid!

Ich bin in Eure Mitte gekommen, ein Fremdling, fremd
Eurem Land, fremd Eurem Herzen! Ich spreche es heute im Hoch-
gefühl meiner Seele aus, ich bin es nicht mehr, ich bin Euch kein
Fremder mehr, ich bin Euch mehr selbst als bloßer „Prediger“,
oder „Geistlicher“, ich bin Euch Bruder geworden, — ja Euer
Bruder! Aber eben darum drängt es mich heute gerade, wo wir

auch diesem „Bruderbund“ zum erstenmale eigentlich die öffentliche Weihe geben, ein offenes Bruderwort Euch ins Herz zu sagen.

Es muß volle Wahrheit, rückhaltlose Ehrlichkeit zwischen uns sein und darum lasset mich's Euch sagen, daß, ehe ich in Eure Mitte kam, unter allen Predigern der übrigen freien Gemeinden im deutschen Vaterlande ich derjenige war, der fast am meisten Gegner selbst unter unsern eigenen Gemeinden hatte.

Die Kirche, in der ich geboren, die protestantische, und für deren Dienst ich mich durchs Studium der Theologie vorbereitet, sie hatte mir nach einer meiner ersten öffentlichen Predigten, angeblich wegen zu freier, d. h. unkirchlicher Ansichten das Wort verboten und mich bis zu meiner zu erwartenden Bekehrung aus der Liste der Predigtcandidaten ausgestrichen. Mit voller Ueberzeugung und wahrer Begeisterung hatte ich mich darauf den Bestrebungen unsrer freien Gemeinden angeschlossen, und folgte dem Ruf der Gemeinde in Mannheim, die Stelle ihres Predigers zu übernehmen. Ich bekleidete sie ein Jahr; ich würde es heute noch, aber meine Ueberzeugung zwang mich, trotz allem Freundlichen, was jene Stellung mir gewährte, auch sie wieder aufzugeben, weil ich, zurückgestoßen von meiner eigenen Kirche, diese verlassen hatte, in der Hoffnung, hier inmitten unsrer Gemeinde das hohe Ideal der freien Religion vollkommen und sofort verwirklicht zu sehen.

Darin hatte ich mich getäuscht, getäuscht, insofern ich mich mehr und mehr überzeugte, daß mit dem Austritt aus den alten Kirchen einzelne unsrer Mitglieder eben doch noch manche alte Gewohnheiten, manche Vorstellungen, manche, wenn auch nur eingebildete Bedürfnisse mit herüber nehmen, welche sie nicht so plötzlich, nicht so auf einmal aufzugeben im Stande sind. Ich aber lebte ganz im Anschauen meines Ideales, ich fand nur Befriedigung, wenn ich frei von jeder ängstlichen Rücksichtsnahme den Gedanken unsrer Bestrebungen in seiner vollen Consequenz, wie ich sie wenigstens damals auffaßte, aussprechen, und ihm gemäß wirken konnte. Darum blieb mir nichts übrig, als auch aus jener Stellung wieder zu scheiden, weil ich mich durch die geforderte Rücksicht auf wenigstens einen Theil der Mitglieder im Innersten, in meinem eigensten Wesen gehemmt, gebunden, gelähmt fühlte.*)

Wenn ich heute, wo dieses Fest und diese Blumen manche schöne, erhebende Stunde aus jenem ersten Wirkungskreis mir in

*) Siehe meinen „Paulus und die Galater.“ Hamburg, Berendsohn 1847.

ble Erinnerung rufen, an jene Zeit und mein freiwilliges Verzichten zurückdenke, so würde ich die Unwahrheit sagen, wenn ich von Reue spräche. Ich bereue es nicht, so und nicht anders gehandelt zu haben; ich hätte es nur gekonnt, indem ich unwahr gegen mich selbst, indem ich, nach meiner Meinung, ein Heuchler vor der Welt gewesen wäre.

Aber etwas Anderes bekenne ich heute offen und ohne Scheu, ich bekenne, seit jener Zeit, durch weiteres Nachdenken und mehr noch durch die Erfahrungen, die ich und wir Alle auf dem politischen Gebiet gemacht, etwas gelernt zu haben. Ich habe die Wahrheit einsehen lernen, daß kein Ideal, das religiöse so wenig als das politische sich auf einmal, über Nacht, plötzlich und sofort verwirklichen läßt, die Wahrheit, daß diese Verwirklichung ihre zugemessene Zeit braucht, und daß wir Einzelnen unsre Ungeduld zügeln, unser zu schnelles Voraneilen mäßigen müssen. Das habe ich ganz besonders durch die politische Bewegung in Eurer Heimath, in Oesterreich gelernt!

Und diese neu gewonnene Ueberzeugung, und sie allein hat es mir darum auch möglich gemacht, trotz dem Vorausgegangenen mich an den Bestrebungen unsrer Gemeinden wieder zu betheiligen, möglich gemacht, Eurem Ruf zu folgen, und in Eurer Mitte an unsrer gemeinsamen Sache wieder mit zu arbeiten.

Ich bringe die alte, erste Begeisterung mit, aber etwas mehr Geduld, die alte, erste Liebe für unsre heilige Sache, aber etwas mehr Ruhe, und Rücksicht auf das, was nicht auf einmal zu ändern ist.

So lasset uns denn engverbunden arbeiten an unsrer gemeinsamen Aufgabe! Mein offenes Bekenntniß wird mir Euer Vertrauen nicht geschwächt, es wird dasselbe, ich hoffe es wenigstens, gestärkt haben.

Laßt uns zusammenstehen, Hand in Hand, in Freud und Leid, feststehen trotz aller Verkennung, aller Verdächtigung, aller Verleumdung! Was auch komme, wie es auch stürme, laßt uns den Muth bewahren, das Vertrauen, den Glauben an unsre Sache, den Glauben an uns selber!

Wir haben das Land der alten Heimath unsers Glaubens verlassen, wir sind zusammen eingestiegen in einen neu gezimmerten Kahn, der uns hinüberführen soll ans sonnige Gestade der Wahrheit, der Geistesfreiheit. Wohlan denn! Der Weg ist weit, das Meer ist tief, die Stürme — sie kommen, aber wie viele und wie schwere auch kommen mögen, unser Muth, unser Selbstvertrauen wird uns hindurch, wird uns hinüber führen! Amen!

7. Die Wahrheiten des Weihnacht-Evangeliums.

(25. December 1848.)

„Ehre sei Gott in der Höhe, Friede auf Erden und den Menschen ein Wohlgefallen!" So lautet der Gruß, mit welchem nach der heiligen Sage die Engel sogar, die himmlischen Heerschaaren, die Geburt Desjenigen feierten, dem die Herzen des jüdischen Volkes seit Jahrhunderten der Trauer und der Bedrückung mit Sehnsucht als ihrem Retter, ihrem Messias entgegenschlugen, und welchen wenigstens ein Theil dieses Volkes in Jesus von Nazareth wirklich erschienen glaubte. Seinem Erscheinen, der festlichen Erinnerung an sein Auftreten in der Menschheit ist der heutige Tag geweiht. Aber was haben die Menschen im Lauf der Jahrhunderte gemacht aus ihm! Wie haben sie sein natürliches Lebensbild von Jahr zu Jahr entstellt, daß auch kaum eine Spur mehr von dem zu erkennen war und ist, der vor achtzehnhundert Jahren als Mensch wie wir geboren worden!

Freilich, diese Entstellung seines natürlichen Lebensbildes beginnt schon in den Urkunden der Bibel selber; schon diese enthalten eine Menge sagenhafter Erzählungen, durch welche er als ein Wesen hingestellt wird, welches in übernatürlicher Weise über die ganze Menschheit hinausragt, und namentlich ist es gerade der allererste Anfang — wie später der verhängnißvolle Ausgang seines Lebens, welcher durch solche Sagen ausgeschmückt ist. Dennoch bieten uns diese nämlichen biblischen Urkunden andrerseits auch wieder so manche echt geschichtliche Anhaltspunkte, so manche, ich möchte sagen, unentstellte, ungekünstelte Naturlaute, Stellen, wo sie selbst durch den blendenden Schimmer der Sage hindurch uns eine zu Grund liegende Wahrheit erkennen lassen, daß es sich wohl der Mühe lohnt, mit ernster Aufmerksamkeit diese Berichte einer längst vergangenen aber großen Zeit zu durchgehen.

In diesem Sinn lassen Sie auch uns heute diejenigen Blätter zur Hand nehmen, aus welchen uns gerade von seiner Geburt Kunde gegeben wird, und lassen Sie uns einige wenige, aber Hauptstellen etwas näher betrachten. Das Bild des Unsterblichen, dem der heutige Tag geweiht ist, wird uns dadurch in seiner wirklichen Gestalt näher treten, und unsre Liebe und Verehrung wird um so größer, um so inniger werden, unser Verständniß seiner Zeit und seiner Bedeutsamkeit um so klarer, je mehr wir uns einfach an unbestrittene Thatsachen der Geschichte halten.

Ich beginne mit jener Stelle im Lucas-Evangelium, wo es Cap. 2, 7 heißt: „Sie gebar ihren ersten Sohn.“ Es sind das Worte, welche Manchem sehr unerheblich scheinen mögen, und doch enthalten sie eine Wahrheit, welche gerade gegenüber der Entstellung, die das Christusbild erfahren hat, von der höchsten Wichtigkeit ist. Diese Worte sagen uns, was sich unter vorurtheilslos Denkenden allerdings von selbst versteht, was aber der sogenannte christliche Glaube bis zur Stunde leugnet, sie sagen uns, daß Jesus ganz in derselben Weise geboren wurde, wie seine übrigen Geschwister, also wie wir Alle. Wohl wird uns in demselben Evangelium vorher erzählt, die Geburt von Jesus sei seiner Mutter als ein ganz übernatürlicher Vorgang durch einen Engel vorher verkündet worden, aber in dieser Stelle, auf welche ich deswegen zu allererst heute aufmerksam mache, in dieser fällt der fromme Erzähler, man möchte sagen, aus seiner Rolle, und läßt uns hinter der sagenhaften Verhüllung der einfachen Wahrheit auf den Grund sehen.

„Sie gebar ihren ersten Sohn,“ so konnte nur Derjenige schreiben, welcher im Grund seiner Seele an gar nichts Anderes, als an eine Mutter dachte, welche mehrere Söhne oder Kinder im Verlauf einer Reihe von Jahren geboren, deren erstes Jesus war. Hätte der Erzähler die wirkliche Ueberzeugung gehabt, daß Jesus in ganz anderer, in nicht natürlicher Weise, als ein vollkommen übernatürliches Wesen wäre geboren worden, dann hätte er unmöglich sich so ausdrücken können, wie nur derjenige es thut, welcher nicht im entferntesten daran denkt, daß die Geburt dieses Ersten sich in ganz wunderbarer Weise von der der folgenden Söhne unterschieden habe.

Durch dieses eine Bibelwort, das mitten aus den Wundersagen des nämlichen Erzählers heraus wie ein erster, unbelauschter Naturlaut uns entgegen tönt, burch biefe eine bem Erzähler wiber Willen entschlüpfte Stelle ist ber ganze unfelige Streit entschieben unb geschlichtet, ber sich zumal in ben ersten Jahrhunberten über bie Person Jesu, über seine eigenthümliche Natur entsponnen hat. Stritten sie sich boch mit ber größten Erbitterung über bie Fragen, ob Jesus, wenn er einmal boch in ganz übernatürlicher Weise empfangen unb geboren, wenn Gott selbst, wie man sagte, in ihm Mensch geworden sei, ob er bann auch nothwenbigerweise z w e i N a t u r e n müsse in sich vereinigt haben, eine r e i n m e n s ch l i ch e unb eine r e i n g ö t t l i ch e, einen m e n s ch l i ch e n W i l l e n unb einen g ö t t l i ch e n W i l l e n, einen menschlichen Verstanb unb einen göttlichen Verstanb? Verbammten sie sich boch gegenseitig, weil bie Einen mit biefen zwei Naturen in Jesus so sehr Ernst machten, baß sie behaupteten, er sei, obgleich er am Kreuz hing seiner menschlichen Natur nach, boch seiner göttlichen Natur wegen am Kreuz selbst „allgegenwärtig" gewesen, sei „allgegenwärtig" gewesen, selbst als sein Leib im Grab lag u. f. w.! Unb biefe übertriebenen, schwärmerischen, burch unb burch unnatürlichen Vorstellungen fanben bann ihre feierliche Bestätigung sogar, indem sie in bie ältesten Glaubensbekenntnisse ber Kirche aufgenommen wurden, welche als solche noch bis zur heutigen Stunbe vom rechtgläubigen Theil ber Christen anerkannt sinb!

„S i e g e b a r i h r e n e r s t e n S o h n," — bamit, ich wieberhole es, ist biefer ganze Streit entschieben! Damit ist bie Geburt Jefu von ber Bibel selbst ganz in berselben Weise hingestellt, wie bie Geburt seiner übrigen Brüber, wie bie von uns Allen, bamit ist seine ganze Persönlichkeit als eine solche beschrieben, welche vollständig innerhalb bes natürlichen Zusammenhangs alles Geschehens sich befinbet, — keine Spur eines übernatürlichen Wesens!

Die Gefahr, welche ber Kirche mit ihrem Glauben aus biefer einen Stelle schon erwächst, hat sie aber auch selbst erkannt, unb baher ist es ganz allein zu erklären, baß in ber Kirche bie Behauptung aufkam, es sei nicht wahr, baß Jesus Brüber gehabt habe; wo auch in anbern Bibelstellen bie Rebe von „Brübern" sei, bas seien nur „Vettern" von ihm gewesen. Soweit hat man sich herausgenommen, ber offenbaren Wahrheit gerabezu ins Gesicht zu schlagen, unb bie armen Gläubigen, bie sich so vieles Anbere haben einreben lassen, sie haben auch bas geglaubt, obgleich es nicht wahr ist.

Daß Jesus leibliche, wirkliche Brüder gehabt, das kann nur der blindeste Fanatismus leugnen wollen. Lese doch Jeder, der daran noch zweifeln möchte, die Stelle im Marcus-Evangelium, Cap. 6, 3, wo es mit dürren Worten heißt: „Ist er nicht der Zimmermann, Mariä Sohn, und der Bruder Jakobi, und Joses, und Judä, und Simonis?" ja wo es weiter noch heißt: „sind nicht auch seine Schwestern allhier bei uns?" Lese auch Jeder die Stelle im Lucas-Evangelium noch dazu, wo es Cap. 4, 22 heißt: „Ist er nicht Josephs Sohn?"

Doch genug. Nach der hochwichtigen Aufklärung, welche wir hieraus über Jesus' wirkliches Lebensbild gewonnen haben, lassen Sie uns jetzt eine andere Hauptstelle über seine Geburt betrachten, die sich ebenfalls im Lucas-Evangelium vorfindet, und welche Cap. 2, 7 dahin lautet: „Und legte ihn in eine Krippe." Jesus, der „Messias", den Viele wenigstens für den Messias hielten, in einer Krippe!

Man hatte seit Jahrhunderten sich daran gewöhnt, die ersehnte Hülfe und Rettung für das Volk Israel einzig noch von Oben her, d. h. von einem Abkömmling Davids, einem königlichen Sprößling, einem Fürsten zu erwarten; das war der sogenannte Messias. Einen solchen hatten zumal die Propheten dem Volke voraus verkündet, und mit dieser glänzenden Aussicht die Hoffnung, den Muth, das Vertrauen des Volkes genährt und gekräftigt. Des Volkes Heil sollte also nicht aus ihm selber, nicht durch seinen eignen höheren Aufschwung, es sollte ihm von Außen, von Oben, durch die Hand eines Mächtigen, durch Waffengewalt selbst kommen, durch welche alle andern Völker, wie man sich ausdrückte, würden unterworfen und das jüdische das herrschende der Welt werden.

Einzelne tiefer Blickende hatten zwar vom kommenden Messias die Erwartung ausgesprochen, daß er nicht nur mit äußeren Machtmitteln, sondern ebenso sehr durch Einwirkung auf Geist und Gemüth des Volkes dessen bessere Zukunft werde herbeiführen; aber darin stimmten doch alle überein, daß er königlichen Stammes, fürstlichen Geblütes sein, daß er hervorgehen werde aus einem Palaste.

Wie ganz anders das Bild, das sich nach unsrer zweiten Stelle im Lucas-Evangelium uns darstellt! Jesus, nicht im Palast geboren, nicht in vergoldeter Wiege, Jesus in einer Krippe!

Wohl haben die Evangelien, sich anschließend an die volksthümlichen Messias-Hoffnungen, in den sogenannten „Stammbäumen“ den Versuch gemacht, die fürstliche Abstammung von Jesus nach= zuweisen. Wäre aber auch dieser Nachweis nicht für sich schon als ein vollkommen mißlungener zu betrachten, weil die beiden an= geführten Stammbäume gar nicht mit einander überein= stimmen, und durch keine noch so spitzfindige Auslegekunst in Uebereinstimmung gebracht werden können, so reichte diese eine Be= merkung, daß er in eine Krippe gelegt ward, sie reichte hin, um uns zu überzeugen, daß wir denselben Fall vor uns haben, wie bei Gelegenheit seiner Geburt. Auch hier läßt uns der Erzähler wider seinen Willen durch die Hülle der Sage hindurch die Wahrheit er= blicken. Jesus ist der Sohn des Volkes, Jesus ist in der Hütte der Armuth geboren, gleichviel ob er in einer wirklichen Krippe lag, oder nicht, ob es in Bethlehem war, oder in Nazareth, — diese Fragen sind für uns Nebensache.

Um so bedeutungsvoller ist die Thatsache selbst, um so ein= bringlicher die Lehre, welche sich nach beiden Seiten daraus ergiebt, sowohl für die, welche auf den Thronen sitzen, als für das Volk, und ganz besonders für die Niedrigen im Volke.

Die auf den Thronen mögen hieraus entnehmen, daß es eine bloße Einbildung, ein bloßer hochmüthiger Wahn ist, wenn sie heute noch meinen, das Heil der Völker käme nur von oben, nur von ihnen, die im Palast geboren sind! Das größte Heil, das gerade nach dem christlichen Glauben der ganzen Menschheit zu Theil ge= worden, es ward ihr nicht vom Throne, es ward ihr von keinem Fürsten oder Fürstensohn, es ward ihr aus der Mitte, aus dem Schooß des Volkes selber. Und darin liegt das Erhebende, das Tröstende für so viel Noth, Elend und Schmach wieder Ent= schädigende gerade fürs Volk selber!

Mögen wir von Jesus eine Ansicht haben, welche wir wollen, — er war der Unsern einer, er war von unserem Geblüt, er war bürgerlicher Herkunft, er war der Sohn der Hütte, der echte Sohn des Volkes! Was er seiner Zeit gewesen, was er ihr gebracht, was er für sein Volk und dadurch für die ganze Menschheit gethan und gewirkt, was ihm die Liebe und Verehrung der mit ihm Leben= den, der Dank und die Bewunderung der Nachwelt, was ihm die Unsterblichkeit seines Namens errungen hat, das Alles kam aus dem Schooß des Volkes, aus dem Kreis der Niederen und von den Hohen Verachteten!

Einen ganz ähnlichen Gedanken finden wir nun aber noch in zwei weiteren Stellen der Evangelien angedeutet. Ich meine zuerst diejenige in Lucas, Cap. 2, 15, wo es heißt, die Ersten, welche vom Volk den neugebornen Messias begrüßt hätten, seien Hirten gewesen auf dem Felde. Ueber die Sage selbst bedarf es wohl keines weiteren Wortes. Daß es nur eine Sage ist, wenn uns von Engelchören erzählt wird, die mit den Hirten gesprochen, die ihnen die Geburt des Messias verkündet und den Ort derselben näher bezeichnet hätten, das versteht sich unter uns doch wohl von selber. Auch das versteht sich, daß wir es nicht buchstäblich nehmen dürfen, wenn es heißt, die Hirten hätten die Geburt des Messias dann weiter verkündet; wie sollten sie das von einem Kinde, das selbst noch nicht wußte, wozu es berufen, — von einem Kinde, das selbst später, als es zum dreißigjährigen Mann herangewachsen war, sich noch nicht gleich seines messianischen Berufes vollkommen bewußt war! Aber die Wahrheit schimmert auch durch diese sagenhafte Umhüllung wieder hindurch: Die Ersten, welche überhaupt von Jesus Auftreten Notiz nahmen, die sich um sein Dasein kümmerten, die sich ihm näherten, die ihn hörten, ihn verstanden und begriffen, das waren Leute aus dem Volke, das waren Leute aus dem niedersten, aus dem ärmsten Volke.

Alle andern, die Höheren, die Vornehmeren, die Gelehrteren, die sogenannten Gebildeteren, sie kümmerten sich so gut wie nicht um ihn; sie lebten dahin im alten Geleise ihrer Gewohnheit, des Herkommens, der Gedankenlosigkeit, oder gar auch der blos äußer= lichen, scheinheiligen Frömmigkeit, der Lüge und der Heuchelei. Alle andern schliefen und träumten noch, als der Mann der Rettung bereits erschienen, als er mitten unter ihnen war; die Ersten, die erwachten, die Ersten, die seine Stimme hörten, die Ersten, die sich zu ihm hingezogen fühlten, das waren die einfachen, schlichten, noch weniger vom Hochmuth des Wissens aufgeblähten, oder von der äußeren Firniß der Verbildung übertünchten und verdorbenen Gemüther der unteren, der niedersten Volkskreise.

Allmählich freilich konnten auch die ferner Stehenden die Erscheinung und das Wirken von Jesus nicht ganz mehr todtschwelgen, mußten vielmehr ihm gegenüber Stellung nehmen, und darauf be= züglich ist uns noch ein weiterer bedeutsamer geschichtlicher Zug aus jener Zeit in einer andern Evangelienstelle, in Matth. Cap. 2, 3 aufbewahrt, wo es heißt: „Da das der König Herodes hörte,

erschrak er, und mit ihm ganz Jerusalem." Also auch
der König, der Regent im Lande vernahm endlich die seltsame
Kunde, aber er erschrak darüber, wie uns berichtet wird, ja, er
erließ sogar den Befehl, um desto sicherer auf seinem Thron zu
sein, daß alle, gleichen Alters mit dem von ihm Gefürchteten, sollten
getödtet werden. Die biblische Erzählung verlegt diesen Befehl in
die allerfrüheste Kindheit Jesu, was für sich allein schon ein Finger=
zeig ist, daß wir auch hier, wie bei den Hirten und Engeln keine
wirkliche Geschichte, sondern wieder nur eine dichterische Sage vor
uns haben. Denn so wenig die Hirten oder der König von einem
kaum geborenen Kinde gewußt haben konnten, daß dieses der er=
wartete Messias sei, ebenso wenig konnte der König vor demselben,
als dem vermeintlichen Messias, erschrocken sein, und aus Furcht
vor demselben den Mordbefehl für alle Kinder erlassen haben.

Aber auch in dieser Sage ist eben doch wieder eine geschicht=
liche Wahrheit verborgen und angedeutet, und das ist die alte, aber
ewig feststehende, daß die Großen und Mächtigen der Erde, mit
seltenen Ausnahmen, das Erwachen und das Erstehen eines
neuen Geistes im Volke nicht freudig begrüßen, sondern
daß sie darüber erschrecken und in Angst gerathen, ja
daß sie auch vor den blutigsten, unmenschlichsten Mitteln oft nicht
zurückschrecken, um diesen neu erwachenden Geist in der Geburt
schon zu ersticken, zu tödten.

Herodes war ein blutdürstiger Wütherich, sogar gegen seine
nächsten Verwandten, von dem sogenannten Bethlehemitischen Kinder=
mord weiß die eigentliche Geschichte nichts. Daß er Jesus gegen=
über auf Seiten der Priester und Hohenpriester stund, welche auf
allen Tritten und Schritten den unerschrockenen Volksprediger be=
lauerten, bis sie endlich ihn ans Kreuz brachten, das ist bei Herodes
sonstigem Charakter selbstverständlich.

Dennoch half es ihm nichts, so wenig als den Priestern und
Schriftgelehrten! Und das ist schließlich die andere Wahrheit,
welche unsre Sage ebenfalls andeutet. Es half ihm nichts, —
er konnte so wenig als seine priesterlichen Helfers=
helfer den neuen Geist unterdrücken.

Was er auch gethan oder versucht haben mag, — Herodes
starb, und der neue Geist siegte! Was auch die Priester und
Schriftgelehrten Jesus in den Weg legten, zu welchen Gewalt=
mitteln sie zuletzt auch griffen, es half sie Alles nichts, der neue

Geist siegte! Ins Gefängniß konnten sie Jesus schleppen, ans Kreuz
konnten sie ihn schlagen, aber der Gekreuzigte wurde der Aufer=
standene; der Todtgeglaubte stund zu neuem Leben auf, — in der
Erinnerung, in Herz und Geist der Seinen, in ihrer Liebe, in ihrer
Begeisterung, in ihrem Todesmuth!

Es ist somit die ewige Geschichte des Geistes überhaupt, welche
uns in der Sage von Herodes, seinem Erschrecken und seinem Kinder=
mord angedeutet ist, des Geistes, den die Gewaltigen fürchten, den
sie zu unterdrücken, zu tödten suchen, der aber all dieser Versuche
spottet, und selbst aus den Fesseln des Grabes als ewiger Sieger
hervorgeht!

Und in der Erkenntniß dieser Wahrheit, meine Freunde, darin
liegt für uns zugleich die höchste Bedeutung des heutigen Weihnachts=
festes, sie giebt ihm seine schlichte Weihe. Diese Wahrheit
vor Allem lassen Sie uns darum festhalten! Sie giebt
auch uns den Trost, die Kraft und das Vertrauen, dessen wir zu
unserm Werke, zu den reformatorischen Bestrebungen unsrer Ge=
meinden bedürfen.

Auch wir haben die Hohen und Mächtigen, auch wir haben
die Herodes und die Hohenpriester der Gegenwart gegen uns!
Was haben sie Alles schon versucht und ins Werk gesetzt, um unsre
junge Gemeinde, um den neuen Geist, der in unsrer Mitte sich
Bahn bricht, um ihn in der Geburt schon zu ersticken, zu tödten!
Mögen sie's immerhin thun, — mögen sie fortfahren, uns zu fürchten,
uns zu belauern, uns zu bedrücken, — mögen sie fortfahren,
und mögen sie, wenn sie's glauben verantworten zu können, selbst
zu noch schlimmeren Mitteln gegen uns greifen, — den Geist, der
in uns lebt, den Geist, der aus den Kirchen uns herausgeführt
und zu einem neuen Bunde verbrüdert hat, den werden sie doch
nicht unterdrücken, der spottet ihrer! Und darum keine Furcht,
kein Bangen, keinen Kleinmuth! Um so fester, um so inniger
nur lassen Sie uns zusammenstehen, um so treuer, um so gewissen=
hafter unsre Pflicht thun!

Achtzehnhundert Jahre sind verflossen, seit sie dem damals
neu erstehenden Geist entgegentraten, achtzehnhundert Jahre, seit sie
— Fürsten und Priester im Bunde — ihn am Kreuze zuletzt zu
tödten wähnten. Die Welt ist älter, sie ist eine andere geworden,
aber das Gesetz des Geistes ist heute und bleibt in alle Ewigkeit
dasselbe, und wie er damals siegte — trotzalledem, so wird er
wieder siegen! Amen!

8. Die Steinigung des Stephanus.

(26. December 1848.)

Wenn wir, dem Herkommen folgend, unmittelbar nach dem Weihnachtsfest uns auch heute zu einer religiösen Betrachtung versammelt haben, so spreche ich gewiß im Sinne Vieler, wenn ich die Frage aufwerfe, warum wir das thun? Das bloße Herkommen kann für uns Mitglieder einer freien Gemeinde kein entscheidender Grund sein; er kann es um so weniger, als der größere Theil von uns nicht den Reichen angehört, sondern dem Stand der Arbeiter, die sich mühsam durch ihrer Hände Werk das tägliche Brod verdienen müssen, und denen darum jeder Fest= und Feiertag an sich schon eigentlich ein Ausfall, ein Verlust an ihrem nothwendigsten Verdienst ist. Hier handelt es sich aber nicht um einen Festtag, der überall gefeiert wird, hier handelt es sich um einen, auf dessen Feier wenigstens der größere Theil unsrer Gemeinden von Anfang an verzichtet hat. Da dürfen wir uns wohl fragen, nein, wir müssen uns fragen, ob wir einen triftigen Grund zu seiner Feier haben? Wir müssen uns Rechenschaft geben, ob wir nicht dadurch in Widerspruch gerathen mit unserm Verlangen nach freierer, vernünftigerer Gestaltung der Religion, wie unseres ganzen religiösen Lebens!

Ich denke aber, ein Grund, daß wir in hiesiger Stadt auch an diesem Tage uns versammeln, liegt schon darin, daß die Arbeit heute überhaupt ruht und daß unsre Mitglieder sich nicht den Vorwurf zuziehen möchten, daß wir den Feiertag der weitaus größeren Mehrheit durch unsere Arbeit stören. Ein anderer Grund liegt aber in dem Gedanken, daß wir dadurch denjenigen, welche nicht unserm engeren Kreise angehören, welche aber doch wissen und hören möchten, was wir wollen, was wir glauben oder nicht glauben, und die heut ohnedies Feier= und Rasttag machen, daß wir denen Gelegenheit geben, zu uns zu kommen, um ein Wort von uns zu hören.

Noch mehr Rechtfertigung unſrer Handlungsweiſe ſcheint mir aber in der geſchichtlichen Erinnerung ſelbſt zu liegen, um derentwillen die Feier des heutigen Tages überhaupt in früheren Zeiten von der chriſtlichen Kirche feſtgeſetzt wurde. Dieſe Erinnerung wieder aufzufriſchen, namentlich aber uns deſſen bewußt zu werden, welch reiche Quelle der Ermuthigung einerſeits, welch ernſte Vorwürfe andererſeits für unſere Gemeinden, wie für die Gegenwart überhaupt in dieſer geſchichtlichen Erinnerung enthalten ſind, das ſoll darum die Hauptaufgabe unſrer heutigen Verſammlung ſein. Damit will ich jedoch nicht im Entfernteſten geſagt haben, daß wir für alle Zeit dieſen Tag feiern ſollen, im Gegentheil, ich halte es für meine Pflicht, offen auszuſprechen, wir werden es die erſten Jahre vielleicht ſo forthalten, wir werden aber ſpäter über den Grundgedanken des heutigen Tages ganz eben ſo gut an jedem beliebigen andern Tage des Jahres ſprechen und uns in ihm erbauen können.

Die Erzählung der Bibel, wenn ſie auch ſtreng genommen nicht in allen Theilen Anſpruch auf volle geſchichtliche Wahrheit machen kann, ſie ſtellt uns in Stephanus das Bild, das ideale Bild eines jener Männer dar, welche vor achtzehnhundert Jahren ſich begeiſtert für die mit Jeſus beginnende Reformation erklärten und die große Reihe jener Märtyrer beginnen, welche ſich nicht ſcheuten, für die Idee ihres Lebens Alles einzuſetzen, ſelbſt ihr perſönliches Daſein.

Wir ſehen ihn zuerſt als Angeklagten vor dem hohen Rath der Juden, ihm gegenüber das fanatiſche Volk, und an deſſen Spitze die Aelteſten, die Schriftgelehrten. Er iſt angeklagt, und obendrein, wie es heißt, durch falſche Zeugen, daß er den Tempel und das Geſetz, daß er Moſes und Gott ſelbſt geläſtert habe. Wir ſehen ihn ſich vertheidigen; er führt die ganze Geſchichte ſeines Volkes als Beweis an, wie es ſich mehr und mehr zum Aberglauben, zum Ceremonien= und Götzendienſt gewandt, wie es die Propheten, die ihm Gott geſandt, nicht gehört ſondern getödtet habe, er bekennt ſich offen zu der Religion, welche nicht blos an den Tempel in Jeruſalem gebunden ſei, zu der Religion, welche nicht das Erbtheil eines einzigen Volkes, ſondern der ganzen Menſchheit ſei.

Ich ſollte denken, das iſt unſer Mann, iſt wenigſtens einer der Unſern, und dieſer Mann verdient es, daß wir ſein Gedächt=

niß in Ehren halten. Was uns die Bibel von ihm er=
zählt, das ist ja unsre eigene Geschichte! Auch wir be=
kämpfen den Aberglauben, den Ceremonien= und Götzendienst, in
welchen die christliche Kirche im Laufe der Jahrhunderte verfallen;
auch wir bekennen und verkünden die Religion, welche an keinen
Tempel, an keinen Raum, an keinen Namen und sei's der höchste
auch in der Weltgeschichte, gebunden ist, auch wir bekennen uns zur
größeren, allgemeineren Religion, in der sich Alle sollen zusammen=
finden, Alle sich als Brüder einer einzigen Familie begrüßen, zur
Religion der Menschheit. Und darum stehen ja auch wir
da als Angeklagte, als „Lästerer des Heiligsten", als Verbrecher in
den Augen Derer, welche kein anderes Maß der Religion kennen,
als den geschriebenen Buchstaben, die festgesetzten Gebräuche, —
welche die Religion nicht nach der Wahrheit ihrer Vorstellungen
beurtheilen, sondern nur nach ihrem Alter, nur nach der Gewohn=
heit, — nicht nach der Erprobung im Leben, sondern nur nach
dem äußern Schein, den sogenannten frommen Werken. Und was
wir ja auch sagen zu unsrer Vertheidigung, zu unsrer Recht=
fertigung, es — hilft uns so wenig, als es Stephanus einst ge=
holfen hat!

Die Bibel sagt, die fanatische Menge, die ihn vor den Rath
geschleppt, „sie bissen die Zähne zusammen und schrieen laut, und
hielten sich die Ohren zu." Das thun unsre fanatischen Gegner
heutzutage geradeso. Die Bibel hat ihr leibhaftiges Conterfei
gezeichnet, es könnte nicht ähnlicher, nicht sprechender ähnlich sein!
Man klagt uns an, man verdammt uns, und wenn wir uns recht=
fertigen wollen, — „hält man sich die Ohren zu." Man verdammt
uns ungehört, ohne zu wissen, was wir wollen, ohne sich die Mühe
zu geben, unsre Ansichten, unsre Grundsätze näher und gründlich
kennen zu lernen, — man macht es uns, wie einst dem Stephanus!

Und doch, meine Freunde, so nahe uns das Alles in der Er=
zählung der Bibel geht, und sie uns darum lieb und werth macht,
der Hauptpunkt, auf den es uns heute gerade ankommt, ist doch
noch ein anderer. Das ist der Muth und die hohe Stand=
haftigkeit, mit der Stephanus allen Anklagen, allen Vor=
würfen, allen Verleumbungen gegenüber seiner Ueberzeugung
treu blieb, das ist der Muth, der ihn stark machte selbst
zum größten Opfer, stark selbst zum Tode!

Als sie ihn in ihrer fanatischen Wuth vor den hohen Rath

geschleppt, da stand er so ruhig, so fest und unerschrocken da, daß es schien „sein Angesicht leuchte wie eines Engels Angesicht" (Apost.-G. 6, 15); als er seine Vertheidigungsrede beendet, und ihn die nach seinem Blute gierigen Gesichter der umstehenden Menge anstierten, da stand er so heiter, so fest und unerschrocken da, daß er in die Worte ausbrach: „Siehe, ich sehe den Himmel offen, und des Menschen Sohn zur Rechten Gottes stehen" (7, 55); und als die Wuth des verblendeten Volkes, gehetzt und geschürt von den Aeltesten und Schriftgelehrten, ihn zu Tode steinigte, da verlor er auch in den qualvollsten Schmerzen an Leib und Seele seine hohe Fassung nicht, und statt Fluch und Verwünschung war es ein letztes Wort der Liebe, das seinen sterbenden Lippen entschwebte, sein letzter Seufzer war: „Herr, behalte ihnen diese Sünde nicht!" (7, 59.)

So starb Stephanus für seine Ueberzeugung, so hat er bewiesen, daß er bereit war, für die Idee der neuen Religion, die in Jesus angebrochen und zu der er sich bekannt hatte, auch das größte Opfer zu bringen! Und darum, meine Freunde, darum allein hat die Kirche diesen Stephanustag unmittelbar auf den Christtag folgen lassen, damit er immer und immer wieder daran mahne, daß auch wir bereit sein sollen, uns nicht nur mit unsrer gewonnenen bessern Ueberzeugung zu begnügen, sondern auch für sie einzustehen in Noth und Gefahr, für sie einzustehen, wenn es sein muß selbst mit dem Leben. Der Christtag mahnt und erinnert an das Erscheinen und erste Auftreten der neuen Religion, der Stephanustag an die Opfer, die ihr gebracht werden müssen.

Und da lassen Sie uns gerade heute recht gewissenhaft Rechenschaft geben, Rechenschaft vor unserm eigenen Gewissen, und lassen Sie uns fragen, wie es in dieser Beziehung in unsrer Gegenwart steht, wie es steht bei uns selber?

Ist dieser Stephanus-Muth auch bei uns vorhanden, oder ist er verloren gegangen? Ist das heutige Geschlecht, wie jener edle Märtyrer, bereit, für seine bessere Ueberzeugung einzustehen, offen und unerschrocken sich vor aller Welt zu ihr zu bekennen, aber auch allen Widerwärtigkeiten, allen nachtheiligen oder gar gefährlichen Folgen zu trotzen, welche ein solches offenes Bekenntniß oft nach sich zieht?

Steinigung, überhaupt gewaltsamen Tod haben wir nicht mehr zu fürchten; die Zeit der Scheiterhaufen, der Schaffote, der Bartholomäusnächte ist vorüber, wenn auch manche finstre, engherzige und rachsüchtige Priester, oder von Priestern Bethörte und um ihre Vernunft Gebrachte noch davon träumen mögen. Was wir in unsrer Zeit um unsrer Ueberzeugung willen, und zunächst in Sachen der Religion, zu tragen und zu erdulden haben, das ist Kinderspiel gegen die Opfer, die in vergangenen Zeiten gefordert wurden.

Und trotzdem müssen wir das beschämende Bekenntniß ablegen, die Zahl derer, welche auch nur zu den verhältnißmäßig geringeren Opfern bereit sind, sie ist heutzutage klein, erschrecklich klein!

Oder ist es nicht Thatsache, ist es nicht öffentliches Geheimniß, daß ein großer Theil Derer, die noch innerhalb der Kirchen stehen, in Sachen der Religion ganz andere Ansichten und Grundsätze haben, als sie im Religionsunterricht ihrer Jugend von ihrer Kirche gelehrt worden sind? Daß sie in Folge dessen gegen ihre Kirche mehr oder weniger gleichgültig geworden, daß sie keine Kirche mehr besuchen, nicht mehr beichten, nicht mehr fasten, nicht mehr beten, nicht mehr wallfahrten, nicht mehr sich bekreuzen oder besprengen? Daß sie weder an einen dreieinigen Gott, noch an Jesus als übernatürlichen Gottessohn, weder an die Erbsünde, noch an die Erlösung und Versöhnung durch das Blut auf Golgatha, weder an die übernatürliche Wirkung der Taufe, des Abendmahls, der Messe, der Firmung, der Oelung, noch an die göttliche Sendung der Priester, der Bischöfe, oder des sogenannten Stellvertreters in Rom, weder an Fegfeuer, Hölle und Teufel, noch an Ablaß und Lossprechung und Seligsprechung u. s. w. glauben?

Ist es nicht Thatsache, daß ein sehr großer Theil sich wohl noch Katholiken, oder Protestanten nennt, daß sie es aber nur noch dem Namen nach sind, nicht mehr im Herzen, nicht mehr mit ihrer innersten Ueberzeugung?

Ist es nicht Thatsache, daß Hunderte und Tausende mit den Ansichten, den Grundsätzen der Bestrebungen unsrer „freien Gemeinden" vollkommen übereinstimmen, daß sie sich freuen über unser Austreten, daß sie uns die Hand drücken, daß sie uns mit Geldbeiträgen sogar unterstützen?

Aber ist es nicht ebenso traurige Thatsache, daß die Meisten von allen diesen es nicht übers Herz bringen, sich auch offen und ganz, mit ihrer ganzen Persönlichkeit sich uns anzuschließen, daß sie den Muth nicht haben, vor aller Welt die Ueberzeugung zu bekennen, die sie im Innern tragen?

Unsre Gemeinden zählen jetzt, mit wenigen Ausnahmen, nur nach Hunderten, sie würden nach Tausenden und Zehntausenden zählen, wenn Alle ehrlich wären, wenn Alle, die im Stillen, im Geheimen für und mit uns sind, es auch öffentlich bethätigten!

Aber da ist der Eine, der möchte es mit seiner Familie, seinen Verwandten, seiner Frau nicht verderben; da ist der Andere, der möchte seinen Kunden im Geschäft nicht vor den Kopf stoßen; der fürchtet, seine Behörde werde es ihm entgelten lassen; der hat Angst, er verliere gar seine bürgerlichen, seine politischen Rechte. Und wer nichts von dem Allen besorgt und fürchtet, der will erst abwarten, wie sich die Sache mache, der will erst zusehen, was für Leute sich sonst uns anschließen, oder der denkt bei sich, ich bin einverstanden, aber es geht auch ohne mich.

Aber auch wir selber, wir, welche den Schritt gethan und gewagt, die wir ausgetreten sind aus den Kirchen, deren Glaube nicht mehr der unsere, die wir zusammengetreten zu unserer neuen „freien Gemeinde", um hier eine Pflanzstätte zu gründen für die Idee einer besseren, einer vernünftigeren, die Menschen beglückenderen Religion, — frei von Glaubenszwang, frei von starren, tödtenden Buchstaben, frei von priesterlicher Bevormundung, einzig ruhend auf der sicheren Grundlage der Vernunft und unseres Gewissens, — wir selber, sage ich, können wir uns denn, wir Alle, uns das Zeugniß geben, daß es uns ganzer heiliger Ernst ist mit unserer Ueberzeugung? Können wir uns das Zeugniß geben, daß wir nicht nur einer flüchtigen, vorübergehenden Aufwallung, einer Uebereilung gefolgt sind, indem wir den Schritt aus der Kirche thaten? Sind wir Alle bereit und stark, auch die Opfer zu bringen, welche mehr oder weniger, früher oder später doch von uns auch in unsrer Zeit werden gefordert werden? Hat nicht Mancher im Stillen vielleicht seinen Schritt schon bereut? Er hat sich getäuscht in den Seinigen, in seiner Familie; man macht ihm Vorwürfe, man sieht ihn von der Seite an; man geht ihm aus dem Wege, man läßt's ihn entgelten so oder so. Ist er stark genug, das zu tragen, ist er stark, trotzdem stand zu halten?

Und wissen wir denn, was uns die Zukunft, was uns die nächsten Tage vielleicht schon bringen werden?

Es ist wahr, wir haben ein „Kaiserwort" für uns; es ist wahr, der Kaiser Ferdinand hat am 28. April dieses Jahres im siebzehnten Paragraphen der Verfassung feierlich erklärt: „Allen Staatsbürgern ist die volle Glaubens- und Gewissens-freiheit, sowie die persönliche Freiheit gewährleistet!" Aber wird uns dieses Wort auch gehalten werden? Sind wir nicht im Rückblick auf die Geschichte berechtigt, so schwer es auch unserm Herzen ankommt, mißtrauisch zu sein? Kaiser Maximilian II. hatte im sechszehnten Jahrhundert den Protestanten gegenüber ein Duldungs-Edikt erlassen; Kaiser Rudolph II. hatte es bestätigt; und trotzdem wurden unter der Regierung des nämlichen Kaisers die protestantischen Geistlichen aus Wien verjagt, der protestan-tische Gottesdienst untersagt, alle Landesbehörden und namentlich die Stellen an der Wiener Universität nur mit Katholiken besetzt. Ja, sein Nachfolger ging noch einen Schritt weiter. Ferdinand II. hatte 1596 kaum die Regierung der habsburgischen Erblande an-getreten, als er, der Zögling der Jesuiten, befahl, „alle Bürger und Bauern müßten wieder katholisch werden, oder aus-wandern!" Damals stund das ganze Land bis hinein nach Bayern von lauter Galgen voll, denn wer sich nicht dem kaiserlichen Be-fehl fügte, wurde aufgehängt!

Da dürfen wir wohl mit schwerem Herzen fragen, wird uns das Kaiserwort gehalten werden? Da dürfen wir wohl aber auch uns selber fragen: werden wir, wenn sich die Verhältnisse ändern, wenn von Seiten der Regierung das Wort des Kaisers wieder vielleicht verleugnet, wenn das uns gegebene Wort wieder gebrochen wird, werden wir auch dann noch treu und stand-haft zu unsrer Ueberzeugung stehen, werden wir den Muth haben, Alles über uns ergehen zu lassen, komme was da wolle?

Die sittliche Kraft des Widerstandes ist nicht in allen Menschen die gleiche; dem Einen fällt es schwerer als dem Andern, in den Stürmen des Lebens aufrecht zu stehen.

Um so mehr lassen Sie es uns darum mit Dank anerkennen und annehmen, daß es in der Geschichte der Vergangenheit leuchtende Punkte giebt, von denen aus Strahlen des Lichtes, Strahlen der Begeisterung, Strahlen des Muthes ausgehn auf alle kommenden Geschlechter, daß es Männer giebt, an deren hohem Beispiel wir uns Spätergeborene in den schweren Stunden unsres Lebens erheben, für unsre Aufgabe stärken und kräftigen, für

jedes, auch das schwerste Opfer unsrer Ueberzeugung begeistern und
ermuthigen können.

Und ein solcher Mann, ein solches in die Zukunft hinein=
leuchtende Beispiel ist uns Stephanus! Er steht ebenbürtig neben
dem unsterblichen Märtyrer auf Golgatha, dem unser gestriger Tag
geweiht war! An seinem Bilde lassen Sie uns darum empor sehen,
an seinem Muthe lassen Sie uns den unsern stärken, an seiner Be=
geisterung unsre Begeisterung entflammen!

Möge die Erinnerung an ihn und seinen hohen Tod alle die
Hunderte und Tausende, die im Stillen mit uns einverstanden
sind, beschämend mahnen, daß sie sich aufraffen zu einer männlichen,
zu einer sittlichen That, und das heuchlerische Verhältniß lösen, das
sie nur dem Namen, nur dem Schein nach noch an eine der bis=
herigen Kirchen bindet!

Möge das Gedächtniß seiner Ueberzeugungstreue vor Allem
aber uns Mitgliedern der freien Gemeinde ein Sporn, ein heiliger
Antrieb sein, treu zu bleiben dem, was wir mit bestem Wissen
und Gewissen als wahr, als recht, als gut erkannten, treu zu bleiben
dem Ideale der Religion, die sich aus allen bisherigen Formen
und Confessionen herausringt, als die e i n e, Alle umfassende Mensch=
heits=Religion!

Ihm nach, dem Blutzeugen der neuen Religion, ihm nach,
der unter den Streichen seiner fanatischen Gegner Treue gehalten
bis an's Ende, ihm nach! sei unser Losungswort, auf daß, wenn über
uns die Stunden der Prüfung kommen, auch wir sie treu und
muthig bestehen, und, wenn es dunkel, wenn es finster wird rings=
um, wir auch im Hochgefühle unsrer beseligenden Ueberzeugung
wie Stephanus — „den Himmel offen sehen!"

9. Am Jahresschluß von 1848.

(31. December Abends.)

—

Abschied zu nehmen vom scheidenden Jahre und uns gegenseitig zu ermuthigen fürs kommende neue, dazu haben wir uns noch einmal in dieser stillen Abendstunde versammelt. Es ist zu dieser Zeit uns immer, als ob ein Freund zum letzten Male uns die Hand drückte, ein Freund, mit dem wir viel Freud und Leid gemeinsam getragen. Dieses Jahr aber war uns mehr; dieses Jahr gleicht einem großen Propheten, der Donnerworte wie vom Himmel her unsrer ganzen Gegenwart ins Gewissen gerufen, dieses Jahr geht an uns vorüber, wie eine hohe, fast unfaßbare Gotteserscheinung, ein Sinai-Wunder, durch welches der Ewige selbst, der ewige Geist, unter den Feuerblitzen der Höhen, unterm Dröhnen und Erbeben der Tiefen uns erschienen, und sein Gesetz, seinen Willen uns verkündet hat.

Wir suchen uns noch einmal beim Rückblick auf das Geschehene und Gehörte zu sammeln, aber wir suchen es fast vergebens. Es war zu viel, es war zu überwältigend. Welch ein Gewirre von Erinnerungen, welch ein Durcheinander von Widersprüchen! Goldne Frühlingsträume, hohe, leuchtende Ideale, begeisterte Hoffnungen, kühne Thaten, rührendes Vertrauen auf feierlich gegebene Worte: und eben so viele Enttäuschungen, betrogene Hoffnungen, gebrochene Schwüre, vergossenes Blut, zum Himmel schreiende Gräber!

Woran sollen wir uns halten? welches Gefühl ist in uns das vorherrschende? Welches ist der Gedanke, in dem wir zumal in dieser der religiösen Betrachtung gewidmeten Versammlung uns Alle ohne Unterschied zusammenfinden? Das ist die Frage, — ihre Beantwortung ist schwer, und doch glaube ich auf Ihre Uebereinstimmung rechnen zu können, wenn ich sage: das scheidende Jahr, wie viele Hoffnungen es uns auch vernichtet, wie viele Wünsche es uns unerfüllt gelassen, wie viele und schmerzliche Wunden es uns Allen geschlagen hat, das scheidende Jahr ruft uns in dieser letzten Stunde zu, und es hat ein Recht uns zuzurufen das alt=ehrwürdige Wort des frommen Psalmisten: „Danket, danket dem Herrn!"

Danket dem Herrn, d. h. dem Geist, dem ewigen Geist, dem in der Menschheit selbst sich offenbarenden Geist, ihm danket, ihr Völker!

Eine tiefe Sehnsucht nach freieren Zuständen, nach einem menschenwürdigerern Leben hatte seit Jahren die Völker erfüllt. Wohin wir blicken, waren es Klagen, bald stiller, bald lauter, Klagen über unwürdige Bedrückung, ungerechtfertigtes Vorenthalten der unzweideutigsten Menschenrechte, welche sich in allen Ländern vernehmen ließen und welchen zumal die am weitesten sehen= den, die geistigen Führer der Völker beredten Ausdruck ver= liehen. Eine kaum übersehbare Reihe der besten, edelsten, für Recht und Freiheit, für Wahrheit und Menschenglück begeisterten Männer haben in Schrift und Wort, zumal in den Sälen der Volksvertretungen ihre Stimme erhoben, haben die Summe dessen zusammengestellt, was uns von Gott= und Rechtswegen gebührt, was wir ein heiliges Recht haben, als sittliche, vernünftige Menschen zu fordern; haben schonungslos, ohne Furcht, das Un= recht aufgedeckt, unter welchem wir zu lange nur gelitten, haben den Mächtigen der Erde, den Trägern der Gewalt ihre Pflicht ins Gewissen gerufen, sie erinnert, daß auch sie nur Menschen, und daß sie dann nur sicher auf den Thronen sind, wenn sie dem Volke geben, was des Volkes ist, wenn sie verschmähen, über Sklaven, über Unmündige, über Kinder herrschen zu wollen.

Wir wußten, daß es mehr ist, als bloßer Traum, der allen Völkern vorschwebte, wir wußten, daß es das Ideal ist, das sittlich berechtigte, dem das Sehnen aller edlen Herzen entgegenschlug, wir wußten, daß dieses Ideal seiner Verwirklichung harrt und daß die Zeit kommen wird, wo alle gerechten Wünsche und Forderungen werden in Erfüllung gehen.

Aber wann diese Zeit kommen, wann diese Stunde der Er= lösung schlagen werde, das wußten wir nicht.

Da ging auf einmal, — es war Ende des Jahres 1817, als die Jesuitenherrschaft in der Schweiz gestürzt wurde, — ein heller, scharfer Ton durch die Länder, — es war das Alphorn der Frei= heit, und, geweckt von seinem Rufe, erschien das gegenwärtige Jahr, um allen Völkern die ersehnte Stunde der Erlösung zu verkünden. Die Freiheit machte die Runde, sie pflanzte in Ost und West ihr geheiligtes Banner auf, das Sehnen der Völker sollte gestillt werden.

Alles freilich, worauf wir als Völker Anspruch haben, alle
Rechte, alle Freiheiten, alle staatlichen Einrichtungen und Gesetze wie
sie unsrer Bildung, wie sie der Vernunft entsprechen, haben wir
zur Stunde noch nicht; aber die Bahn ist gebrochen, der Anfang
gemacht, und die Zukunft, d. h. wir, durch unsre fortgesetzte Arbeit,
durch fortgesetztes Kämpfen und Ringen, wir werden's vollenden.

Darum ist's in der That ein Gefühl des Dankes, das uns
beim Scheiden dieses großen, ereignißvollen Jahres die Seele erfüllt; das scheidende hat ein Recht, den Völkern zuzurufen: „Danket,
danket dem Herrn", — danket dem ewigen Geiste, der in der
Menschheit wohnt, und sich so wunderbar geoffenbart, so groß und
siegreich seine Fesseln gebrochen hat!

Aber auch ihr Fürsten, ihr Mächtigen, die ihr auf den
Thronen sitzt, danket auch ihr! Nicht alle verdienen diese milde
Beurtheilung, aber das Volk ist trotz allem Leid, das ihm wider-
fahren, es ist noch immer bereit, anzunehmen, daß es nicht geradezu
der böse Wille, geradezu das böse Herz ist, was seine Fürsten ihm
so oft entfremdet, sondern etwas, weswegen sie eigentlich mehr zu
beklagen, mehr zu bemitleiden sind; — sie handeln so, die Meisten
vielleicht, nur weil sie übel, weil sie schlecht berathen sind.

Schon die Erziehung des Fürsten entfremdet ihn, ohne seine
Schuld, dem Volke. Er wächst meist auf hinter Glas und Riegel,
wie die Pflanze im Treibhaus. Und wenn dann später, wo die
Macht in seinen Händen, ein Kreis von Menschen ihn umgiebt, die
selber sich hocherhaben dünken über das gewöhnliche, ungebildete,
dumme und rohe Volk, wofür sie es halten, wenn dieser Kreis sich
so eng um ihn schließt, daß er keinen Tritt darüber hinaus zu
machen im Stande ist, wenn er zur dichten und undurchdringlichen
Mauer wird, durch welche kein Wunsch, kein Bedürfniß, keine Klage,
keine Forderung des Volkes ans Ohr oder ins Herz des Fürsten
zu gelangen vermag, ja, wenn die Männer, die ihm zunächst stehen,
deren Pflicht es wäre, ihm nichts zu verhehlen, ihm nichts zu ver-
schweigen, deren Pflicht es wäre, ihm immer, zu jeder Stunde,
und auf jede persönliche Gefahr hin die Wahrheit, die ganze Wahrheit zu sagen, wenn diese aus Furcht, aus Schmeichelei, aus Heuchelei,
aus eigener Herrschsucht ihm die Wahrheit vorenthalten, so daß
der Fürst zuletzt im Wahne lebt, das Volk sei nichts, als eine im
Zaum zu haltende Heerde wilder Thiere, eine Bande in Furcht
und Schrecken zu haltender Verschwörer und Rebellen, — können

wir da mit Recht eigentlich den Fürsten verantwortlich machen? ist er die Schuld von allem Unrecht und Unheil, das geschieht? oder sind's nicht wenigstens im höheren Grade die Menschen seiner Umgebung? Und doch trifft ihn zumeist und zu allererst und oft am allerempfindlichsten der Zorn des Volkes, wenn dieser durch Jahre langes Unrecht, durch Jahre lange Unterdrückung endlich hervorbricht.

Der größte Dienst, der darum in Wahrheit einem Fürsten geschehen kann, ist: daß die Schranken weggenommen werden, die ihn vom Voll trennen, daß es ihm möglich gemacht wird, den wirklichen Zustand, die wirklichen Bedürfnisse, die berechtigten Wünsche und Forderungen des Volkes kennen zu lernen, daß mit einem Wort die Binde ihm vom Auge genommen wird, welche volksfeindliche Hofkreise ihm umlegen, die Täuschungen, in denen er von Geburt an erhalten wurde.

Das aber hat das scheidende Jahr im vollsten Maße gethan; es hat an die Pforten der Paläste geklopft, daß man die Wahrheit endlich einlasse, es hat die Wahrheit bis vor die Throne geführt, und sie eine Sprache führen lassen, wie sie die Mächtigen der Erde zu hören nicht gewohnt waren. Das war eine Sprache, die uns an jene längst vergangene Zeit erinnert, wo die frömmsten Propheten und Psalmensänger sich nicht scheuten, den Königen ins Gesicht zu sagen, daß sie sich nicht sollen „verlassen auf ihre große Macht, nicht auf Wagen und Rosse und Kriegsheer", daß sie nicht durch „Unrechtthun und Unterdrückung des Volkes sich sollen auflehnen gegen ihren höchsten Herrn im Himmel", denn der „spotte ihrer und werde mit ihnen reden in seinem Grimm, und sein Zorn werde sie schrecken, und stürzen von ihrer Höhe über Nacht." (Psalm 20, 8. 33, 17. Jes. 31, 1. u. a.)

Sie sind geschreckt worden, — oft in einer Weise, die wir nicht Alle billigen, aber sie haben's der gerechten Empörung des Volkes zuzuschreiben, das sich zu lange in seinen heiligsten Menschenrechten verkannt, verhöhnt, gekränkt und verletzt fühlte.

Aber eben darum, weil ihnen jetzt die Augen geöffnet, weil ihnen jetzt die unseligen Täuschungen genommen sind, weil sie jetzt sehen und wissen, was dem Volke gehört, und was das Volk darum mit Recht will, darum ist's auch an den Fürsten, sage ich, daß sie mit Dank Abschied nehmen vom scheidenden Jahr.

Mögen sie den Dank bethätigen, indem sie gutmachen, was bisher am Volk gefrevelt worden, indem sie einholen und nachholen, was am Volk versäumt wurde! Mögen sie mehr und mehr in der Überzeugung sich bestärken, daß das Volk ein Recht, ein ewiges Menschenrecht hat auf seine Freiheit, daß die wahre Freiheit aber auch nicht Zügellosigkeit, nicht Schrankenlosigkeit, nicht Raub und Mord und Rebellion, sondern im Gegentheil daß sie allein die höchste Bürgschaft für Recht, Gesetz und Ordnung, daß sie allein darum die sicherste Stütze der Throne selber ist.

O, daß mir vergönnt wäre, in diesem Sinne, als Mensch gegenüber einem Menschen, vor den jungen Fürsten dieses großen, dieses von der Natur so reich gesegneten Landes hinzutreten! Ich würde ihn an Salomon erinnern, und, wenn er zu beten gewohnt ist, würde ich ihm sagen, bete wie jener alte König, nicht um Macht, nicht um Glanz, nicht um Reichthum, bete um Weisheit und Erkenntniß!

Wie aber im Großen Völker und Fürsten diesem scheidenden Jahre zu Danke verpflichtet sind, so sind es schließlich auch unsre einzelnen Familien, wir Einzelnen selber.

Wohl fließen viele Thränen, wohin wir unsre Blicke wenden, und es hat in der That den Anschein, als würden vielleicht dem weitaus größeren Theile von uns Allen etwas Unnatürliches, etwas geradezu Unmögliches zugemuthet, wenn wir, Thränen im Aug und Schmerz in der Seele, dieses Jahr mit Dank beschließen sollten.

Wieviele klagen, und klagen mit Recht und ohne ihre Schuld um den geringen Verdienst, das spärliche, nothdürftige Einkommen; um die vergrößerten Auflagen, die zunehmenden Ausgaben überhaupt; wie viele müssen sich Einschränkungen gefallen lassen, die sie in andern Zeiten nicht kannten, Einschränkungen in ihrem ganzen täglichen Leben, in ihrer Nahrung, ihrer Kleidung, ihren Vergnügungen! Wie viele Familien sind in Trauer und Elend gestürzt durch die blutigen Opfer, welche die unseligen Kämpfe dieses Jahres gekostet haben! Wie viele Familien sind auseinander gerissen, der Sohn gefallen, der Vater selbst gefallen! Wie viele sind nur als Krüppel, nur mit verstümmelten Gliedern heimgekehrt!

Wer könnte dieses Jahres gedenken, ohne den Schmerz mitzufühlen, den es in hundert, in viel tausend Herzen hervorgerufen!

Und dennoch, sage ich, danken wir, lasset uns danken, auch wir Familien, auch wir Einzelnen!

Wer will's denn leugnen, — das Leben, das wir bisher so hingeführt, und ganz besonders das Leben in diesem großen, herrlichen Oesterreich, war's denn im Grund genommen viel mehr als ein Hinleben wie die Pflanze, ein Hinvegetiren? War's nicht gerade in diesem Lande, wo der Druck des fürstlichen Absolutismus, im Bunde mit der furchtbarsten Priesterherrschaft wie eine bleierne, wie eine eisige, eiserne Hand auf den Gemüthern lag, und alles freie, frische, fröhliche Leben und Entfalten des Volksgeistes nicht nur hemmte, sondern erstickte, ertödtete? Wie Viele waren denn unter diesen unseligen Verhältnissen zum vollen, erhebenden Bewußtsein ihrer Menschenwürde gelangt, — wie viele hatten es nicht höher gebracht als zum Knechtsbewußtsein, zum Gedanken, daß sie nichts als „Unterthanen" sind, welche blindlings gehorchen und zahlen müssen, und denen man dafür gnädig erlaubt, daß sie durch die tollsten sinnlichen Vergnügungen für alles Andere sich entschädigen?

Meine Freunde, das ist anders geworden, und das scheidende Jahr ist's, dem wir diese Aenderung danken! Dieses Jahr ist's, das durch alle seine Kämpfe und selbst alle seine Opfer ein höheres Menschengefühl in uns geweckt hat! Es hat das Ideal uns wieder einmal vorgehalten, dem wir nachzustreben, es hat den Adelsbrief unsers Geschlechtes wieder hervorgeholt, auf Grund dessen wir unsre ewigen Menschenrechte zu fordern, zu verlangen, wenn es sein muß, auch das Recht sie zu erzwingen haben.

Wir haben uns mehr als Menschen, d. h. als Wesen fühlen lernen, die noch zu etwas Höherem geboren sind, als nur blindlings zu gehorchen, und von Priestern uns gängeln zu lassen. Wir haben uns als selbstbewußte, zur Freiheit geborene, zu einem auf vernünftigen Gesetzen beruhenden, durch höhere Sitte verklärten Leben berechtigte Wesen, d. h. eben als Menschen in vollem Sinn des Wortes jetzt erst wieder erkennen lernen.

Und mit diesem gewonnenen höheren Selbstgefühle blicken wir darum jetzt auch vertrauensvoller und siegesgewisser in die Zukunft, als wir's bisher thaten, wo wir an der Gegenwart, an uns selbst oft fast verzweifelten. Wir sehen die Erfüllung unsrer Ideale, die jetzt begonnen, in den kommenden Zeiten sich vollziehen, wir sehen das von uns begonnene Werk sich vollenden durch die, welche nach uns folgen, — wir glauben wieder an die Zukunft, weil wir wieder glauben gelernt haben an die Menschheit, glauben an uns selber. Und in diesem Zukunftsglauben liegt dann für uns zugleich der hohe Trost für all das Schmerzliche, für all das Traurige der Gegenwart, die Entschädigung für die Täuschungen und Enttäuschungen, der Ersatz für die Opfer, welche wir gebracht haben. Unsere Enkel werden uns für diese Täuschungen, für diese Opfer segnen.

Und darum lassen Sie auch uns Mitglieder der freien Gemeinde mit diesem Gefühle, mit dem Gefühl des Dankes das Jahr schließen, das unser Selbstgefühl und Selbstbewußtsein besonders auch durch die reformatorischen Bestrebungen, denen wir uns angeschlossen, in so unendlich hohem Grade geweckt und er= hoben hat!

Gerade in dem Gebiet, worauf wir zunächst angewiesen sind, gerade in der Religion wurzelt ja zuletzt das Selbstbewußtsein überhaupt, — in den Gedanken und Vorstellungen, die wir uns bilden von unserer innersten Menschennatur im Zusammenhang und im Einklang mit der ewigen Weltordnung! Unsere Vorstellun= gen sind freier, sind geläuterter geworden, was wir früher nur im Stillen, im Geheimen in uns trugen, das haben wir den Muth, jetzt offen, vor aller Welt als unsre Ueberzeugung auszu= sprechen. Und ist's auch nur erst ein Anfang, den wir gemacht, ist die Zahl derer, die sich anschließen, im Verhältniß zu den anderen Confessionen nur eine kleine, sind wir mit unsern An= sichten auch noch nicht ganz im Reinen, sind wir noch immer Suchende, welche sich nicht einbilden, die ganze Wahrheit und allein die Wahrheit zu besitzen, so freuen wir uns eben doch, daß dieser erste Anfang wenigstens gemacht ist, und vertrauen der Zukunft, daß sie auch unsre in Hoffnung begonnenen Bestrebungen zum Ziele führen wird.

Dank darum auch Allen, die unsre Bestrebungen unterstützt und gefördert, Dank unsern Freunden und Gönnern, ja, Dank selbst unsern Gegnern! Auch ihre Angriffe, ihre Vorwürfe, ihre Anklagen, ihre Verdächtigungen und selbst ihre Verleumdungen sind uns zu gut gekommen! Sie haben uns zum Widerstand, zu unsrer Rechtfertigung, unsrer Vertheidigung genöthigt, sie haben dadurch mit beigetragen, daß wir uns selber klarer, daß wir in unsrer Ueberzeugung befestigter geworden sind!

Auch ich persönlich fühle mich zu hohem Dank in der Tiefe meiner Seele verpflichtet! Ich habe dieses Jahr begonnen, weilend im Vaterhause, mit trüben Gedanken, verzagend fast an meiner Zukunft. Meine Sehnsucht nach einem entsprechenden Wirkungskreise, den ich nirgends fand, hatte mich im Geiste schon hinübergeführt über das Meer, um drüben mir eine Stätte des Wirkens, eine neue Heimath zu gründen, fern von den Meinen, fern von Vater und Geschwistern, fern vom Grab meiner geliebten Mutter. Und wie anders, wie ganz anders ist Alles gekommen!

Da stehe ich inmitten eines Kreises lieber Männer und Frauen, die mich vertrauensvoll an diese Stelle gerufen, daß ich gemeinsam mit ihnen schaffe und helfe zur Gründung einer bessern Zukunft.

So stärke mich denn, du ewig allgegenwärtiger, du in der Menschheit wieder auferstandener Gottesgeist, du Geist der Wahrheit, du Geist der Freiheit und der Liebe, daß ich schaffe und wirke in und mit dir! Dir lebe ich, — und, ist der Tod mir vor der Zeit beschieden, — in deinem Dienste gehe ich freudig ihm entgegen!

Und nun lebewohl, du sinkende Sonne des scheidenden Jahres! Noch einmal nimm unsrer Aller Dank, du aber, Morgenroth des neuen steige empor!

Unsre Blicke schweifen suchend und spähend in die Ferne. Wird sie unsre Wünsche, wird sie unsre Hoffnungen, die noch unerfüllt geblieben, wird sie alle erfüllen? Wir wissen's nicht, aber eines wissen wir: wir werden wieder ringen und wieder kämpfen müssen, wie bisher, wir werden des Muthes bedürfen, wie bisher, wir werden bereit sein müssen, Opfer zu bringen, vielleicht noch größere, als wir sie schon gebracht haben.

Wohlan denn! Seien wir stark, seien wir bereit!

Gegen halbe Reformen.

(7. Januar 1849.)

So oft es sich noch um tiefgehende Reformen auf dem Gebiete der Religion gehandelt hat, sehen wir dieselbe Erscheinung sich wiederholen, daß es immer eine Anzahl Solcher gab, welche zwar auch das Bedürfniß einer Reform in sich fühlten, aber vor jedem entschiedeneren Schritte, vor jedem folgerichtigeren oder consequenteren Vorgehen zurückschreckten.

Als einer der ältesten Vertreter dieser Richtung ist Ihnen Allen jener vornehme und hochgestellte Jude aus dem „Evangelium Johannis" (Cap. 3) bekannt, der Pharisäer Nikodemus, welcher bei Nacht zu Jesus kommt. Er ist nach seinen eigenen Worten von der hohen Sendung Jesus überzeugt, aber andrerseits wagte er es doch nicht, entschieden sich auf seine Seite zu stellen; er verbleibt im Pharisäer=Orden, verbleibt im Rath der Juden, und wagt es nur, bei Nacht und Dunkel mit Jesus sich in eine Unterredung einzulassen. Darum hält ihm in seiner zweideutigen Stellung Jesus nach dem Johannis=Evangelium das auf Entschiedenheit bringende Wort entgegen: „Es sei denn, daß Jemand von Neuem geboren werde, kann er das Reich Gottes nicht sehen."

Eine ganz ähnliche Erscheinung im Großen zeigt sich uns unmittelbar nach Jesus Tod, und zwar hauptsächlich veranlaßt und begünstigt sogar durch einige seiner vertrautesten Jünger, wie Petrus, Johannes und Jakobus. Wenn es auf sie angekommen wäre, so hätte die in Jesus verkörperte Idee einer neuen Religion die Schranken des Judenthums nicht durchbrochen, das Christenthum wäre eine bloße Sekte im Judenthum geblieben. Denn sie und diese ganze damalige Richtung verlangten, und wie sie meinten, ganz im Sinn des Meisters selber, daß das ganze jüdische Gesetz mit allen seinen Bräuchen und Ceremonien auch von den Mit= gliedern der neuen christlichen Gemeinden müsse beobachtet werden,

daß namentlich die Beschneidung, als alte, ehrwürdige Sitte, bei=
behalten werden müsse; sie unterschieden sich somit eigentlich durch
nichts Anderes vom alten Judenthum, als daß sie Jesus für den
erwarteten Messias hielten, während die Mehrzahl ihn nicht dafür
gelten ließ. Diese schwankende, halb im Alten, halb im Neuen
wurzelnde Richtung veranlaßte darum den tiefgehenden Kampf, wie
wir ihn einen Paulus führen sehen. Er war es, welcher diesen
Halben das entscheidende Wort entgegenhielt: Entweder —
Oder, Moses oder Christus, Gesetz oder Evangelium!
Er erklärte offen: „Wer sich beschneiden läßt, der ist folge=
richtig gehalten, das ganze Gesetz zu beobachten"; „wer
durchs Gesetz gerecht werden will, dem ist Christus
kein nütze, der hat Christus verloren" (Galat. 5, 2—5). Er
ruft den Galatern darum zu: „So bestehet nun in der Freiheit,
damit uns Christus befreiet hat, und lasset euch nicht wieder ins
knechtische Joch des mosaischen Gesetzes fangen!"

Und ganz nahe verwandt mit dieser Erscheinung aus den ersten
Tagen des Christenthums ist dann später im Mittelalter das Auf=
treten jener Reihe berühmter, freisinniger Kirchenmänner, welche
auf den großen Conzilen zu Konstanz und Basel die Nothwendig=
keit einer Reform der Kirche an Haupt und Gliedern
anerkannten, die es aber trotzdem zu keiner wirklichen Reform brach=
ten, weil sie sich nicht entschließen konnten, das Uebel an der
Wurzel anzugreifen, weil sie namentlich nicht daran dachten, an
der streng gegliederten hierarchischen Ordnung eine entschiedene
Aenderung vorzunehmen. Anstatt die für nothwendig gehaltenen
Reformen, die von allen Nationen gefordert wurden, wirklich ins
Leben zu rufen, begnügten sie sich damit, den erledigten Stuhl Petri
mit einem Nachfolger zu besetzen, der zwar das Wort gab, die
Reformen einzuführen, sein Wort aber nicht hielt, so daß in der
Hauptsache Alles wieder hübsch beim Alten blieb.

Hier, wie in den früheren Fällen, war es somit der Mangel
an Entschiedenheit, der Mangel an Entschlossenheit, welcher die
consequente Durchführung einer Reform gehindert hat.

Aber diese nämliche Unentschiedenheit, dieses nämliche Schwanken
zwischen Altem und Neuem, diese nämliche Halbheit zeigt sich auch
in unsrer Gegenwart wieder, und ganz besonders gegenüber der
Reform der Kirche und der Religion überhaupt, welche unsre freien

ober deutsch-katholischen Gemeinden erstreben, welche ihnen als letztes, höchstes Ziel vorschwebt.

Gegen diese Richtung, welche auch in Oesterreich ihre Vertreter hat, und Vertreter, denen wir als Ehrenmänner unsre Achtung nicht versagen können, gegen diese Halbheit, welche uns im Ganzen zustimmt, welche uns aber anräth, aus Rücksicht auf die Schwächeren, wie sie sagen, um diesen nicht zu sehr vor den Kopf zu stoßen, noch Mehreres vom alten Kirchenthum beizubehalten, als wir bisher für gut fanden, gegen diese Richtung und ihre gutgemeinten Rathschläge lassen Sie mich heute meine persönliche Ueberzeugung aussprechen, und zwar hauptsächlich in Beziehung auf zwei sehr wichtige Punkte, zwei Rathschläge, die man uns von dort her gemacht hat.

Man hat uns erst vor Kurzem nämlich den Rath gegeben, wir sollten in unsern freien Gemeinden darauf sehen, daß mehr Feiertage auch von uns noch gehalten würden, — wir hätten zu viele abgeschafft, und hätten jetzt zu wenig. Man räth uns das, wie gesagt, hauptsächlich aus Rücksicht auf die große Masse, auf die Aengstlichen, auf die Schwächeren im Volke. Wenn wir mehr Feiertage hielten, würden diese sich weniger von uns abgestoßen, mehr zu uns hingezogen fühlen.

Also mehr Feiertage! Wir haben seit unsrer hiesigen Gemeindebegründung im vorigen Spätherbst alle Sonntage regelmäßig uns versammelt, wir haben es außerdem, freilich in unserm Sinn, am Allerheiligentag, aber auch an Weihnachten, und zwar am sogenannten ersten und zweiten Feiertage, auch am Sylvester-Abend. Wir haben uns allerdings am Neujahrstage nicht versammelt, aber aus dem einfachen Grunde, weil die Gedanken, mit welchen wir am Abend vorher das alte Jahr geschlossen, ganz dieselben waren, mit denen wir das neue antraten. Wir haben auch gestern nicht „Dreikönig“ gefeiert; wir hätten uns, warum nicht? versammeln können, aber wir thaten's nicht, schon aus dem Grunde, weil er unmittelbar dem heutigen Sonntag vorangeht; wir thaten's freilich auch aus dem andern Grunde, weil wir nicht einsehen, was diese sogenannten Drei-Könige mit unserer Religion zu thun haben, mit der Religion, zu der wir im neunzehnten Jahrhundert, zu der wir uns heute, nicht blos aus Gewohnheit, sondern aus reinster Herzensüberzeugung, bekennen.

Was überhaupt die Fest= und Feiertage betrifft, so haben wir weder hier noch in irgend einer unsrer Gemeinden ein bestimmtes Gesetz darüber aufgestellt; wir sind, wie schon Jesus sagte „Herren des Sabbath"; wir feiern und kommen zusammen, wann und so oft wir's für gut finden, wir sind aber deswegen nicht gebunden, im nächsten Jahr es gerade ebenso zu halten; wir bewahren uns unsre freie Entscheidung, und haben bis jetzt uns im Allgemeinen dahin entschieden, daß wir außer den Sonntagen hauptsächlich die herkömmlichen Hauptfeste, also Weihnachten, Ostern und Pfingsten beibehalten, selbstverständlich indem wir die ihnen zu Grunde liegenden Thatsachen und Vorstellungen in unserm freieren Sinn auffassen.

Da fehlen uns allerdings freilich eine große Menge Feiertage, wie sie in der katholischen Kirche bis zur Stunde eingeführt sind; es fehlen uns die Apostel= und Heiligentage, es fehlen uns die Quatembertage und wie sie sonst noch heißen, es fehlen uns die Marientage u. s. w. Aber ich denke es wird für unsern heutigen Zweck genügen, wenn ich von einem einzelnen und zwar dem zunächst liegenden Beispiele nachweise, was es mit den meisten dieser andern Feiertage für ein Bewandtniß hat, und wie wir bei näherer Betrachtung in unserem guten Rechte sind, wenn wir auf ihre Feier verzichten.

Gestern war „Dreikönigtag", wir haben ihn nicht gefeiert. Ich frage nun aber, wissen denn alle Katholiken, die ihn feiern warum sie es thun; wissen sie, was diese sogenannten drei Könige mit ihrer Religion zu thun haben; wissen sie, ob es denn wirklich solche drei Könige, die sie feiern, gegeben hat?

Wenn wir näher zusehen, was denn an diesem Tage eigentlich für ein Fest begangen wird, was es für eine Bedeutung hat, so machen wir sogar die auffallende Entdeckung, daß es eigentlich drei verschiedene Feste sind, welche auf diesen Tag fallen, deren jeder eine andere Bedeutung hat oder doch hatte.

Die Katholiken feiern die Ankunft der „heiligen drei Könige"; an diesem Tage wurde früher aber auch die Geburt Jesu gefeiert, als das Weihnachtsfest noch nicht allgemein eingeführt war; an diesem nämlichen Tage feiert man aber auch die Taufe Jesu im Jordan. Welches ist denn nun das richtige? Oder ist es möglich, diese drei verschiedenen Feste in eines zusammen zu drängen?

Wo steht denn aber ferner, daß jene drei Männer, die nach dem Evangelium aus dem Morgenland gekommen sein sollen, Könige waren? Die Bibel weiß nichts davon; nach der Bibel waren es keine Könige, sondern Magier, d. h. Priester oder Weise. Was ist denn nun das Richtige?

Die Bibel weiß auch nichts von den Namen jener Drei; die katholische Kirche nennt sie Kaspar, Melchior, Balthasar; woher denn weiß sie das?

Die Hauptsache aber ist noch eine ganz andere. Die Kirche feiert die Erinnerung an die Ankunft der drei Magier oder „Könige", sie nimmt also für gewiß an, für geschichtlich wahr, daß diese drei aus dem Morgenland gekommen, weil sie, wie es in der Bibel heißt, den Stern des Messias gesehen, und sie glaubt also wirklich, daß dieser Stern vor ihnen hergegangen, ihnen den Weg gezeigt, und vor dem Hause stehen geblieben sei, wo der Messias geboren worden.

Meine Freunde! Wenn das die Kirche glaubt, so ist es ihre Sache, und sie mag es verantworten. Wenn sie aber verlangt, daß wir Alle das auch noch glauben sollen, wenn sie meint, das zu glauben sei uns Allen überhaupt noch möglich, dann irrt sie sich gewaltig. Ein Stern, der vor uns hergeht, ein Stern, der plötzlich über dem oder jenem Hause stehen bleibt, das ist kein Stern, wie sie es in Wirklichkeit sind, das ist ein Stern, wie nur die Phantasie sich einen einbilden kann. Dieser Stern ist, wie die ganze Erzählung von den drei Männern aus dem Morgenlande, — die überdies von allen vier Evangelisten nur ein einziger erzählt, — das Alles ist nicht wirkliche Geschichte, sondern fromme Sage, wie wir deren so viele im alten und neuen Testament, wie wir besonders am Anfang und Ende des Lebens Jesu, wie wir überhaupt im ganzen Alterthum und zumal im phantasiereichen Morgenlande sie zu Hunderten und Tausenden finden.

Nichts von dem Allen ist in Wirklichkeit geschehen, was haben wir also noch zu feiern, was soll uns der Dreikönigtag?

Wie mit diesem, so verhält es sich aber fast mit allen andern Feiertagen, auf die wir verzichtet haben, mit den Heiligen-, mit den Marientagen u. s. w. Wenn wir näher fragen nach ihrer Bedeutung, nach ihrer Veranlassung, nach den geschichtlichen Thatsachen, die ihnen zu Grund liegen, so bleibt in den meisten Fällen nichts übrig, als höchstens dasselbe, das heißt, eben so viel und eben so wenig, wie hier.

Ein andrer Hauptgrund aber, warum wir auf ihre Feier verzichten, ist dann noch der: Diese Sitte, viele Feiertage überhaupt
zu begehen, widerspricht ganz entschieden dem freien, hohen
Geist des Stifters des Christenthums selber. Hatten
doch schon die alten Propheten, Jahrhunderte vor ihm, dem feiertags-
süchtigen und auf äußerlichen Gottesdienst überhaupt versessenen
Volk vorwurfsvoll im Namen Gottes selber zugerufen: „Was
soll mir die Menge eurer Opfer? — Das Räuchwerk
ist mir ein Greuel. Der Neumonde und Festsabbathe,
da ihr zusammenkommt, und Mühe und Angst habt,
derer mag ich nicht. — Und wenn ihr schon eure Hände
zu mir ausstreckt, verberge ich doch meine Augen vor
euch, und ob ihr schon viel betet, so höre ich euch doch
nicht, denn eure Hände sind voll Blutes! Waschet,
reiniget euch, thut euer böses Wesen von meinen Augen,
lasset ab vom Bösen, lernet Gutes thun, trachtet nach
Recht, helft den Unterdrückten, schaffet den Waisen Recht,
und helfet der Wittwen Sache!“ (Jesaia 1, 11—17.)

Dieser nämliche, auf die Innerlichkeit der Religion bringende
Geist ist in noch viel höherem Grade der Geist Jesu. Das
Himmelreich kommt nicht mit äußeren Geberden“
(Luc. 17, 20); „das Himmelreich ist inwendig in euch“
(Luc. 17, 21); „ich habe kein Wohlgefallen an Opfern,
sondern an Barmherzigkeit“ (Mt. 9, 13); es werden
nicht Alle, die zu mir Herr, Herr rufen, in das Himmelreich kommen, sondern die den Willen thun meines
Vaters im Himmel“ (Mt. 7, 21); „des Menschen Sohn
ist ein Herr des Sabbath“ (Mc. 2, 28); „Gott ist ein
Geist, und die ihn anbeten, müssen ihn im Geist und in
der Wahrheit anbeten“ (Joh. 4, 24). Im nämlichen Sinn
ist auch das Wort gemeint, an das ich Eingangs erinnert habe:
„Es sei denn, daß ihr von Neuem geboren werdet, könnt
ihr das Reich Gottes nicht ererben!“ Es verlangt eines-
theils Entschiedenheit, charaktervolle Entschlossenheit, aber es weist
auch auf die einzige Quelle hin, aus welcher die bessere Zukunft
hervorgehen kann, auf das Innere des Menschen, auf Herz und
Gemüth, nicht auf irgend äußere Heil- und Heilsmittel.

An sich selber arbeiten, in sich gehen, sittlich neugeboren werden,
die Brüder lieben, die ganze Menschheit, — helfen, wohlthun,

10*

glücklich machen und dadurch selber glücklich und selig werden, das ist Jesus Religion, das ist seine ganze Religion, — Alles Andere ist Beiwerk, ist Nebensache, ist oft sogar Gefahr für sie.

Und das führt mich von selbst auf den letzten Grund, der uns bestimmt, die Zahl der Feiertage zu beschränken. Je mehr Feier= tage, desto mehr Tage, wo nichts gearbeitet, wo nichts verdient wird! Es ist was Schönes, was Erhebendes, um einen wahren Feier= tag, wo der Geist und das Gemüth durch große Erinnerungen ge= hoben werden, aber, die Hand aufs Herz, sind das unsre heutigen Feiertage, sind das alle? Ich glaube nicht zuviel zu behaupten, wenn ich sage, der Sinn der meisten ist dem Volk abhanden ge= kommen, und was ihm diese Feiertage allein noch lieb und werth macht, das ist nicht die Erinnerung, die sich an sie knüpft, das ist nichts Anderes mehr, als das süße Nichtsthun, das von der Religion gepflegte und geheiligte dolce farniente, und, was das Allerschlimmste, die rein sinnlichen Genüsse, vor Allem das Essen und Trinken, dem gerade an solchen Tagen doppelt und dreifach gefröhnt wird. So ist's dahin gekommen, daß diese Tage, welche ursprünglich bestimmt sind, dem Menschen einen höheren Auf= schwung zu geben, gerade das Gegentheil fördern und pflegen, rohen Sinnengenuß und dadurch geistige Erschlaffung. Und davon sehen wir gerade in den Ländern, wo die Feiertage nach Hunderten zählen, wo diese Feiertags=Religion in allerhöchster Blüthe steht, in Italien, in Spanien, die abschreckendsten Beweise. Wo sind die wenigsten betriebsamen, gewerbsamen, im Schweiß ihres Angesichts schaffenden Menschen? Wo sind die wenigsten tüchtigen Arbeiter, Fabriken, industrielle Unternehmungen? Wo anders, als da, wo fast alle andern Tage die Glocken zusammen läuten und um der vermeinten Seligkeit im Himmel willen die Gläubigen nichts anderes in die Hand nehmen, als ihr Gebetbuch oder ihren Rosenkranz.

Ich frage aber, ist das unsre Bestimmung? ist das unsre Aufgabe als Menschen? Ich frage, ist der Armuth, der Noth, des Elends, der Verdienstlosigkeit nicht schon genug vorhanden? Dürfen wir sie noch vermehren, vergrößern und fortpflanzen durch diese wahre Unzahl von Feiertagen, d. h. von Tagen, wo nichts ge= arbeitet, also auch nichts verdient, und was das Schlimmste ist, wo die Meinung gehegt und verbreitet wird, daß dieses Nichtsthun Religion sei, daß mit diesem Nichtsthun wir uns den „Himmel" verdienen?

Erst Brod und Verdienst, erst leben, wie es Menschen ziemt, nicht nagend am Hungertuch, sondern in Maß und Zucht und verdienstvoller Arbeit des Lebens sich freuen, dann erst kommen die Feiertage, dann erst können auch wir vielleicht uns noch verstehen, einen oder den andern Feiertag mehr zu halten, als wir es jetzt vor unserem Gewissen, vor unsrer bessern Ueberzeugung verantworten könnten! —

Man hat uns nun aber, und zwar gerade mit Rücksicht auf Oesterreich außer diesem Rath, mehr Feiertage zu begehen, auch namentlich noch den andern gegeben, wir sollten doch aus dem katholischen Gottesdienst einen Brauch, wenigstens eine Zeitlang noch, beibehalten, denjenigen, welcher geeignet sei, durch seinen feierlichen Pomp am meisten auf das Gemüth zumal des ungebildeten Volkes zu wirken, die „heilige Messe".

Auch über diesen Punkt lassen Sie mich meine persönliche Ueberzeugung offen, und ohne Rückhalt aussprechen.

Diejenigen, welche uns diesen Rath ertheilen, sind selbst nicht einverstanden mit der Art und Weise, wie die Messe in der katholischen Kirche begangen wird, sie wollen, daß eine Aenderung vorgenommen werde, sie halten eine solche für schlechterdings nothwendig, weil sie zugeben, daß, trotz des dabei entfalteten äußeren Pompes, doch nicht die Wirkungen von der Messe aufs Volk ausgehen, wie sie dieselben wünschen.

Nach ihrer Meinung aber brauchte diese Aenderung in nichts Weiterem zu bestehen, als in der Abschaffung der lateinischen Sprache, und der Uebersetzung des Inhaltes ins Deutsche, weil der Hauptmißstand eben darin zu suchen sei, daß das Volk die lateinische Sprache nicht verstehe. Man setzt also voraus, daß der Inhalt der vorkommenden Gebete und Gesänge, daß der Grundgedanke der Messe überhaupt nichts enthalte, woran unser Volk, woran wenigstens die Denkenden im Volke Ursache hätten, Anstoß zu nehmen.

Was ist aber der Grundgedanke der ganzen Messe, was ist ihr eigentlicher Sinn, ihre Bedeutung?

Ich gebe gerne zu, daß sogar für manchen Denkenden und Gebildeten das Anhören einer Messe in musikalischer Beziehung ein hoher Genuß sein kann, insofern außer den herkömmlichen Melodien, welche dabei gesungen werden, sehr oft Meisterstücke der Tonkunst, aus älterer und neuerer Zeit dabei aufgeführt werden. Wen ergriffen sie nicht die gefühl= und harmonievollen Töne eines Palestrina, eines Lotti, eines Mozart!

Ich gebe ebenso zu, daß umwogt und umrauscht von diesen weihevollen Tönen manche nach Frieden ringende Seele zu hoher Andacht sich aufschwingt, und segenerfüllt die Hallen der Kirche verläßt.

Aber ich frage Jeden, der hier Erfahrung hat, ist es der eigentliche Grundgedanke der Messe, von welchem diese Einwirkungen auf die Gemüther ausgehen, oder ist es nicht diese herrliche Musik für sich allein schon? Ich frage, ist Mozarts Requiem weniger schön, groß und ergreifend, wenn es im weltlichen Saale, als wenn es in der Kirche während der Messe aufgeführt wird?

Ja, ich gehe weiter und frage, wird dem denkenden Menschen dieser hohe musikalische Genuß nicht geradezu gestört und zerstört, wenn wir uns dabei fragen, was denn diese Messe, welche durch solche Tonwerke verherrlicht werden soll, was diese Messe in Wahrheit eigentlich bedeutet?

Bedeutet die Messe nicht ein Opfer, und was für eines? Das blutige Opfer, das Jesus durch seinen Tod auf Golgatha zur Sühne des göttlichen Zornes dargebracht, zur Ver= söhnung der sündebeladenen Menschheit, — dieses einmal dar= gebrachte blutige Sühnopfer, das soll durch die Messe, wie man sagte in „unblutiger Weise" zur fortbauernden Versöhnung der Mensch= heit mit Gott wiederholt werden!

Und wie wird es wiederholt? Die Hostie wird durch das Gebet des Priesters in übernatürlicher Weise kraft seiner göttlichen Vollmacht, wirklich und leibhaftig verwandelt in den Leib Christi, und dieser durch Priestergebet erzeugte Christusleib wird, so oft es nur gewünscht, und so oft es mit Geld be= zahlt wird, als das unblutige, stellvertretende Opfer für unsre Sünden, — auch für die Sünden längst Todter in den Seelen= messen, zu ihrer Erlösung aus dem Fegfeuer — auf dem Altar dargebracht!

Die Messe ist also in Wahrheit gar nichts Anderes, als eine täglich sich wiederholende Verwandlung von Mehl und Wasser in den wirklichen Leib Christi, zur Entsühnung von unsern Sünden, und diese sogenannte Opferung und Entsühnung kann alle Tage, und jeden Tag mehreremal, so oft es verlangt und bezahlt wird, durch Priester wiederholt und vorgenommen werden.

Und das sollen wir im Ernste glauben? Das sollen wir heute noch im neunzehnten Jahrhundert glauben, wo wir zwar wissen, daß sich das Wasser in Dampfkraft, das Mehl in Fettstoff ver= wandelt, daß aber keine Macht der Welt und der allmächtige Gott selber nicht das aus Wasser und Mehl gebackene Stückchen Hostie in einen menschlichen Leib verwandeln kann!

Das soll ein Glaube, eine Vorstellung sein, an welchen wir, an welchen die Denkenden im Volk gar keine Ursache haben, Anstoß zu nehmen?

Frage man doch, wie viele im Volk, im katholischen Volk dennoch Anstoß daran nehmen! Frage man, wie wenige mehr aus vollem Herzen diesen Glauben theilen! Ja, frage man, wie wenige von denen selbst, welche sich die Messe nicht nehmen lassen, über= haupt wissen, um was es sich dabei eigentlich handelt!

Es wäre doch auch in der That eine der größten Beleidigungen der Menschheit, anzunehmen, daß heutzutage es noch Viele giebt, welche es wissen, und welche wissentlich dieser von Priesterhand vollzogenen „Opferung Christi" als einer wahrhaftig religiösen Handlung beiwohnen!

Und wo ist denn schließlich in der Bibel auch nur die leiseste Spur davon, daß Jesus selbst irgendwie eine solche Ceremonie, ein solches Sakrament angeordnet, ja nur für möglich gehalten hätte? Steht nicht vielmehr im Brief an die Hebräer ausdrücklich und mit dürren Worten, als sollte einer solchen späteren Glaubensentstellung vorgebeugt werden: „Christus ist nicht eingegangen in das Heilige, so mit Händen gemacht ist, sondern in den Himmel selbst; — auch nicht, daß er sich oftmals opfere, gleichwie der Hohepriester gehet alle Jahre in das Heilige mit fremdem Blut; — am Ende der Welt ist er ein einzigmal erschienen, durch sein eigenes Opfer die Sünde aufzuheben; — Christus ist einmal geopfert u. s. w. (Ebr. 9, 24—28).

Was hier die Bibel den Priestern und Hohenpriestern des da= maligen Judenthums entgegenhält, das halten wir heute mit dem= selben Recht den römischen entgegen! Die Bibel weiß nichts von einem solchen durch Priester zu wiederholenden Opfer, nichts von Priestern zu vollziehender Wandlung, — das neue Testament,

b. h. Jesus selber, weiß ja überhaupt von „Priestern" nichts, als einem besondern Stande.

Es war erst im Jahr 1215, wo der Glaube an diese „Wandlung" oder die „Transsubstantiation" zum Kirchenglauben erhoben wurde.

Kann man nach Allem dem im Ernst von uns verlangen, oder auch nur uns den guten Rath geben, wir sollten trotzdem die Messe als eine heilige Handlung, wenigstens als ein Mittel, auf das Volk zu wirken, das Volk an uns zu ziehen, beibehalten? Ich glaube nicht. Nachdem wir selber einmal unsre Ansicht von der Messe haben, nachdem wir selber in ihr eine vollständige, himmel= schreiende Veräußerlichung der Religion erblicken, eine kirchliche Handlung, durch welche die wahre, auf Innerlichkeit beruhende Religion verleugnet, und ihrem eigentlichen Sinn noch zur Verherr= lichung des Priesterthums herabgewürdigt wird, wäre es nicht Lüge und Heuchelei, wenn wir aus irgend welchen Rücksichten sie dennoch beibehalten würden.

Es können uns darum nur Diejenigen dazu rathen, welche, wie ich Eingangs gesagt, das Bedürfniß einer Reform zwar mit uns theilen, welche aber den Muth nicht haben, grundsätzlich, folgerichtig, entschieden vorzugehen. Mögen sie immerhin durch Rücksicht, wie sie sagen, auf die Schwächeren im Volke dabei ge= leitet werden; wir geben zu, daß es Vielen von diesen zu viel zu= gemuthet wäre, sofort und so ohne weiteres auf die Messe und auf alle die gewohnten Feiertage verzichten zu sollen, aber wir denken ja auch nicht daran, und können nicht daran denken, diese zu uns herüber zwingen zu wollen. Mögen Alle, denen die Messe und die vielen Feiertage wahres Bedürfniß, oder auch nur eingebildetes sind, mögen sie dieselben nach wie vor feiern; wir leugnen ja auch nicht, daß sie für Manchen von diesen Mittel zu wirklicher Andacht sein können; aber wir haben unsrerseits vom Volke doch auch wieder den bessern Glauben, daß Viele, auf welche die sogenannten Ge= bildeten gerne von oben herunter sehen, daß sie längst über den wahren Werth der Messe und der vielen Feiertage mit sich im Reinen sind, daß sie mit Freuden eine Reform begrüßen, welche es wagt, auf dieselben zu verzichten.

Es wäre auch etwas ganz Anderes, wenn wir zum erstenmal seit ihrer Einführung gegen diese Dinge protestirten; aber es sind ja schon über dreihundert Jahre her, daß Luther und seine Mit= streiter, ja sogar vor ihnen schon viele Andere dagegen aufgetreten, und daß namentlich die ganze protestantische Kirche die Messe, wie einen großen Theil der alten Feiertage abgeschafft hat. Sollen wir hinter der damaligen Zeit und ihrem Muthe, ihrer Entschlossenheit zurückbleiben? Sollen wir heute, wo wir in Stand gesetzt sind, noch viel gründlicher und vorurtheilsfreier die kirchlichen Einrichtungen der Vergangenheit zu beurtheilen, — wo wir so gründlich darüber belehrt sind, welchen hemmenden Einfluß auf die Pflege wahrer, innerlicher Religiosität so manche von ihnen Jahrhunderte lang ausgeübt haben, sollen wir heute, wo die Aufklärung in viel größere Kreise und in viel tiefere Schichten hinunter gedrungen ist, vom Volke geringer denken, ihm weniger Verstand, weniger Einsicht, weniger Muth und Entschlossenheit zutrauen, als vor dreihundert Jahren? Das sei ferne von uns!

Lassen Sie uns darum, unbeirrt durch die Rathschläge der Aengstlichkeit und der Unentschiedenheit in der begonnenen Weise voranschreiten! Lassen wir Jedem, der von uns nichts wissen will, seine Art, und seinen Glauben; hüten wir uns, irgend einen unsrer Mitmenschen, der andrer Ansicht ist, die unsere aufdrängen oder aufzwingen zu wollen! Aber lassen wir uns auch nicht abhalten, was wir als das Bessere, als die höhere Wahrheit erkannt, offen und ohne Scheu auszusprechen, offen und ohne Scheu in unserem engeren Kreise wenigstens ins Leben einzuführen! Und vertrauen wir schließlich der alten Erfahrung, daß in solchen Zeiten des Uebergangs, der Reformen, halbe Maßregeln wohl von einer gewissen Seite gewünscht und gierig ergriffen werden, daß aber der endliche Sieg nur der vollen Entschiedenheit zu Theil wird, der Entschiedenheit, welche den Muth hat, den „neuen Wein in neue Schläuche" zu fassen, oder mit andern Worten, welche den alten Wahlspruch auf ihr Banner geschrieben hat: „Es sei denn, daß ihr von Neuem geboren werdet, könnt ihr das Reich Gottes nicht ererben!"

11. Rom und die Bibel.

(14. Januar 1849.)

Ueberzeugt von unserm guten Rechte und unbehelligt von der Regierung des Landes haben wir bisher unser Gemeindeleben gepflegt, unsre Versammlungen gehalten, unsre Grundsätze offen und ohne Rückhalt vor aller Welt ausgesprochen. Wem es um Wahrheit ernstlich zu thun war, wer sich vergewissern wollte von dem eigentlichen und wirklichen Ziel unsrer reformatorischen Bestrebungen, dem stunden unsre Versammlungen offen, dem gaben auch die Schriften Aufschluß, welche im Interesse unsrer Sache veröffentlicht wurden. Um so schmerzlicher muß es uns berühren, wenn wir sehen, daß seit einigen Tagen, ausgehend von unsern Gegnern, eine Eingabe an die kaiserliche Regierung zur Unterschrift von Hand zu Hand getragen wird, eine Eingabe, in welcher unsre heiligsten Bestrebungen entstellt und ins Gegentheil verkehrt werden, und auf Grund welcher verleumberischer Beschuldigungen die Regierung geradezu aufgefordert wird, gewaltsam gegen uns einzuschreiten.

In dieser Eingabe, welche ich selbst gelesen habe, wird zunächst das „Gubernium von Steiermark", und wenn dieses sich nicht dazu ermächtigt fühle, „das hohe Ministerium" selber angegangen, den Prediger Ronge, der beiläufig gesagt, längst abgereist ist, und mich „aus Stadt und Land zu entfernen", und als Gründe dieses Verlangens wird, wie es wörtlich heißt, angegeben, weil wir „Prediger des Hochverraths, Verkünder der communistischen Lehre des Diebstahls, Raubes und Mordes", weil wir „durch das Aufbringen unsrer Lehren alle Ehre verständiger und sittlicher Bürger raubende Menschen" seien!

Ich sagte, es muß uns schmerzlich berühren, auf solche Weise verleumdet zu werden, aber noch niederschlagender ist der Gedanke, daß Diejenigen, welche sich nicht entblöden, zu solchen Verleumbungen zu schreiten, im Wahne sind, dem Staat und der Religion dadurch einen Dienst zu leisten!

Wo hat Ronge oder ich seit Gründung der hiesigen Gemeinde, oder wo haben wir vorher in den Versammlungen der Schwestergemeinde in Wien, wo überhaupt hat einer von uns „Hochverrath" gepredigt?

Wo habe ich oder einer von uns selbst da, wo es sich vor der Gründung der hiesigen Gemeinde in den Kreisen gesinnungsverwandter Männer um politische Fragen handelte, ich sage, wo habe ich selbst da auch nur ein einziges Wort gesprochen oder gar eine Handlung begangen, welche den Namen „Hochverrath" verdiente? Wenn ich Partei ergriffen, — und das habe ich im Gefühl meines Rechtes als Deutscher! — so war's die Partei der Männer, welche das Vertrauen des Volkes zum höchsten Ehrenamt, zu seinen Vertretern im Reichstag gewählt! Will man diese Männer heute Hochverräther nennen, dann allerdings bin ich es auch!

Wo ferner habe ich oder einer von uns auch nur zum leisesten Verdacht Anlaß gegeben, als predigten wir, wie's in der Eingabe heißt, Communismus, Diebstahl, Raub und Mord?

Und wo habe ich oder einer von uns unsre Ueberzeugung irgend Jemand, wo haben wir sie aufgedrängt? — Es giebt freilich heutzutage Viele, die schon bei dem Wort „Freiheit" zu Tod erschrecken, aber sie vergessen, daß die Religion des Christenthums selbst mit diesem rühmlichen Losungswort vor achtzehnhundert Jahren auf den Kampfplatz trat, und daß nur in diesem Zeichen es über die Bevormundung der Geister durch jüdische wie heidnische Priester gesiegt hat! „Der Herr ist der Geist, wo aber der Geist des Herrn ist, da ist Freiheit!" „So bestehet nun in der Freiheit, damit euch Christus befreit hat, und lasset euch nicht wieder in das knechtische Joch fangen!" (2. Cor. 3, 17. Galat. 5, 1.)

Es giebt ebenso Viele, die von einer sittlichen, über das bloße Almosengeben hinausgehenden Verpflichtung des Reichen gegenüber dem Armen nichts wissen wollen, nichts von dem Grundsatz der Brüderlichkeit; aber sie vergessen, daß dieser Grundsatz wieder einer der ursprünglichsten Gedanken des Christenthums ist, welches wiederholt und oft in der schneidendsten Weise den Reichen ins Gewissen redet, sofern sie kein Herz, kein

Gefühl für ihre weniger begünstigten Mitmenschen haben. „Willst du vollkommen sein, so gehe hin, verkaufe was du hast und gieb deine Habe den Armen." „Wehe euch Reichen, ihr habt euern Lohn dahin! Wehe euch Schwelgern, ihr werdet hungern! Wehe euch, die ihr jetzt lacht, denn ihr werdet trauern und weinen!" (Matth. 19, 21. Luc. 6, 24. 25.)

Das sind Worte der Bibel, aber diese Bibel und gerade das Beste in ihr, ihr bester Geist, das sind eben leider für viele Tausende der heute Lebenden unbekannte, vergessene Dinge! Daß die Bibel auch vom Fasten, vom Händeauflegen, von der Hölle und vom Teufel spricht, das wissen diese frommen und auf ihre Frömmigkeit stolzen Christen ganz gut; aber daß dieselbe Bibel von Freiheit, von Brüderlichkeit, von der Gleichheit aller Menschen spricht, davon wissen sie nichts, oder wollen nichts davon wissen.

Und wenn wir's recht bedenken, so trifft die eigentliche Schuld für dieses Nichtwissen, für diese Unkenntniß des wahren Inhaltes der Bibel die vielen Tausende, von denen ich spreche, noch am wenigsten, die eigentliche Schuld trifft vielmehr Jene, deren erste Pflicht es gewesen wäre, das Volk mit diesem Buche und wenigstens seinen besten Gedanken bekannt zu machen, jene, deren ausschließ= licher Leitung in Sachen der Religion das Volk seit Jahrhunderten sich anvertraut hatte; die eigentliche Schuld trifft die Geistlich= keit, die Priester, die Kirche, und ganz besonders die Kirche von Rom. Sie hat dem Volke die Bibel absichtlich vorent= halten; sie hat das aber nicht nur deswegen gethan, weil das Volk nicht im Stande sei, sie ohne Hilfe der Kirche, ohne ihre Auslegung recht zu verstehen, sie hat es gethan, weil sie mit Recht fürchten mußte, wenn das Volk hinter die Wahrheiten komme, die in der Bibel stehen, daß es dann mit dem blinden Gehorsam des Volkes gegenüber der Kirche und ihren Priestern zu Ende gehe! Wer daran zweifeln wollte, der lese die Geschichte! Wir aber wollen heute — indem wir mit ruhigem Gewissen abwarten, welchen Erfolg die gegen uns eingereichte Denunziation haben wird, — wir wollen aus dieser Geschichte wenigstens einige der hauptsächlichsten Beweise für diese Behauptung uns heute ins Gedächtniß rufen, damit sie uns von der großen Schuld Derjenigen überzeugen, welche es zuletzt allein zu verantworten haben, daß das Volk, fast seinem größeren Theile nach, so wenig von der Bibel weiß, daß seine Religion und seine ganze Denkweise überhaupt in so vielen Punkten sich von den Wahrheiten der Bibel nicht nur entfernt hat, sondern geradezu mit ihnen im schneidendsten Widerspruch steht.

Die Entfernung und Entfremdung der Religion von den Wahrheiten der Bibel beginnt schon in den ersten Jahrhunderten des Christenthums. Ich sage ausdrücklich „von den Wahrheiten der Bibel;" denn darüber, daß das Christenthum oder die christ= liche Kirche im Lauf ihrer Entwickelung irrige, verkehrte An= sichten der Bibel preisgegeben hat, darüber wird kein Vernünftiger ihr einen Vorwurf machen. Die Entfremdung von ihren Wahr= heiten aber trifft sie als harter Vorwurf, und diese Entfremdung sehen wir sowohl in Sachen des eigentlichen Glaubens, als ihrer Ceremonien und ihrer Verfassung.

In Sachen des Glaubens hat die Kirche seit ihren frühesten Zeiten schon gewisse Glaubensätze, Dogmen aufgestellt, welche nicht nur der Vernunft widersprechen, sondern von denen auch die Bibel nichts weiß. Ich erinnere nur an die furchtbare Lehre von der sogenannten Erbsünde, wie sie von der Kirche allmählich aus= gebildet und festgestellt wurde und welche uns nicht nur lehrt, daß von Adam her die Sünde sich auf alle Menschen vererbt habe, wie es allerdings auch in der Bibel steht, sondern daß in Folge jenes ersten Sündenfalles alle Menschen sich im Zustand gänzlicher Verderbtheit befänden, aus welchem sie nie und nimmer durch eigene Kraft, sondern einzig und allein und nur nach der Vor= herbestimmung Gottes, durch die übernatürliche Kraft der durch Jesu Tod bewirkten Erlösung befreit werden könnten, von der die ganze Bibel in dieser furchtbaren Schroffheit nichts weiß. Ich erinnere an die Dreieinigkeit, welche die Bibel nicht kennt, da die einzige Stelle, auf die man sich beruft, erst später fälschlicher= Weise eingeschoben ist, an die Erhebung Jesu zur sogenannten zweiten Person in der Gottheit, an die Lehre, daß er zwei vollständig getrennte Naturen gehabt, eine göttliche und eine mensch= liche; zwei Willen, einen göttlichen, und einen menschlichen; an die furchtbare Lehre, daß der Zorn Gottes nur gesühnt werden konnte, indem er das Blut seines eigenen Sohnes, des Gottmenschen fließen sah u. s. w., Lehren, von welchen allen die Bibel in dieser späteren kirchlichen Ausbildung nichts weiß.

Ebenso wenig weiß sie, was die Ceremonien, kirchlichen Gebräuche überhaupt betrifft, von der Taufe kleiner Kinder, von der Messe, als einer unblutigen wiederholten Opferung Jesu, von Wallfahrten, von Reliquien, vom Beichtstuhl, vom Ablaß u. s. w.

Und noch weniger weiß die Bibel, sofern sie uns von dem berichtet, was Jesus selbst gelehrt und gewollt hat, etwas und will etwas wissen von der ganzen Verfassung, welche im Lauf der Zeit die Kirche sich gegeben hat, nichts von einem besondern Priesterstand, nichts von den ihm untergeordneten Laien, nichts von der Herrschaft der Bischöfe, nichts von der Ober= herrschaft oder Alleinherrschaft eines Papstes.

Das Alles ist im Lauf der Zeit durch das Zusammenwirken der verschiedensten Ursachen so gekommen, und nicht den wenigsten Antheil daran hat der Hochmuth und die Anmaßung gehabt, welche nur zu frühe schon der sogenannten Diener der Religion sich be= mächtigt haben, aber in der Bibel steht nichts davon.

Kein Wunder, daß die Kirche und ihre Diener nichts mehr wünschen mußten, als daß das Volk, d. h. die Heerde der Gläubigen so wenig als möglich mit dieser Bibel Bekanntschaft mache; die Bibel war zum bösen Gewissen der Kirche geworden.

So kam es ganz natürlich, daß sie zwar nichts dagegen hatte, wenn die in der Kirche eingeführte lateinische Uebersetzung, die sogenannte Vulgata, dem Volk in die Hände kam, denn es ver= stand sie nicht; aber die Kirche eiferte schon früher mit aller Macht dagegen, daß diese lateinische Bibel in die einzelnen Landes= sprachen übersetzt und es dadurch dem Volk erleichtert werde, hinter ihr Verständniß zu kommen.

Daher erließ Papst Gregor VII. im Jahre 1080, als ihn Herzog Wratislaw ersucht hatte, in seinem Lande den Gottesdienst und mit ihm die Bibel in slavonischer Sprache zu gestatten, ein ausdrückliches Verbot, indem er geradezu als Hauptgrund an= gab, das Lesen der Bibel in der Landessprache bringe die Gefahr mit sich, daß sie von Nichteingeweihten falsch verstanden und da= durch Urheberin ketzerischer Irrthümer werde.[*]) Aehnlich äußerte sich Innocenz III. im Jahr 1199 in einem Schreiben an die Gläubigen in Metz, indem er überhaupt vor der unstatthaften Auslegung der

---

[*]) Mansi XX. 296. lib. VII. cp. II. ad Vratisl. Bohem. Reg.

Bibel durch solche warnt, welche nicht von der Kirche dazu beauf=
tragt sind; er vergleicht die Bibel mit dem Berg Sinai, dessen
Berührung zumal den Thieren verboten war bei Strafe der
Steinigung, und meinte, es sei ganz dasselbe, wenn der Erste Beste
sich anmaße, die Bibel in die Hand zu nehmen und sie aus=
zulegen.*)

Noch weiter aber ging in dieser Beziehung das Kirchen=
concil in Toulouse im Jahre 1229, auf welchem die Ver=
treter der Kirche, d. h. die Bischöfe mit dürren Worten erklärten:
„Wir verbieten, daß die Laien im Besitz der Bücher des alten oder
neuen Testamentes seien, mit Ausnahme der Psalmen, und aufs
schärfste untersagen wir, daß sie diese vorgenannten Bücher in vul=
gärer Uebersetzung haben.**)

Ja, es kam zuletzt dahin, daß schon der einfache Besitz solcher
Bibelübersetzungen in der verständlichen Landessprache a l s B e w e i s
von Ketzerei erklärt wurde. Es geschah das auf dem Concil,
welches im Jahre 1234 ebenfalls in Südfrankreich, in Tarraconne
gehalten, und auf welchem der folgende Beschluß gefaßt wurde:
„Wir befehlen, daß Niemand die Bücher alten oder neuen Testa=
mentes in der romanischen Sprache haben darf. Wenn jemand sie
hat, so muß er sie binnen acht Tagen, von diesem unserm Be=
schlusse an gerechnet, dem Bischof seines Sprengels übergeben, daß
sie verbrannt werden; thut er das nicht, einerlei ob Geistliche oder
Laien, so ist er so lange der Ketzerei verdächtig, bis er sich von
ihrem Verdacht gereinigt hat:"***)

Da war es selbstverständlich, daß unter dem furchtbaren Druck,
der in jenen vergangenen Zeiten noch mehr als heute von der
Hierarchie auf die Völker ausgeübt ward, der wirklich größte Theil
der Gläubigen sich von solchen Verboten einschüchtern ließ, und in
Folge dessen vom eigentlichen Inhalt der Bibel so viel wie nichts
wußte.

Wie groß dieser auf den Geistern lastende Druck aber war,
und zu welchen Gewaltmaßregeln die Kirche zu greifen sich nicht
scheute, das sehen wir noch deutlicher da, wo wirklich Einzelne oder
einzelne Parteien es wagten, dem Verbot der Kirche Trotz
zu bieten.

*) Innoc. III. lib. II. cp. 141. ad. universos Christ. in urbe Metensi u. s. w.
**) Conc. Tolos. cap. 14.
***) Conc. Tarraconn. cap. 2.

Unter diesen stehen der Zeit nach in erster Reihe die kühnen Waldenser und Albigenser. Sie wollten sich nicht nur die Bibel in ihrer Sprache nicht nehmen lassen, sondern sie begannen auch auf Grund dessen, was sie zu ihrem großen Erstaunen in dieser Bibel fanden, einen Kampf gegen die Mißbräuche, die sich im Widerspruch mit der Bibel und dem ersten Christenthum in der Kirche seit Jahrhunderten eingeschlichen. Sie klagten auf Grund der Bibel die Hierarchie an, daß sie nur für die Priester das Recht der Predigt in Anspruch nehme; sie verlangten es als ein gemeinsames Recht des allgemeinen Priesterthums für Alle ohne Unterschied, auch für die Laien. Sie klagten die Kirche und ihre ganze beamtenmäßige Rangordnung und Verfassung, ihre Herrschsucht, ihre Prunksucht, ihre Verweltlichung, sie klagten sie an als eine Entstellung und Verkehrung des ursprünglichen einfachen und armen Gemeindelebens und des Ideales, wie es Jesus selber vorgeschwebt. Sie klagten darum vor Allem die Geistlichkeit an wegen ihres Hochmuths, ihrer Verborbenheit, ihrer Lüderlichkeit und Heuchelei. Sie verwarfen zuletzt, nachdem das schroffe Entgegentreten Roms, und der Bann, der über sie verhängt worden war, sie in ihrem Kampfe für Wiederherstellung des Christenthums in seiner apostolischen Reinheit noch bitterer und entschlossener gemacht, sie verwarfen zuletzt eine ganze Menge der wichtigsten Glaubensätze und Ceremonien der Kirche. Sie verwarfen die Dreieinigkeit, die Gottheit Christi, die Erbsünde, die Kindertaufe, die Priesterweihe, das Cölibat, die Wandlung in der Messe, die Beichte, den Ablaß, die Absolution, die Wallfahrten, die Reliquien, das Fegfeuer, die letzte Oelung, die Seelenmessen, die Auferstehung des Leibes; sie verwarfen überhaupt das ganze Priesterthum als bevorzugten Stand, die Lehre einer „allein wahren" Kirche und den Papst an ihrer Spitze, und das Alles thaten sie, indem sie sich einfach auf die Bibel beriefen und nachwiesen, sonnenklar nachwiesen, daß von dem Allen nichts, oder so viel wie nichts in der Bibel stehe, ja daß es mit dem ersten und ursprünglichen Geist des Christenthums, wie er aus der Bibel uns entgegentritt, im schreiendsten Widerspruch stehe.

Das war freilich Rom und der Kirche gegenüber der Kühnheit zuviel und sie haben's schwer büßen müssen, diese freien Seelen vergangener Jahrhunderte! Rom hat ihnen gegenüber gezeigt, daß es Ernst zu machen entschlossen ist mit seinem Bibelverbot, Ernst mit seinen Drohungen gegenüber Denen, welche es wagen, die Bibel nach eigenem Sinn auszulegen, nicht wie die Kirche es ihnen vorschreibt. Sie kennen die Verfolgungen, welche über die Wal= benser und Albigenser verhängt wurden; sie kennen die kannibalischen Martern, durch welche Tausende von ihnen im Namen der Religion und zur Ehre Gottes auf Befehl seines „Stellver= treters" in Rom getödtet, erwürgt, erstickt und verbrannt wurden.

Und wie die Kirche an diesen ein warnendes Beispiel aufzu= stellen gesucht hat, so hat sie's wiederholt, so oft ähnliche Be= strebungen ihr entgegentraten, so oft auch in den nachfolgenden Zeiten, ja bis zur heutigen Stunde man wagte, den Lehren und Gebräuchen der Kirche die Bibel gegenüber zu stellen. Ich er= innere nur noch aus jenen früheren Jahrhunderten an die kühnen Nachfolger der Albigenser und Walbenser, an einen Segarelli und Dolcino in Italien, an Wycliff in England, an Huß in Deutschland! Die beiden Italiener hatten es, wenn auch in theilweise sehr schwärmerischer Art, unternommen, die durch Macht und Reichthum verweltlichte Kirche an die Bibel zu mahnen, an die apostolische Armuth oder wenigstens Einfachheit der ersten Zeit des Christenthums, wie sie in ihr erzählt ist; die Kirche ant= wortete, indem sie den einen mit seinen Anhängern in offener Feldschlacht erschlug, den andern verbrannte.

Wycliff hatte mit der entschlossenen Ruhe eines charakter= festen Gelehrten erklärt, daß nur in der Bibel Gewißheit über das zu holen sei, was wir zu glauben haben, und wie die ganze Kirche müsse eingerichtet sein; auf Grund der Bibel hatte er daher gegen das Papstthum, gegen seine Bannflüche, gegen Mönchthum, Fegfeuer, Ohrenbeichte, Ablaß, Bilder= und Heiligendienst geeifert; auf Grund der Bibel hatte er behauptet, die weltliche Herrschaft des Papstes käme ihm ursprünglich gar nicht zu, Priesterthum und Sakramente seien nicht unumgänglich nothwendig zur Seligkeit, Christus sei in der Hostie nicht wirklich vorhanden u. s. w. Die Kirche antwortete ihm, indem die Synode zu London im Jahre 1382 alle diese Lehren als ketzerisch verwarf und ihn als Professor an der Universität absetzte.

Und Huß, der unmittelbar in seine Fußstapfen trat, und ebenfalls auf die Bibel sich berufend hauptsächlich die Mißbräuche des Papstthums bekämpfte, die Bevormundung der Ge= meinden, die Ueberhebung des höheren Clerus, die Nothwendigkeit

eines Papstes, das Klosterleben, den Ablaß u. s. w., ihn hat die
Kirche dafür büßen lassen, indem sie ihn auf dem Concil zu Konstanz in den Flammen des Scheiterhaufens erstickte, und seine Anhänger in einer Reihe der blutigsten Religionskriege vernichtete.

So hat es die Kirche mit denen gehalten, welche dem Bibelverbot sich widersetzten, und die mit den Reformen Ernst machen
wollten, die sich aus der einfachen Vergleichung der Kirche mit der
Bibel ergeben. Sie wußte, daß das Bibellesen auf den Gedanken
der Nothwendigkeit solcher Reformen hinführen müsse, sie verbot
darum die Bibel in der Landessprache und wer sich ihr dennoch
widersetzend auf solche Reformen drang, den erdrückte sie mit
eiserner Hand.

Trotz alledem ist ihre Absicht, durch Vorenthaltung der Bibel
dem Volk die Möglichkeit einer Vergleichung der Kirche mit dem,
was der große Märtyrer von Golgatha gewollt hat, zu benehmen,
überhaupt ihr großartig angelegter Plan allgemeiner Darnieder-
haltung des forschenden, vergleichenden und selbstständig prüfenden
Geistes nicht für alle Zeit gelungen! Er ist nicht gelungen
selbst damals, wo ihre mit dem Kruzifix geschmückten Söldner, wie
einst die Legionen der Römer mit ihren Adlern, alles selbstständige
Denken und Leben darniedertreten konnten, ohne daß eine ebenbürtige Macht vorhanden gewesen wäre, die ihrem freiheittödten-
den Geistesdespotismus Einhalt geboten hätte; er ist aber noch
weniger gelungen von der späteren Zeit an, wo mit dem Wieder-
aufleben der Wissenschaft, beginnend in Italien, und mit dem durch
sie neu entflammten Forschergeist, eine Gegenmacht sich zu erheben
begann, welche die vorher mehr vereinzelten Reformvorlagen auf
Grundlage der Bibel noch durch außerbiblische, in der allgemeinen
Menschennatur überhaupt liegende Gründe verstärkte.

Diese ebenbürtige Gegenmacht erhob sich zumal seit dem
fünfzehnten Jahrhundert, als Männer voll tiefster Gelehr-
samkeit sich mit der Bibel und besonders der Herstellung ihres
richtigen Textes in der Ursprache zu beschäftigen anfingen, als ein
Laurentius Valla und Erasmus den des neuen, ein
Reuchlin den des alten Testamentes verbesserten, als Jacob
Faber die vielen Fehler der bisher allein in der Kirche geltenden
lateinischen Uebersetzung, d. h. der Vulgata nachwies und dafür
flüchtig in Frankreich umherirrte. Diese Männer waren es besonders, welche das ohnedies längst erwachte Verlangen des Volkes

nach dem Besitz und dem rechten Verständniß der Bibel noch ver-
mehrten, zugleich aber auch die Möglichkeit verschafften, daß ihm
endlich eine Uebersetzung geboten werden konnte, welche den An-
sprüchen der damaligen Zeit und Wissenschaft entsprach.

Nachdem bereits vierzehn verschiedene sehr mangelhafte voraus-
gegangen waren, erschien im Jahr 1534 die Uebersetzung der ganzen
Bibel von Luther, unterstützt von Melanchthon, von welcher,
trotz ihrer vielen Fehler im Vergleich zu den Resultaten heutiger
Wissenschaft, doch mit vollstem Recht gesagt werden kann, daß sie
ein „Meisterstück deutscher Sprache und deutschen Gemüthes" war.

Der römischen, bis dahin allein herrschenden Kirche gegenüber
war sie aber noch viel mehr; sie war das große Zeughaus, aus
welchem das nach einer Reform an Haupt und Gliedern längst
schmachtende Volk sich die geistigen Waffen holte, um diese Reform
von sich aus endlich durchzuführen, und diesen Waffen folgte um
so schneller der Sieg, als gerade zur selben Zeit auch die Buch-
druckerkunst erfunden wurde, welche ihre weiteste Verbreitung durch
alle Länder möglich machte. Das war der Sieg der Reformation
des sechzehnten Jahrhunderts, einer Reformation, welche
zuletzt auf nichts Anderem beruhte, als eben auf der Rückkehr zur
Bibel, auf dem endlichen Bekanntwerden des Volkes mit ihrem
wahren Inhalt, und auf dem Verlangen, die christliche Kirche nach
den in der Bibel enthaltenen Grundsätzen umzugestalten.

Und doch, meine Freunde, so groß dieser Sieg der Bibel
über die damals alleinherrschende Kirche war, ganz durchgeführt
wurde er nicht, es erhob sich wohl die protestantische Kirche und
mit ihr die protestantische Freiheit, aber die, wenn auch bedeutend
an Zahl verringerte katholische Kirche blieb, und weit entfernt,
von ihren wesentlichsten Grundsätzen auch nur einen aufzugeben,
blieb zumal derjenige nach wie vor aufrecht, in Folge dessen sie
früher dem Volk die Bibel so viel wie möglich vorenthielt, und
darum sie gerade noch so vorenthält zur heutigen Stunde.

Beweis dafür ist der Beschluß des Trienter Concils, nach
welchem die ganz fehlerhafte lateinische Uebersetzung der Vulgata
als ebenbürtig neben den Urtext der Bibel gestellt und erklärt
wurde, daß „um die Geister im Gehorsam zu erhalten",
es nicht gestattet wird, daß irgend Jemand die Bibel anders aus-
lege, als die Kirchenväter und die Kirche überhaupt.

11*

Beweis ist der Befehl des Papstes Pius IV (1564), daß kein Katholik eine Bibelübersetzung lesen darf, wenn sein Beicht= vater und der von diesem benachrichtigte Bischof oder Inquisitor es ihm nicht erlaubt hat.

Beweis ist der Befehl des Papstes Clemens VIII, welcher die Ertheilung dieser Erlaubniß ausschließlich einer römischen Behörde vorbehielt.

Beweis sind endlich die Päpste dieses Jahrhunderts, Pius VII Leo XII und Pius VIII, welche vor der Verbreitung der Bibel unter das Volk so sehr bange waren, daß die beiden ersten die Gesellschaften, welche sich gerade diese Verbreitung zur Aufgabe gesetzt haben, die Bibelgesellschaften, für eine „Pest" er= klärten, „wodurch das Evangelium Christi zu einem Evangelium der Menschen, ja des Teufels werde!"

Und damit ist bewiesen, woher es kommt, daß gerade und namentlich in vorherrschend katholischen Ländern das Volk so wenig, ja, daß es fast gar nichts von der Bibel weiß, bewiesen, daß die Haupt= schuld auf Diejenigen fällt, deren Pflicht als Diener der Wahrheit, es wäre und gewesen wäre, gerade mit dem Inhalt der Bibel es bekannt zu machen; es ist bewiesen, daß auch in unserm Falle, wo man die Predigt der Freiheit und der Brüderlichkeit als Predigt des „Hochverraths, des Diebstahls, des Raubes und Mordes" zu brandmarken sucht, es nur daher kommt, weil, Dank seinen Priestern, das Volk nichts davon weiß, daß Freiheit und Brüderlich= keit der Grundton des ganzen Evangeliums ist!

Um so mehr lassen Sie es daher eine unsrer Hauptaufgaben sein, mit dem wahren echten Inhalt der Bibel, mit ihren — wenn auch oft schwer herauszufindenden Wahrheiten, uns bekannt, uns vertraut zu machen. Die ganze Gott= und Weltanschauung der heutigen Zeit ist eine andere, als die in diesem Buch enthaltene, aber das darf uns nicht ungerecht und nicht blind machen gegen das viele Schöne, Herrliche und ewig Wahre, das sich bei redlichem und gewissenhaftem Suchen uns in ihr offenbart.

Vor Allem aber lassen Sie uns diejenigen Wahrheiten der Bibel wieder hervorsuchen, welche in unserm gegenwärtigen Kampfe mit einem herrschsüchtigen Priesterthum und mit der so weit ver= breiteten Gedankenlosigkeit und Heuchelei sich uns als unsre besten Waffen darbieten, und mit denen wir die Anklagen und Verläumbun=

gen unserer Gegner in ihrer ganzen Grund- und Bodenlosigkeit aufzuweisen und niederzuschlagen im Stande sind! Solcher Wahrheiten finden sich nicht wenige darin, — ja, wir können selbst von unserm Standpunkt aus, die wir uns an die Bibel so wenig binden, als an irgend ein anderes Buch, wir können mit gutem Gewissen ihr das Zeugniß geben, daß sie, rechtverstanden, ein ehrwürdiges Arsenal, ein ehrwürdiges Zeughaus sein und bleiben wird, aus welchem noch die spätesten Zeiten und die spätesten Kämpfe für Wahrheit und Geistesfreiheit sich nicht die schlechtesten Waffen holen werden.

12. Muth in den Stürmen des Lebens.

(25. Februar 1849. Nach fünfwöchentlichem Verbot unsrer Versammlungen.)

Ich traue dir, du ew'ger Geist der Liebe,
  Von dem mein Glaube nimmer weicht noch wankt,
Ich traue dir, ob auch im Sturmgetriebe
  Auf wilder See das Schiff des Lebens schwankt!
Und ob auch all die lichten Sterne schwinden,
  Ob auch der Hoffnung Ankertau zerreißt,
Mein Herz weiß auch im Dunkel dich zu finden,
  Darum trau ich dir, der Liebe ewger Geist!

Als Jesus während seines Aufenthaltes am See Genezareth mit seinen vertrautesten Jüngern einmal ein Schiff bestiegen hatte, erhob sich, wie's in dem Evangelium heißt, plötzlich ein großer Sturm, also daß das Schifflein von den Wellen bedeckt ward; Jesus selbst aber war eingeschlafen. Da traten die Jünger zu ihm, weckten ihn auf und sprachen: „Herr, hilf uns, wir verderben!" Jesus antwortete ihnen: „Ihr Kleingläubigen, warum seid ihr so furchtsam?" Darauf erhob er sich, und bedrohete den Wind und das Meer, — und da ward es ganz stille. — Die Jünger aber verwunderten sich und sprachen: „Was ist das für ein Mann, daß Wind und Meer ihm gehorsam sind?" (Matth. 8, 23—28.)

Diese Erzählung, sage ich, steht in den Evangelien, und ich wüßte in der That für den Gegenstand unsrer heutigen Betrachtung keine andere, welche den Grundgedanken, von dem wir Alle, zumal wir Mitglieder der freien Gemeinde heute aufs lebendigste durchdrungen sind, so treffend und so schön enthielte, wie diese. Dieser Grundgedanke ist freilich nicht gleich beim ersten Lesen und Hören dieser Erzählung für Jeden erkennbar, er liegt verborgen in ihr, und es muß darum unsere erste Aufgabe sein, ihn herauszufinden, d. h. überhaupt uns deutlich zu machen, was der Sinn, der eigentliche Inhalt dieser ganzen Erzählung ist?

Die Lösung dieser Frage wird zugleich dazu beitragen, daß wir eine richtigere Einsicht in das Wesen und die Eigenthümlichkeit der vielen ähnlichen Wundererzählungen gewinnen, von welchen die Schriften des alten wie des neuen Testamentes voll sind.

Wir fragen also, was soll diese ganze Erzählung bedeuten? Dieser Sturm auf dem See, der schlafende Jesu inmitten des Sturmes, und das Bedräuen des Sturmes durch ihn, daß er sich legte und es stille ward auf sein bloßes Wort? Soviel ist uns Allen klar, was hier erzählt wird, ist etwas Wunderbares, ist etwas, das unsern Begriffen von der Natur und den in ihr stattfindenden Vorgängen widerspricht, es ist ein Wunder. Die Frage ist nur: müssen oder können wir glauben, daß wirklich einmal ein solches Wunder geschehen ist, oder müssen wir die ganze Erzählung in einem andern Sinn auffassen, als keine wirkliche Geschichte, und was soll dann dieser andere Sinn, was soll der eigentliche Zweck dieser ganzen Erzählung sein?

Die Einen kommen nun und sagen, wie könnt ihr überhaupt nur eine solche Frage aufwerfen; die Frage schon ist ein Beweis, daß ihr keinen Glauben, keine Religion habt, denn wer Religion hat, der bescheidet sich. Alles, was in der Bibel steht, gleichviel ob er's verstehe, oder nicht, gleichviel ob es unsre Begriffe übersteige oder nicht, für wahr, für vollkommen wahr zu halten, denn die Bibel ist ja kein Wort von Menschen, die Bibel ist Gottes Wort, und Gott lügt nicht. Jesus hat durch sein bloßes Wort den Sturm beschworen, da steht es, und darum müssen wir's glauben, und müssen wir's als einen der vielen Beweise dafür ansehen, daß Jesus eben kein Mensch, wie wir, gewesen, daß er vielmehr ein über= natürliches Wesen, Gottes Sohn, Gott selbst ist.

Das ist die Erklärung, wie der alte, fromme Glaube der Kirche sie giebt. Aber können wir uns mit dieser zufrieden geben? Vielleicht haben wir Alle, die wir hier sind, diesen Glauben selbst einmal gehabt, aber haben wir ihn noch? Und wenn wir ihn nicht mehr haben, ist das wirklich ein Beweis, daß wir deswegen gar keinen Glauben, gar keine Religion haben?

Die Bibel ist uns ein ehrwürdiges, ein theures, werthes Buch, sie enthält die Urkunden von zwei der größten und einflußreichsten Religionen der Menschheit, des Judenthums und des Christenthums, sie enthält eine Menge großer, ewiger Wahrheiten, die erkennen wir gerne, freudig und ohne Rückhalt an. Aber die Bibel ist nach unsrer Ansicht von Menschen geschrieben, wie alle andern Bücher, die Bibel enthält darum nur menschliche Gedanken, menschliche Vorstellungen, enthält Wahres mit Falschem, mit Irrigem vermischt und eben deswegen haben wir in unsrer Verfassung auch offen ausgesprochen, daß sie, wie die ganze Vergangenheit überhaupt, für uns „kein bindendes Gesetz" enthält. Wir wagen es, zu sagen, daß wir, daß die ganze Gegenwart, daß der menschliche Geist in seiner Fortentwickelung über der Bibel steht, daß wir heute darum nur dasjenige als wahr anerkennen, was mit unsern fortgeschrittenen heutigen Kenntnissen und Begriffen in Uebereinstimmung ist.

Daß sich die Menschen früherer Jahrhunderte, welche zumal in ihrer Kenntniß der Natur zurück waren, welche von den ewigen Gesetzen, denen sie unterworfen ist, soviel wie nichts wußten, daß diese sich's als möglich denken konnten, Jesus habe mit seinem bloßem Worte den Sturm auf dem See schweigen gemacht, das können wir uns ganz gut erklären. Aber daß man uns zumuthen will, noch dieselbe kindliche oder kindische Vorstellung von der Natur und von der Macht eines Menschen über sie zu haben, das weisen wir mit aller Entschiedenheit von uns. Der Sturm legt sich nur, wenn die Verhältnisse der Luftregionen in Folge der Ausgleichung wärmerer und kälterer Luftschichten sich so geändert haben, daß das Aufhören des Sturmes eine natürliche Folge dieser Veränderungen sein muß. Daß ein Mensch, und sei es der größte, der geistig mächtigste, in diese Vorgänge irgendwie eingreifen könne, das mag der kindliche Glaube früherer Jahrtausende für möglich gehalten haben, aber wahr ist es nicht, — weil es nicht möglich ist. Nicht möglich ist es aber auch schon deswegen, weil gerade nach dem alten, frommen Glauben selber, Gott es ist, welcher die Gesetze der Natur festgestellt, und von dem deswegen der Gläubigste selber es gar nicht für möglich und Gottes würdig halten sollte, daß er seine eigenen Gesetze selber wieder aufhebt. Das wäre kein Gott, das wäre ein launenhafter, wankelmüthiger Mensch.

In dieser Ansicht stimmen nun freilich seit langer Zeit viele Tausende, ja Hunderttausende mit uns überein; sie glauben nicht, daß, was uns in den Evangelien von diesem Sturm und seinem Beschwören erzählt wird, eine wahre, wirkliche Geschichte sei.

Indem sie nun aber versuchen, herauszubringen, was diese Erzählung denn eigentlich zu bedeuten habe, wie wir sie, wenn es keine wirkliche Geschichte ist, auffassen, erklären müssen, haben Viele diese Erklärung zu finden geglaubt, indem sie sagen: So wie es hier erzählt ist, als etwas Wunderbares, kann das unmöglich ge=schehen sein, denn es giebt kein Wunder, aber es stünde doch auch nicht in der Bibel, wenn nicht etwas Wahres wenigstens daran wäre. Sie sagen, etwas muß geschehen sein, und wirklich geschehen sein, was zu dieser Erzählung Anlaß gegeben hat; aber um dieses herauszufinden, müssen wir Alles das hinwegdenken, was blos als Zuthat des Erzählers, blos zur Ausschmückung der Sache, oder als bloße Einbildung seines Geistes dazu gekommen ist. Der Erzähler hat uns nicht belügen wollen, aber er hat nicht genug unterschieden zwischen dem, was wirklich geschehen war, und dem, was er, oder solche, die es ihm mittheilten, aus ihrer eigenen Phantasie hinzugethan.

Wenn wir jetzt diese Unterscheidung machen, so bleibe, sagen sie, eine ganz einfache natürliche Geschichte übrig, und die ist nichts mehr und nichts weniger, als daß allerdings Jesus mit seinen Jüngern einmal auf dem See waren, wo sich ein Sturm erhob, daß Jesus aber soviel Naturkenntniß gehabt habe, um seinen Jüngern vorauszusagen zu können, der Sturm werde sich bald legen. Das Erste war die orthodoxe Auslegung, dieses ist die sogenannte natürliche, oder rationalistische.

Wir werden nicht anstehen, diese letztere Auslegung für eine solche zu halten, welche mit unsern gegenwärtigen Begriffen von der Natur allerdings im Einklang steht, aber wir werden uns doch auch die Frage vorhalten müssen, ob diese Auslegung sich im Ein=klang befindet mit dem Charakter der Erzählung, wie sie einmal in der Bibel steht, ja mit dem ganzen sonstigen Charakter der Bibel und der Zeit überhaupt, aus welcher sie uns überliefert ist, ob sie wirklich den einzig wahren Sinn der Erzählung uns enthüllt, oder ob sie nicht doch vielleicht eine zu gesuchte, zu gekünstelte ist, bei welcher wir uns deswegen schließlich doch wieder nicht beruhigen können? Woher wissen wir denn, daß Jesus eine solche Natur=kenntniß gehabt, daß er das baldige Aufhören des Sturmes voraus=sagen konnte? Und wenn er sie gehabt, warum ist denn davon in der ganzen Erzählung gar keine Rede? Warum verschweigt uns das die Bibel? Mit demselben Recht könnten wir sagen, der Sturm, wie ihn die Bibel nennt, sei eigentlich gar keiner gewesen, die Jünger nur hätten aus übertriebener Aengstlichkeit einen vorüber=ziehenden Luftzug dafür gehalten u. s. w.

Wie kommt es dann aber, daß nicht nur einer der Evangelisten, sondern drei von ihnen diese nämliche Erzählung berichten, und auch bei keinem einzigen eine Andeutung zu finden ist, daß es eigentlich eine ganz natürliche Geschichte war, von der sie reden, ja, wie kommt es, daß man es allen dreien von vornherein ansieht, sie sind der festen Ueberzeugung, keine natürliche Geschichte, sondern ein wirkliches Wunder zu erzählen? Darin aber liegt gerade die letzte Entscheidung der ganzen Frage: Sie wollen ein Wunder erzählen. Das kann nur der bestreiten, welcher sich absichtlich gegen den ganzen Ton und Inhalt dieser Erzählung verblendet; und zwar wollen sie ein Wunder erzählen, durch welches die Persönlichkeit Jesu in den Augen der Hörer und Leser als eine alle andere Menschen überragende dargestellt wird, oder durch welches überhaupt irgend ein religiöser Gedanke, eine religiöse Wahrheit uns zum Bewußtsein gebracht werden soll.

Will die Erzählung nichts weiter sagen, als was die sogenannte natürliche Erklärung in ihr findet, dann ist's eine ganz gewöhnliche, alltägliche Geschichte, von welcher wir nicht einsehen, was sie für ein religiöses Interesse, für einen Werth haben soll in Beziehung auf Glaube, auf Religion.

Aber dieser natürlichen Erklärung steht schließlich besonders noch ein wichtiger Umstand entgegen: sie verkennt den Unterschied der Zeit und der Geistesbildung zwischen heute und damals, sie legt an diese biblische Erzählung einen Maßstab, wie er für jene vergangene Zeit nicht paßt, sie vergißt, daß wir uns im Alterthum und ganz besonders, daß wir uns im Morgenland befinden, und sie vergißt, daß Erzählungen von damals nur dann recht verstanden werden können, wenn wir sie in Uebereinstimmung mit dem ganzen Charakter der damals lebenden Menschen und ihrer Denkungsart auffassen und beurtheilen.

Wer aber das Alterthum und das Morgenland und namentlich seine Religionen und religiösen Vorstellungen, seine Art, religiöse Vorstellungen, religiöse Wahrheiten dem Volke faßbar darzustellen, genauer kennt, der weiß, daß dieses fast ohne Ausnahme in poetischer, dichterischer Form, daß es weniger in der uns geläufigen Sprache des nüchternen Verstandes, sondern vorzugsweise in der Sprache der Phantasie geschieht. Die schönsten Gedanken des Alterthums zumal im Gebiet der Religion sind nicht in der Form nüchterner Lehrsätze dargestellt, sondern im Gewand von Erzählungen, und zwar von poetischen, von Wundererzählungen, von sogenannten Mythen und Sagen.

Und wir können deswegen über den eigentlichen Sinn auch unserer Erzählung nur dann ins Klare kommen, wenn wir von diesem Gesichtspunkt, d. h. eben im Sinn des Alterthums und des Morgenlandes sie betrachten und beurtheilen, wenn wir auch in ihr nichts anderes sehen, als eine der tausend ähnlichen Wundererzählungen, denen der Kundige es auf den ersten Blick ansieht, daß sie ursprünglich nicht im entferntesten daran denken, eine wirkliche Geschichte zu berichten, sondern eine Sage, eine Mythe. Mit dieser Auffassung verlieren wir aber nicht nur nichts, sondern wir gewinnen vielmehr an tieferem, religiösem Gehalt, und wir haben nur immer in dem einzelnen Falle uns Mühe zu geben, diesen tiefern Gehalt aus der sagenhaften Umhüllung heraus zu schälen.

Wir haben uns also schließlich zu fragen, welches ist dieser verborgene Sinn und Gehalt in unsrer vorliegenden Wundererzählung, was soll sie, was bedeutet sie? Jesus mit seinen Jüngern, überrascht von einem Sturme? Jesus schlafend, um den Sturm also sich nicht kümmernd, seine Jünger aber in Angst und Verzweiflung und Jesus weckend, daß er sie rette? Jesus Vorwurf ihrer Kleingläubigkeit, sein Bedrohen des Sturmes, und dann das Stillewerden von Wind und See?

Ich sollte meinen, der Sinn ist klar. Worauf das Hauptgewicht der ganzen Erzählung ruht, das ist offenbar: das Gegenüberstellen des Kleinmuths der Jünger, und des Muthes, des Vertrauens, wie Jesus es bewiesen, der mitten im größten Sturme sogar schlief! Es ist möglich, daß irgend einmal Jesus mit seinen Jüngern in einer ähnlichen gefährlichen Lage auf dem See sich befunden habe, und daß er bei dieser einzelnen Gelegenheit wirklichen Muth bewiesen hat; das ist aber für den eigentlichen Sinn der Erzählung so gleichgültig, als das Stillen des Sturmes durch ein bloßes Wort schlechterdings unmöglich ist. Hauptsache bleibt: Der Muth, das Vertrauen Jesu überhaupt mitten im Sturm, die ihm innwohnende Geisteskraft, durch welche er sich über das Toben der Elemente hocherhaben weiß, das bedeutet aber und soll bedeuten nichts Anderes als: die zuversichtliche Gewißheit, daß alles äußere Mißgeschick ihm in seiner großen Sache nichts anhaben, sie nicht zu Grunde richten könne. Dieser

Gedanke, eingekleidet in die poetische Form einer Sage, ist der einfach wahre Gehalt unsrer Erzählung. Darin ist aber nicht nur eine weitere Verherrlichung der Persönlichkeit Jesu enthalten, darin ist zugleich auch eine allgemeine Wahrheit niedergelegt, und zwar eine Wahrheit, welche wir Mitglieder der hiesigen freien Gemeinde gerade in diesen Tagen an uns selber erfahren, und zu deren Bekräftigung gerade ich heute an diese schöne Sage der Bibel erinnern wollte.

Auch wir befinden uns in einem schwanken Fahrzeug, das wir gemeinsam bestiegen haben, um aus dem Land der geistigen Knechtschaft, aus dem Land des religiösen Wahnes und Aberglaubens uns hinüber zu retten ans sonnige Ufer der geistigen Freiheit, ans lachende Gestade der Wahrheit. Wir stießen hoffend vom Strande; wir waren im Anfang unsrer Fahrt; der Himmel lachte über uns, — da auf einmal umwölkte sich der Horizont, finstre, drohende Wolken stiegen auf, die Sonne schwand, und der Sturm brach los: Unsere Gemeinde ward aufgelöst auf Befehl der kaiserlichen Regierung! Fünf lange, bange Wochen haben wir ausgeharrt; unsre Gegner triumphirten, unsre Feinde jubelten, unsre Sache schien verloren, — wir aber verzagten nicht, wir hofften, und unser Hoffen hat uns nicht getäuscht! Ein neuer Erlaß der Regierung räumt uns das Recht wieder ein, als Verein fortzubestehen, wir haben uns heute zum erstenmal wieder in unsrer freundlichen Halle versammelt, — der Sturm ist vorüber, die Wolken verziehen sich, die Sonne der Freiheit lacht hoch über unsern Häuptern. So setzen wir mit neuer Hoffnung unsre kaum begonnene Fahrt fort, und steuern muthig und vertrauend — neuen Stürmen entgegen!

Meine Freunde! Das ist die Geschichte unsrer Gemeinde, und das ist zugleich die Sage vom Sturm auf dem See, dem schlafenden Jesus und seinem Bedräuen der Elemente!

Was war es denn, und woher kam es denn, daß wir im Sturme nicht verzagten? Woher kam es, daß wir den Muth behielten, wo ängstliche Seelen uns und unsre Sache schon verloren glaubten? War's nicht ganz derselbe Geist, der in der Sage von dem im Sturme furchtlos Schlafenden uns entgegentritt? War's nicht der gute, feste Glaube an uns selber, an die Reinheit und die Heiligkeit unsrer Sache, unsres Strebens? War's nicht die

Ueberzeugung, daß wir keine selbstsüchtigen Absichten haben, nichts
blos für uns wollen, daß vielmehr unser ganzes Streben der
Menschheit und ihrem Wohl, ihrem Heil gewidmet ist? War's
nicht die Ueberzeugung, daß wir im höheren Dienst der Wahrheit
und der Freiheit stehen?

Das allein, meine Freunde, ist's gewesen! Das gab uns die
zuversichtliche Ruhe unsres Gemüthes, das gab uns die heitre Ergebung in unser Mißgeschick. Draußen tobte es, in uns war es
stille; draußen war Sturm, in uns ein ruhiges Gewissen.

Dieses ruhige Gewissen gab und stärkte in uns das Vertrauen auf die Zukunft, stärkte in uns den Glauben an die ewige
Weltordnung, von der wir wissen, daß ihre Wege oft wirr und
dunkel, daß sie zuletzt aber doch zum Sieg des Wahren, des Rechten,
des Guten hinausführen!

So haben wir die Wahrheit unsrer evangelischen Sage im
vollsten Sinne an uns selber, in unserm eignen Leben erfahren;
haben's erfahren, daß es das Bewußtsein einer guten
Sache, oder wie die Bibel sagt, daß es der „Glaube" ist,
welcher uns ebenso in Stand setzt, Berge von Hindernissen hin-
wegzuheben und zu versetzen, als dem größten Sturm des Schick-
sals zu trotzen, oder wie's in der Bibel heißt, ihm Stille zu
gebieten.

Wohlan denn, meine Freunde, freuen wir uns, freuen wir uns,
daß unser Glaube uns geholfen, daß unsre Hoffnung uns nicht
getäuscht, daß unsre gute, reine, heilige Sache gesiegt hat!

Und sollte uns die Prüfung noch einmal be-
vorstehen, sollten neue Berge sich uns entgegenthürmen, neue
Stürme auf unser schwankes Fahrzeug eindringen, lassen Sie durch
diese erste Erfahrung uns für die kommenden gestärkt und gestählt
sein! Lassen Sie uns fest stehen, ohne Zagen, ohne Wanken, —
lassen Sie den Glauben an unsre Sache und ihren gewissen Sieg
uns bewahren, was immer auch kommen, was immer auch uns
drohen möge, — lassen Sie uns den Muth nicht verlieren selbst
in noch größerer Noth, in noch größeren Stürmen! „Mit dem
Muthigen ist Gott", — und unser ist die Zukunft!

13. Glaube und Glaubensstreit.

(4. März 1849.)

„Nun aber bleibet Glaube, Hoffnung, Liebe, diese drei, die Liebe aber ist die größte unter ihnen." Das ist ein hohes, goldenes Wort aus einer leider längst vergangenen Zeit! Das ist ein Wort des großen Apostels Paulus, uns aufbewahrt in seinem Brief an die Corinther (1. Cor. 13, 13). Es ist, als ob es uns hineinsehen ließe ins strahlende Morgenroth jener zukunftvollen Tage, wo die neue Religion über den sinkenden Tempeln des Juden= und Heidenthums gleich einer Sonne sich erhob, hineinsehen in den lichten, schönen Himmel, der damals als nahe bevorstehend verkündet worden, und der sich dem ahnungsvollen Blicke Einzelner vor der Zeit schon aufthat. Es ist der Sieges= und Triumphgesang einer neuen Menschheit, — es ist im buchstäblichsten Sinn des Wortes eine Stimme aus einer „bessern Welt!"

Aber, ach, diese bessere, diese Welt, die hier sich angekündigt, sie ist bis zur Stunde noch nicht erschienen! Das Morgenroth und seine goldenen Wolken, sie haben uns schwer getäuscht! Tag ist's geworden, hellerer Tag als zuvor, aber am hellen Tag des Christenthums sind Dinge geschehen, Dinge schrecklicher und entsetzlicher, als in den barbarischsten früherer Zeiten, Dinge, welche uns vergessen machen, daß der Morgengesang des Christenthums die Liebe war, und daß die Liebe größer sein sollte als der Glaube!

Der Glaube hat die Liebe vergessen machen! Der Glaube und das Glaubensbekenntniß ist dem Christenthum das Höchste geworden, und in Glaubensstreitigkeiten löst sich darum seine ganze Geschichte auf seit achtzehnhundert Jahren!

Und diese Glaubensstreitigkeiten beginnen schon in seiner allerfrühesten Zeit, ja, was das Bezeichnendste ist, derselbe große Apostel, welcher den Siegesgesang der Liebe in seinem Corintherbrief uns hinterlassen, er selber ist nicht von dem Vorwurf frei, den ersten Grund zu diesen unseligen Streitigkeiten mitgelegt zu haben, denn von ihm ist uns auch das andere, aber furchtbare Wort auf=behalten: „Wer euch ein anderes Evangelium predigt, der sei verflucht!" (Galat. 1, 9.)

Hier ist ein Ton angeschlagen, der wie ein einziger fortklingen=der Mißton sich durch alle christlichen Jahrhunderte hindurchzieht. Das Bild, das sich uns in ihnen darbietet, ist deswegen ein be=trübendes; wir möchten wünschen, daß die Entwickelung des Christen=thums eine andere gewesen wäre. Und doch müssen wir uns auch wieder sagen, diese Streitigkeiten kamen nicht von ungefähr, sie hatten ihre Quelle in der ganzen Geistesrichtung der Zeiten, die Völker rangen in ihnen nach höherer Wahrheit; und wenn sie gar nichts anderes Gutes zuletzt doch gestiftet hätten, so wäre es wenigstens das Eine, aber freilich theuer Erkaufte, daß die Art und Weise, wie sie geführt wurden, uns und der ganzen Nachwelt zur ewigen Warnung dienen!

Zu diesem Zwecke lassen Sie mich aus der umfassenden Ge=schichte dieser Streitigkeiten nur zwei als warnende Beispiele Ihnen etwas ausführlicher heute vorführen; sie genügen, um uns eine lebendige Vorstellung von dem unseligen Geist zu geben, welcher die Liebe aus dem Christenthum verdrängt, und an ihrer Stelle den Glauben auf den Thron erhoben hat.

Eine der ältesten Streitigkeiten, die sich aber durch ganze Christenthum bis heute noch, nur in anderer und milderer Form, hindurchzieht, erhob sich über die Person des Stifters selber, in den endlosen Verhandlungen über die sogenannte Drei=einigkeit, und als die Hauptvertreter der sich entgegenstehenden Ansichten und Richtungen nennt uns die Geschichte die beiden Männer Arius und Athanasius.

Wer hätte es für möglich halten sollen, daß gerade über diesen Gegenstand überhaupt, d. h. zunächst über den Stifter des Christenthums selber Streit entstehen konnte, aber wer hätte auch geglaubt, daß dieser Streit mit dieser Gehässigkeit geführt werden konnte, wie es in Wahrheit der Fall war!

Die Frage war, in welcher Weise man sich das Verhältniß Jesu zu Gott selber zu denken habe? Arius, ein Presbyter in Alexandrien, glaubte die hohe Würde der Person Jesu vollständig anzuerkennen, indem er lehrte, Jesus sei als der Sohn Gottes vor aller Zeit von Gott aus Nichts erschaffen, sei allerdings insofern Gott „untergeordnet" als sein erstes Geschöpf, aber er sei doch, weil vor Allem Andern erschaffen, „Weltschöpfer" geworden und könne darum auch „Gott" genannt werden. Uns geht schon diese Lehre über alle unsre Begriffe hinaus, aber selbst mit ihrer ganz überschwenglichen Vorstellung von Jesus war man auf der andern Seite nicht zufrieden, sie schien Jesus noch viel zu wenig Ehre anzuthun, er mußte als ein noch höheres Wesen angesehen werden. Der Bischof dieses Arius, Namens Alexander, stellte daher die andere Lehre entgegen, Jesus sei nicht aus Nichts erschaffen, sondern „aus dem Wesen des Vaters" und zwar „seit Ewigkeit gezeugt", und daher seinem Wesen nach dem Vater nicht unter= geordnet, sondern „gleich". Diese Ansicht drang durch, und Arius wurde auf einer 321 in Alexandrien gehaltenen Synode abgesetzt und aus der kirchlichen Gemeinschaft ausgestoßen, d. h. excom= municirt.

Da die Parteien hierdurch immer erbitterter wurden, suchte der damalige Kaiser Constantinus ein Mittel, den Frieden herzustellen, indem er meinte, es solle beiden genügen, wenn jede von ihnen an eine „Vorsehung" glaube. Der Kaiser täuschte sich jedoch und sah sich zuletzt genöthigt, eine Kirchenversammlung nach Kleinasien, in die Stadt Nicaea auszuschreiben, wo die Sache endgültig sollte beigelegt werden. Im Jahr 325 fand diese statt; über 250 Bischöfe waren versammelt, sie wollten sich Anfangs weder für die eine noch die andere Lehre entscheiden, aber die kaiserliche Hofpartei, ihre Intriguen und die Drohungen des Kaisers selber brachten es zuletzt dahin, daß die größere Mehr= zahl sich für die Ansicht erklärte, nach welcher Jesus nicht nur „Sohn Gottes von Ewigkeit", sondern „wesensgleich" mit dem Vater sei. So kam das sogenannte nicaenische Glaubens= bekenntniß zu Stande, — durch kaiserlichen Machtbefehl einer= seits und anbrerseits durch die charakterlose Nachgiebigkeit, die servile Gesinnung der Bischöfe; Hauptantheil an ihm hatte der Metropolit von Alexandrien, Athanasius. Arius wurde verdammt; seine Schriften mußten verbrannt werden; wer sie verheimlichte, wurde mit dem Tode bedroht; die wenigen Bischöfe, welche sich widersetzten, wur= den in die Verbannung geschickt.

Dennoch war damit der Streit noch lange nicht beigelegt

Der Kaiser hatte des Friedens halber das nicaenische Bekenntniß durchgesetzt; ebenfalls des Friedens halber, da er den Streit auf's Neue sich fortsetzen sah, war er bereit, den Vertreter der andern Ansicht, Arius, wieder in die Kirchengemeinschaft aufnehmen zu lassen, wenn er sich nur entschließen wolle, ein neues, ihm vorgelegtes Glaubensbekenntniß zu unterschreiben, welches absichtlich so allgemein gehalten war, daß er es ohne Bedenken thun konnte. Arius unterschrieb auch; der Kaiser gedachte in Folge dessen Ruhe zu haben, aber Athanasius wollte von der Wiederaufnahme seines Gegners Arius nichts wissen, und so sah sich der Kaiser zuletzt genöthigt, eine weitere Synode nach Tyrus auszuschreiben, auf welcher jetzt umgekehrt Athanasius entsetzt und verbannt wurde!

Aber auch dabei blieb es nicht. Der Nachfolger des Kaisers, Constantius, ließ den Athanasius wieder zurückberufen; eine neue Synode zu Sardica sollte noch einmal die allgemeine Versöhnung versuchen; die Parteien traten sich jedoch noch feindlicher entgegen, als je zuvor, und darüber aufgebracht, entschloß sich der Kaiser, die Lehre des Athanasius mit Gewalt auszurotten. Auf drei schnell auf einander folgenden Synoden zu Arelata, Mediolanum und Ariminum wurden namentlich die Abendländer, welche zu Athanasius hielten, zur Verdammung desselben gezwungen und mußten ein neues Glaubensbekenntniß unterschreiben, in welchem man die schroffen Spitzen beider Lehren zu umgehen suchte.

Nun aber brach sogar unter den Gegnern des Athanasius die unter ihnen selbst lang vorhandene Uneinigkeit aus. Sie hatten sich nämlich in Arianer und Semi-Arianer gespalten gehabt, und da der Kaiser starb gewann die Richtung der Athanasianer im Abendland wieder die Oberhand. Im Morgenland dagegen ergriff Kaiser Valens entschiedene Partei für die Arianer und schritt mit den äußersten Gewaltmitteln gegen die Athanasianer ein. Es entstand ein heilloses Hin- und Herkämpfen, in welchem kein Mittel unversucht blieb, und wobei Hofintriguen und Aufruhr die Hauptrolle spielten. Während dieses greuelvollen Kampfes starb Athanasius.

Dem Kaiser Valens folgte dann Theodosius I. und nun sehen wir das traurige Schauspiel sich wiederholen, daß was der Vorgänger gutgeheißen, vom Nachfolger wieder verworfen ward.

Theodosius erklärte jetzt die Anhänger des inzwischen ebenfalls gestorbenen Arius für „wahnsinnige, ehrlose Ketzer, welche den göttlichen und kaiserlichen Strafgerichten zu übergeben seien", und ließ 381 ein Concil nach Constantinopel kommen, auf welchem die athanasianische Lehre, d. h. das Glaubensbekenntniß von Nicaea aufs Neue feierlichst sanktionirt wurde. Um aber diesen Beschluß des Concils vollkommen würdigen zu können, müssen wir uns erinnern, daß die 150 Bischöfe, die dort versammelt waren, nicht von den Gemeinden, sondern willkürlich, kraft kaiserlicher Vollmacht von Theodosius selbst gewählt waren. Sie sprachen die Verfluchung aller Andersdenkenden aus.

Im Abendland regierte zu jener Zeit Valentinian II. Er beschützte die Arianer; als er sich aber genöthigt sah, Hilfe von Theodosius gegen den Usurpator Maximus zu erbitten und dieser zur Bedingung machte, daß die Arianer auch im Abendland nicht länger geduldet werden sollten, da besann sich Valentinian nicht lange und — entschloß sich zu ihrer Unterdrückung.

So wogte der Kampf, so stritten sie um Glauben und Glaubensbekenntnisse, so verstand man in jenen vergangenen Jahrhunderten das Christenthum!

Wäre es doch nur damals so gewesen! Ein Blick auf die weitere Geschichte aber zeigt uns, daß diese unseligen Streitigkeiten und die unselige Art und Weise, sie zu führen, sich fortsetzten durch alle kommenden Jahrhunderte!

Als eines der warnendsten Beispiele dieser späteren Zeit lassen Sie mich darum zur Ergänzung meiner heutigen Aufgabe den Streit anführen, der sich zur Zeit der Reformation im sechzehnten Jahrhundert erhob, als dessen Hauptvertreter Luther, Melanchthon, Zwingli und Calvin, die großen Reformatoren selber, dastehen.

Es handelte sich zunächst um das Abendmahl. Luther vertrat den Glauben, nach welchem Jesus oder Christus im Brod und Wein, wenn auch nicht durch die Gebete des Priesters und vermittelst der „Wandlung", doch aber für den wahrhaft Gläubigen wahrhaft und leibhaft gegenwärtig sei; Zwingli sah in Brod und Wein nur symbolische Zeichen der Erinnerung. Luther stand somit mehr noch auf dem Boden der katholischen Kirche oder auf dem des Buchstabens, Zwingli auf Seiten protestantischer Freiheit. Luther scheute sich nicht, zur Begründung seiner Ansicht von der wirklichen Gegenwart Christi im Abendmahl sogar zu dem verzweifelten Mittel zu greifen, daß er, wie Viele vor ihm und nach ihm, den Glauben an die Allgegenwart des Leibes Christi überhaupt, weil Christus zugleich Gott sei, voraussetzte.

Der Streit und dadurch die persönliche Entfremdung beider Männer wurde so groß, daß namentlich Luther sich zu den heftigsten Anklagen gegen Zwingli hinreißen ließ und sich nicht scheute, ihn zu den „wilden Rotten- und Schwarmgeistern" zu zählen, ja geradezu zu behaupten, Zwingli sei ein „Lästerer", ein „Lügner", und seine Lehre sei „vom Teufel" eingegeben.

Um beide Männer im großen Interesse der ganzen Reformation zu versöhnen, veranstaltete der Landgraf von Hessen, Philipp, das Religionsgespräch zu Marburg im Jahr 1529.

Mit Luther und Zwingli erschienen dort am 1. Oktober Melanchthon, Oekolampadius, Butzer, Brenz, Agrikola und viele andere. Die sehnlich gewünschte Versöhnung kam jedoch nicht zu Stande. Wohl anerkannten beide Theile die Uebereinstimmung der Deutschen und Schweizer in allen Hauptpunkten der Reformation, aber gerade in Beziehung auf die Abendmahlslehre blieben sie nicht nur hartnäckig jeder bei seiner Ansicht, sondern sie schieden auch persönlich unfreundlich von einander. Zwingli, als der Vernünftigere, bat und beschwor Luther mit Thränen im Auge, daß er ihm wenigstens die Hand zum Abschied reiche; Luther blieb unerweicht und schlug sie aus.

Und doch war das Alles nur ein harmloses Vorspiel im Vergleich zu dem, was in der Folgezeit aus Anlaß dieses Streites und der sich im Allgemeinen entgegenstehenden freieren und unfreieren Glaubensrichtung in der protestantischen, kaum begründeten Kirche, geschehen ist.

Melanchthon stellte noch eine dritte Ansicht vom Abendmahl auf, nach welcher Christus zwar nicht im Brod und Wein, aber im Abendmahl überhaupt, d. h. während seiner Feier dem wahrhaft Gläubigen wirklich gegenwärtig sei, wodurch er zwischen Luther und Zwingli die Mitte hielt. Luther wollte erst auch davon nichts wissen; allmählich entschloß er sich jedoch zu einer milderen Beurtheilung und freute sich sogar, als es Melanchthon gelang, im Jahre 1536 die Wittenberger Concordie aufzusetzen, durch welche den Anhängern Zwingli's die Aussicht eröffnet wurde, sich mit Luther und Melanchthon in einem allge-

12*

mein gehaltenen Ausdruck bezüglich des Abendmahls zusammen zu finden.

Dagegen trat in Weimar der Hofprediger S ch e n k mit großer Entrüstung gegen M e l a n ch t h o n auf und verlangte, daß er in Untersuchung gezogen werden müsse, weil er nicht recht vom Abend= mahl lehre.

Luther selbst aber fiel später wieder in seine rechthaberische Rolle sowohl Melanchthon als noch mehr den Zwingli= nern gegenüber zurück, und ging so weit, daß er sich von aller und jeder Gemeinschaft mit den Schweizer=Predigern, zunächst denen in Zürich lossagte. Beweis seiner Leidenschaftlichkeit in diesem unseligen Glaubensstreit ist sein eigenes Geständniß kurz vor seinem Tode, indem er in einem Gespräch mit Melanchthon zugab: „es ist der Sache vom Sakrament zu viel geschehen.“

Es handelte sich jedoch, wie schon bemerkt, zuletzt nicht blos um Verschiedenheit der Ansichten über das Abendmahl, sondern dabei zugleich um den Gegensatz der freieren und unfreieren Glaubensrichtung überhaupt, ein Gegensatz, der sich in der Be= zeichnung L u t h e r a n e r und R e f o r m i r t e, oder Z w i n g l i a= n e r, C a l v i n i s t e n volksthümlich aussprach. Calvin stimmte so wenig als Melanchthon mit Luther in Sachen des Abendmahls ganz überein, er unterschied sich aber von Luther nicht so strenge wie Zwingli. Trotzdem wurde seine Abendmahlslehre, überhaupt seine ganze Richtung, der C a l v i n i s m u s, besonders von einem Hamburger Prediger W e s t p h a l aufs maßloseste angegriffen, und der Streit um den wahren Glauben wurde so leidenschaftlich ge= führt, daß der Hamburger Prediger den C a l v i n und dessen ganze Richtung förmlich und feierlich in Bann that und lieber „mit Türken und Papisten“ Verkehr haben wollte, als mit ihm und den Reformirten überhaupt. Ja, im Jahr 1559 setzte dieser Fanatiker es durch, daß im ganzen Herzogthum Sachsen die calvinische Abend= mahlslehre a m t l i ch und ö f f e n t l i ch v e r d a m m t wurde.

Umgekehrt setzten die Anhänger M e l a n ch t h o n s, die soge= nannten P h i l i p p i s t e n, es durch, daß Kurfürst A u g u s t von Sachsen die Haupteiferer des Lutherthums auf der Universität Jena, W i g a n d und H e ß h u s i u s, ihres Amtes entsetzte und aus dem Lande vertrieb. Als sie aber noch einen Schritt weiter gingen, und in einer anonymen Schrift sich nicht scheuten, die lutherische Abendmahlslehre als eine geradezu verwerfliche hinzustellen, da wendete sich das Blatt, und der Kurfürst verurtheilte jetzt umgekehrt sie zu Kerker und Verbannung, ja er ließ zur Feier der Ausrottung ihrer Ketzerei in allen Kirchen Sachsens Dankgebete veranstalten und eine Denkmünze schlagen zum Andenken an den Sieg „Christi über die Vernunft und den Teufel."

So hatte die lutherische Richtung wieder über die calvinische gesiegt, und damit dieser Sieg ein dauernder, damit, wie man zu hoffen wagte, die Einigkeit der Protestanten überhaupt eine dauernd-gesicherte werde, wurde auf besondere Betreibung durch den nämlichen Kurfürsten von Sachsen die sogenannte Eintrachts- oder Concordienformel ausgearbeitet, in welcher die heilige Schrift als alleinige Richtschnur des Glaubens hingestellt, zugleich aber auch die Lehre vom Abendmahl ganz im Sinn Luthers festgesetzt wurde. Die Reichsstände nahmen, um Frieden zu haben, diese Concordienformel an; sie selbst untergruben aber diesen Frieden sofort wieder dadurch, daß sie alle Kirchen- und Schuldiener ihrer Länder zur Annahme derselben gewaltsam zwangen. Dadurch, und weil in einzelnen Ländern diese Annahme doch nicht erzwungen werden konnte, war das ganze Friedens- und Versöhnungswerk in seiner Geburt schon als ein verfehltes verurtheilt.

Dazu kam, daß die Calvinisten in Kursachsen den Regierungswechsel, der eingetreten war, zu ihren Gunsten zu verwerthen verstanden. Christian I., welcher auf August folgte, war im Gegensatz zu diesem durch Einfluß seiner pfälzischen Verwandten ihm zugethan; unter Leitung seines Kanzlers Crell wurden die ersten Lehr- und Pfarrämter mit Philippisten besetzt, also mit Anhängern der freieren Richtung.

Doch dieser Wechsel dauerte nicht lange. Christian starb, und unter seinem Nachfolger wurde Alles wieder rückgängig gemacht, weil jetzt das Lutherthum wieder an die Regierung kam. Es wurden besondere Visitations-Artikel festgesetzt, denen sich alle Staats- und Kirchenbeamten mit feierlichem Eid unterwerfen mußten; Crell, der Hauptvertreter der entgegengesetzten Richtung wurde ins Gefängniß geworfen, und nach zehnjähriger Haft als Hochverräther — enthauptet!

Die Richtung der blinden Buchstabengläubigkeit hatte somit zuletzt gesiegt.

Was das aber damals heißen wollte, das sagen uns eine ganze Reihe der unseligsten Glaubensverfolgungen, von denen ich

zum Schluſſe nur einige wenige, aber die bezeichnendſten noch anführen will.

Der berühmte Aſtronom, deſſen Name mit dem Namen der
hieſigen Stadt zuſammen genannt werden wird, ſo oft man ſeiner
gedenkt, Joh. Keppler, mußte in Folge dieſes unſeligen Aus-
ganges des Streites erleben, daß, als er, um ſich Troſt zu holen,
nach dem Abendmahl verlangte, ein proteſtantlſcher Pfarrer in
Linz, ſein Name iſt Hirzel, ihn zurückwies, weil Keppler als
treuer Anhänger der augsburgiſchen Confeſſion ſich nicht entſchließen
konnte, weder an die Allgegenwart Chriſti im Abendmahl zu glauben,
noch die Verdammung der Calviniſten zu unterſchreiben!

Der Glaubensfanatismus, die Buchſtabengläubigkeit, die Recht-
haberei hatten ſich aber ſo ſehr in den Gemüthern feſtgeſetzt, daß
die Calviniſten ſelbſt, überhaupt die Reformirten, auch ihrerſeits
mit den Lutheranern mehr und mehr in denſelben wetteiferten,
und daß ſogar auch auf dieſer Seite die allerentſetzlichſten Gewaltmaßregeln gegen Andersdenkende ergriffen wurden. Reformirte,
alſo Männer der ſogenannten freieren Richtung waren es, welche
blos deswegen, weil die Betreffenden nicht an die „Dreieinigkeit"
im vorgeſchriebenen Sinn glauben konnten, einen Hetzer im
Jahr 1529 in Conſtanz, einen Gentilis im Jahr 1566 in Bern
enthaupten, und Servet in Genf im Jahre 1553 leibhaftig verbrennen ließen!

Dahin war's mit der Reformation, die ſo groß und kühn begonnen, — dahin war's mit dem Chriſtenthum
überhaupt gekommen! Ein Kampfplatz theologiſcher Fechter-
ſchulen, eine Schaubühne gelehrter Glaubensſtreitigkeiten, ein Ge-
zänke und Gezerre um Dogmen, ein „Pfaffengebeiß" war es geworden, wie Luther ſelber ſich ausdrückt in ſeiner derben, aber ehrlichen Sprache.

Und in der Zwiſchenzeit, in den dreihundert Jahren ſeit der
Reformation iſt's nicht viel beſſer, iſt's in manchen Dingen, was
namentlich religiöſe Engherzigkeit, confeſſionellen Hochmuth, Ver-
ketzerungs- und Verdammungsſucht betrifft, zum Theil faſt noch
ſchlimmer geworden!

Soll's aber, frage ich, ſo fortgehen und ſoll es ſo
bleiben? Soll das die Vollſtreckung des Vermächtniſſes ſein,
welches der Stifter des Chriſtenthums ſterbend der Menſchheit
hinterlaſſen? Soll er wirklich nur deswegen als Todfeind alles

Buchstabenthums, alles rechthaberischen und verfolgungssüchtigen Priester- und Pfaffenthums am Kreuz verblutet haben, nur damit in seinem Namen und ihm zu Ehren ein neues Buchstabenthum, ein neues und noch pfäffischeres Priester= und Pfaffenthum eingeführt werde? Soll das Christenthum, das so kühn und so herrlich begonnen, so schmachvoll enden, — enden und sich verlaufen in lauter Glaubensstreit und Glaubensverfolgung? Soll überhaupt der Glaube es sein, dem in Sachen der Religion, bei Beurtheilung des wahren Menschenwerthes, die Palme gebührt? Soll's vergessen sein und bleiben, daß es nicht der Glaube, sondern daß es die Liebe ist?

„Nun aber bleibet Glaube, Hoffnung, Liebe, diese drei, aber die Liebe ist die größte unter ihnen!"

Wohlan denn! Es ist Zeit, hohe Zeit mit diesem Worte Ernst zu machen! Es ist Zeit, das Vermächtniß des auf Golgatha Gekreuzigten zu vollstrecken!

An dieser Vollstreckung mitzuarbeiten ist darum die höchste und letzte Aufgabe unsrer freien Gemeinden. Vorgearbeitet hat seit langer Zeit die überall eingerissene Gleichgültigkeit gegen den Glauben, und Alles, was dazu gehört, vorgearbeitet haben in noch höherem Maße die großen Geister, zumal des vorigen Jahrhunderts, ein Lessing voran, die Geister, welche mit Schiller übereinstimmend erklärten, „keiner Religion anzugehören, aus Religion."

Fortan soll um Glauben und Glaubensbekenntniß nicht mehr gestritten, zum wenigsten soll der Werth des Menschen nicht nach diesem Maßstab vergangener Jahrhunderte mehr gemessen werden!

Unsre Zeit ist in Wahrheit ja eine andere geworden. Es ist thatsächlich heutzutage eine Unmöglichkeit, selbst beim besten Willen, ein Glaubensbekenntniß aufzustellen, mit dessen Sätzen und Vorstellungen Alle einverstanden sein könnten. Die Verschiedenheit der Ansichten in Sachen der Religion ist in Folge des zunehmenden selbstständigeren Denkens eine so große geworden, daß nicht Zwei in einer Kirche mehr in Allem unter sich übereinstimmen, und nicht die Hälfte stimmt überein mit dem, was in den alten Bekenntnissen als Dogma aufgestellt ist. Auch wir freien Gemeinden, zuletzt wir in Wien und hier, haben deswegen darauf verzichtet, eines aufstellen zu wollen.

Wirft man uns deswegen vor: so habt Ihr also gar keinen Glauben mehr, weil Ihr kein Glaubensbekenntniß habt, so antworten wir getrost: unser höchstes Bekenntniß ist: die Liebe! Und in der Liebe haben wir Alles!

In der Liebe haben wir „Gott", denn: „Gott ist die Liebe!" In der Liebe haben wir den ganzen „Christus", denn er starb aus Liebe und für die Liebe! In der Liebe fühlen wir uns als Glieder einer einzigen Familie, als Brüder neben Brüdern, — gleichviel was unser Glaube sei. Und von dieser Liebe erfüllt, fühlen wir uns berufen und verpflichtet, jeder an seinem Theil mitzuwirken, daß das Band, welches uns Alle umschließt, immer fester, immer inniger werde, daß Alles, was bisher uns trennte und unsre Herzen auseinanderhielt, mehr und mehr schwinde, auf daß endlich der schöne Traum der Edelsten unsers Geschlechtes in Erfüllung gehe, der Traum vom „Gottesreich", vom „Himmelreich auf Erden!"

14. Treue bis ans Ende!

(18. März 1849.)

Wenn ich heute das Wort ergreife, so geschieht es nicht, um eine längern Vortrag zu halten; es verbietet mir das meine Gesundheit, welche mich gezwungen, die Vorträge an den vorhergehenden Sonntagen auszusetzen, und die zur Stunde noch nicht ganz hergestellt ist; es verbietet mir's ebenso und macht mir's unmöglich die schmerzliche Stimmung, in welcher wir Alle, wir Mitglieder der freien Gemeinde uns gegenwärtig wieder befinden.*)

Nur einige wenige Worte drängt es mich zu sprechen, wie sie das Herz mir eingibt, und wie ich sie den neuerdings auftauchenden Befürchtungen, zumal den mir persönlich gewordenen Warnungen gegenüber, für meine Pflicht halte.

Wer unsre Versammlungen seit Gründung der Gemeinde und auch die früheren, welche der Gründung vorausgingen, besuchte und wer gehört hat, was und wie ich in diesen gesprochen, der wird mir das Zeugniß geben, ich habe offen und ohne Hinterhalt die Ueberzeugung meines Herzens ausgesprochen; er wird das weitere Zeugniß geben: was unsrer Sache, unsren reformatorischen Bestrebungen die Herzen überhaupt gewonnen, was sie erhoben und begeistert hat, das war nicht nur der Widerspruch überhaupt, den wir erhoben gegen Alles, was wir für falsch, für irrig, für verkehrt, für gefährlich halten in Sachen der Religion, es war ganz besonders gerade der Umstand, daß wir's, und zunächst ich in Eurem Auftrag unumwunden, rückhaltlos, ohne Furcht und Scheu vor irgend Jemand gethan haben. Das freie Manneswort war es, was nach so langer Unterdrückung in eurem großen, schönen Oesterreich seine Siege gefeiert hat; das freie Manneswort, dem

---

*) Am 4. März war die oktroyirte neue Verfassung für Oesterreich erschienen, und der Reichstag in Kremsier aufgelöst worden.

ihr seit dem erften Auftauchen unfrer reformatorifchen Ideen in eurem Vaterlande, im verfloffenen Herbft, entgegengejubeltet!

Heute ift die Zeit eine andere geworden. Jener erfte, begeifterte, faft allgemeine Auffchwung hat nachgelaffen; eine fehr veränderte Stimmung ift an feine Stelle getreten. Viele von jenen Hunderten, die damals jubelten, die damals uns wenigftens Recht gaben, und es offen und ungefcheut ausfprachen, — fie find ftill geworden, und mir perfönlich hat man nicht unterlaffen, Winke zu geben, daß auch ich ftiller, zurückhaltender, behutfamer, rückfichts= voller, oder wie Manche fich ausdrücken „klüger und politifcher" werden möchte.

Man hat mir diefe Winke zukommen laffen nicht von Seiten unfrer Gegner, fondern aus unfern eigenen, aus uns befreundeten Kreifen, und man hat es gethan ebenfo fehr um meiner eigenen Perfon, als um unfrer ganzen Gemeinde willen.

Daß diefe Winke und Wünfche gut gemeint find, das erkenne ich gerne an; ich bekenne auch ganz offen, daß namentlich der Gedanke, oder der Vorwurf mir kein gleichgültiger ift, als könnte ich durch Nichtbeachtung diefer Winke Schuld werden am möglichen Untergang der ganzen Gemeinde, wie er fchon einmal ihr gedroht hat. Ich habe mich mit der Gemeinde fo innig zufammengelebt, wir fahen, miteinander hoffend und mit einander bangend, einer beffern Zukunft entgegen, und ich, ich follte die Verantwortung auf mich laden, durch mein perfönliches Auftreten diefe Hoffnungen zu vernichten, diefe Zukunft zu zerftören?

Wohlan denn! Laffen Sie mich fagen, wozu ich, nach ernfter Berathung mit mir felber, entfchloffen bin. Ich glaube es in die nämlichen Worte zufammenfaffen zu können, welche einft ein Größerer als ich an eine der erften freien Gemeinden des neuerftehenden Chriftenthums, welche Paulus an die Gemeinde von Corinth gerichtet hat. Paulus hat den Corinthern gefagt: „Ich hoffe, daß ihr mich bis ans Ende alfo befindet, wie ihr bisher mich befunden habt!" (2. Cor. 1, 13.)

„Bis ans Ende! wie bisher!" das foll auch mein Wahl= fpruch, auch mein Entfchluß fein!

Was ihr feit Jahren ftill, und euch felbft oft nicht recht ein= geftehend, oder was ihr feit Jahren fchon mit klarem Bewußtfein in euch getragen, die Ueberzeugung, daß es in der Kirche, in der Religion anders, ganz anders werden muß, das habe ich offen in unsern Versammlungen ausgesprochen, also im Grunde gar nichts Neues, nur eure eigenen Gedanken. Was wir gemeinsam als Wahrheit erkannt, gegenüber den mannichfachen Irrthümern und oft absichtlichen Lügen, durch welche die Religion entstellt und geschändet worden, das habe ich in meiner Weise zu begründen und zu verkünden gesucht. Ich berief mich auf die Stimme der Vernunft, des Gewissens, der Wissenschaft, der Geschichte, der Natur, um Jedem, welcher die Wahrheit sucht, nachzuweisen, daß unsre freien Gemeinden in ihrem vollen, guten Recht sind, wenn sie dem bisherigen Kirchenthume entgegentreten, wenn sie aus demselben heraustreten. Ich rief die Erinnerung wach an die ersten Zeiten des Christenthums, an die ersten, ursprünglichen Gedanken seines Stifters, und suchte zu zeigen, wie wenig die ganze folgende Entwicklung des Christenthums seinem hohen Anfang entsprochen, wie wenig der wahre Geist des Stifters erkannt und seine Ideen verwirklicht worden sind. Ich deutete an, was geschehen müsse, damit es anders, damit es besser werde, zunächst auf dem Gebiet der Religion, aber, von ihm ausgehend, dann in allen Gebieten des Lebens.

Das habe ich gethan bisher, oder doch zu thun versucht, aber ich habe dabei keine andere Rücksicht genommen, als die auf die Wahrheit, auf meine Ueberzeugung, auf die Gemeinde, ihre Bedürfnisse, ihre Sehnsucht nach Wahrheit. Ich habe so zu sprechen gesucht, daß Alle in der Gemeinde, auch die Aermsten, auch die, welchen es am wenigsten gegönnt war, viele Kenntnisse, oder höhere Bildung sich anzueignen, daß Alle möchten befriedigt sein, daß jeder wenigstens Etwas in meinen Worten fände, was seinem Geist, seinem Gemüth zusage.

Das war die einzige Rücksicht, welche ich genommen, und so wie ich's bisher that, denke ich's zu halten — bis ans Ende! Eine andre Rücksicht kann und werde ich nicht nehmen. Ich stehe im Dienst der Wahrheit, — sie auszusprechen nach meinem besten Wissen und Vermögen, sie zu verkünden, ohne links oder rechts zu sehen, ohne Scheu und ohne Furcht ob es von Oben gern gesehen wird, — das war mein Streben bisher, das soll es bleiben bis ans Ende!

„Was ich euch sage in Finsterniß, das redet im Licht, und was ihr höret ins Ohr, das prediget auf den Dächern!" (Matth. 10, 27.)

„Wer mich bekennet vor den Menschen, den will ich auch bekennen vor meinem himmlischen Vater!" (10, 32.)

Zu oft und zu lange nur sind diese Mahnungen vergessen worden; zu oft und zu lange nur hat man geglaubt, aus Wohldienerei, aus Berechnung, aus Egoismus, weil man das Volk verkannte, und zu gering schätzte, weil man die Mächtigen und Gewaltigen fürchtete und zu hochschätzte, mit der Wahrheit markten zu müssen, und das Beste von ihr für sich zu behalten. Die Folgen waren, daß Religion und ihre Diener zu Helfershelfern der Gewalt, der Unterdrückung herabsanken, daß die Mächtigen sich anmaßten, das Maß und die Grenzen der Wahrheit nach ihrem Gutdünken festzusetzen, daß zuletzt das Volk aber in jedem Priester einen — Lügner, einen Heuchler sah.

Das muß anders werden, aber das kann und das wird nur anders, wenn jeder, der hier ein Wort mitzureden hat, nach keinem höheren Ruhm trachtet, als dem, ein ehrlicher Mann zu sein, d. h. seine Ueberzeugung von der Wahrheit offen auszusprechen.

Und was die Befürchtungen betrifft, sowohl wegen der Zukunft der Gemeinde, als meiner eigenen, so ist meine Meinung die:

Die Alpenrose gedeiht nur in der Höhe, dort blüht und prangt sie in ihrem wunderbaren Farbenschmuck, in der Tiefe würde sie verkümmern, verderben; der Adler horstet nur auf den unnahbarsten Felsengipfeln, hoch über den Wolken, wo ungehemmt und unbeschränkt er sein gewaltiges Flügelpaar entfalten kann. So ist's auch mit uns Menschen. Auch wir gedeihen nur, wenn wir an unserem Platz sind, wenn wir auf dem Grund und Boden stehen, wo unser ganzes Leben die ihm nothwendige Nahrung empfängt, wo die Anlagen unsrer Natur sich nach ihrer Eigenthümlichkeit entfalten, die Schwingen unsres Geistes ungehemmt sich bewegen können. Schließt mir den Mund, verbietet mir, meine innerste Ueberzeugung auszusprechen, — das Leben hat für mich keinen Werth mehr!

Was aber die ganze Gemeinde betrifft, so sage ich euch Männern und Frauen: erhebt euch beim Blick in die Zukunft, bei den Befürchtungen um euer kommendes Schicksal auf einen höheren Standpunkt! Sei's, daß die Gewalt mich von euch losreißt, daß sie mich gehen heißen, woher ich gekommen, daß sie das Band zerreißen und zerschneiden, das mich so fest, so innig mit euch vereint hat, — wenn nur ihr, wenn nur die Gemeinde bleibt, wenn nur ihr fest und treu zusammenhaltet, dann ist noch lange nicht Alles verloren! Ich gehe, und statt meiner wird ein Anderer, wird ein Besserer, wird ein Tüchtigerer kommen! Vergesset nicht, daß keiner unersetzlich, vergesset nicht, daß selbst ein Luther gesagt, es werden hundert Martinus für mich, den einen kommen!

Als Gemeinde euch aufzulösen, oder wenigstens als „Verein", das wird man doch so leicht nicht wagen. Wir haben's ja zugesagt bekommen durch die ausdrückliche Erklärung der Regierung, daß wir, wenn auch nicht als „Religionsgesellschaft", doch als ein „Verein" anerkannt sind. Man kann uns, ohne ein gegebnes Wort zu brechen, ohne allen Glauben an Treue und Ehrlichkeit gewaltsam in uns zu vernichten, man kann uns als „Verein" nicht auflösen.

Aber sollte es doch geschehen, sollte man's wagen trotz aller uns gemachten Zusagen, — auflösen können sie uns, — vernichten — nicht! Diese Form, die uns zusammenhielt, die können sie zerbrechen, zerschlagen, — der Geist, der uns beseelt, der Geist, der uns zusammengeführt, er lacht und spottet ihrer, er wird fortleben trozalledem!

Ich denke aber, ihr stimmt mir zu, wenn ich sage, besser sie lösen uns auf, besser wir gehen mit Ehren unter, als wir erkaufen unser Fortbestehen aus Gnade, durch elende Kriecherei und Schmeichelei! Die Auferstehung kommt ja doch! Auf jedes Golgatha, auf jeden Charfreitag ist noch ein Ostermorgen gekommen, — es kommt auch für euch, kommt für uns Alle!

Derselbe Paulus, dessen Wahlspruch als den eines größeren ich zu dem meinigen gemacht, ihm ward's ja auch nicht vergönnt, bei einer jener ersten Gemeinden vor achtzehnhundert Jahren auf die Dauer zu bleiben. Unstet zog er von Stadt zu Stadt, und nicht immer freiwillig. Und jene Gemeinden selber, wenigstens einzelne von ihnen, sie gingen mit der Zeit, zumal als die furchtbaren Verfolgungen durch die römischen Kaiser über sie hereinbrachen, sie gingen scheinbar spurlos wieder unter. Und doch war's nur die Form, die äußere Form, die zerbrochen ward, — der Geist des neuen Evangeliums, er ließ sich mit Gewalt nicht tödten, er lebte fort im Verborgenen, verschlossen eine Zeit lang ins innerste Heiligthum der Gemüther. Als die Gewaltmaßregeln alle verbraucht, als Hunderte der ersten muthigen Bekenner als Opfer der Gewalt gefallen, auf Scheiterhaufen verbrannt, oder vor der gaffenden Menge im Cirkus von wilden Bestien zerfleischt und zerrissen waren, da feierte der todtgewähnte Geist, da feierte das Christenthum seine Auferstehung!

Darum unverzagt! Laßt kommen, was kommt, — wir fürchten unsern Tod nicht, wir glauben auch an unsre Auferstehung!

Das ist's, meine Freunde, in wenigen Worten, was es mich euch zu sagen gedrängt hat, und ich weiß nicht besser zu schließen, als indem ich mit dem unerschrockenen Augustinermönch ausrufe: „Gott helfe mir, ich kann nicht anders! Amen!"

15. Die Bibel.

(25. März 1849.)

Die Ostertage, deren Feier wir entgegengehen, rufen uns vor
Allem ein Bild wieder vor die Seele, das hohe, verklärte Bild
des todesmuthigen Dulders, der auf der Richtstätte vor den Thoren
Jerusalems am Kreuz verblutete. O, daß es uns möchte vergönnt
sein, ungestört und ungehindert diese Tage zu feiern, damit sie mit
beitragen, jenes verklärte Bild in seiner ganzen Wahrheit zu schauen,
nachdem wir so lange verurtheilt waren, mit Entstellungen und
Verzerrungen desselben uns begnügen zu sollen. Sie haben's entstellt bis zur Unkenntlichkeit, und gerade die, deren erste Pflicht gewesen wäre, mit gewissenhafter Treue es dem Volke vorzuhalten;
sie haben's entstellt und verzerrt nicht anders, als jene Klasse ge-
schmack- und geistloser Holz- und Steinkünstler, deren Crucifixen
wir auf den Feldwegen, den Heerstraßen, in Kapellen und Tempeln
oft begegnen, die aber, anstatt uns anzuziehen, anstatt uns festzu-
bannen zu stiller Andacht und dankbarer Erinnerung, uns so oft
vielmehr abstoßen durch ihre häßliche Unnatur und Unwahrheit.

Wenn aber die gerade, deren hoher Beruf — recht verstanden,
kein anderer ist, als dem Volk die Wahrheit zu sagen, wenn die
Diener der Religion es gerade sind, welche — mit wenigen ehren-
werthen Ausnahmen, uns die Wahrheit über diesen unsterblichen
Dulder entweder absichtlich vorenthalten, oder weil sie's selber eben
nicht besser gewußt haben, wo haben wir uns dann hinzuwenden,
um sein lebenswahres Bild, so wie er gelebt, in geschichtlicher
Treue, zu erhalten?

Es giebt dafür nur eine Quelle, aber ich will gleich hinzusetzen,
eine schwer zugängliche, schwer auffindbare, und diese Quelle ist die
Bibel. In ihren Urkunden sind die einzigen Nachrichten von
diesem hohen Leben enthalten; aber es kommt darauf an, daß wir
sie verstehen, daß wir die Sprache dieser Urkunden verstehen,

welche eine uns fremde, eine Sprache des Alterthums und was die Hauptsache, des Morgenlandes ist, daß wir überhaupt den ganzen Charakter dieser Urkunden, die Art ihrer Entstehung und Abfassung, ihren ganzen schriftstellerischen Werth verstehen. Dazu mit zu helfen, zu einem wichtigen Verständniß der ganzen Bibel, ist die Absicht meines heutigen Vortrages. Ich werde mich bemühen, wenigstens einige Hauptpunkte hervorzuheben, auf welche es ankommt, mir vorbehaltend, später, — wenn es mir vergönnt sein wird, — das eine oder andere noch nachzuholen.

Die Bibel ist für Viele, man kann wohl sagen, für den größten Theil derer, welche in ihr lesen, bis zur Stunde ein Buch mit sieben Siegeln. Das Volk, wenn es überhaupt mit Erlaubniß seiner Priester eine Bibel in die Hand bekommt, es hat dabei die Empfindung, als sei dieses Buch eine Art heiliger Schrein, in welchem die größten, die tiefsten und segenbringendsten göttlichen Geheimnisse aufbewahrt seien, Geheimnisse und Offenbarungen, wie sie in keinem andern Buch zu finden, mit denen alle andern, wo sie sich auch finden mögen, an Werth, an Gehalt, an Wahrheit nicht zu vergleichen seien. Das Volk, sofern es noch gläubig ist, sieht in der Bibel kein Werk von Menschen, von irrenden Menschen, es sieht in ihr die Züge, die Handschrift Gottes selber. Darum ist ihm jedes Wort, jeder Buchstabe heilig, darum glaubt es Alles, wie es geschrieben sieht, wenn's auch noch so sehr seinem Verstand, seiner Art zu denken, seiner ganzen Anschauung von Gott und Natur widerspricht.

Fragen wir darum zu allererst, was bedeutet denn das Wort „Bibel" selber? Bibel ist eigentlich kein deutsches, sondern ein fremdes Wort, es ist das griechische Biblon, was nichts Weiteres bedeutet als „Buch". Die Bibel heißt also so viel als „Das Buch", und damit soll angedeutet sein, das Buch, wie es angenommener Maßen kein anderes mehr giebt, das Musterbuch, das vortrefflichste aller Bücher, das Buch der Bücher.

In demselben Sinn wird sie auch „die Schrift" genannt, d. h. die Schrift, wie es keine andere mehr giebt, die Schrift, wie sie sterbliche Menschen nicht schreiben können, die Schrift Gottes, das Wort Gottes, die heilige Schrift.

Da ist es nun gut, gleich vornherein sich zu erinnern, daß doch auch andere Religionen als die jüdische und christliche, auch andre Völker solche Schriften besitzen, von denen auch sie sagen, es selen heilige Schriften, und von denen auch sie, gerade wie der Christ und Jude von der Bibel, behaupten, sie seien nicht von Menschen, sondern von Gott selber, oder von einem ihrer vielen Götter geschrieben, oder den Menschen wenigstens offenbart worden.

Solche alte, ehrwürdige heilige Schriften besitzen die Inder, die Perser, die Chinesen, die Aegypter. Ja, selbst Jahrhunderte nach der Entstehung des Christenthums, als die Religion des Islam durch Mahomed verkündet ward, galt es als feststehender Glaube dieser Religion, sie sei durch Gott selber, durch einen seiner Engel, in der heiligen Schrift der Mahomedaner, im Koran geoffenbart worden.

Das Christenthum steht also mit seinem Glauben an ein „heiliges Buch" nicht allein da, und es fragt sich nur, haben alle Recht, wenn sie an den unmittelbar göttlichen Ursprung ihrer Religionsurkunden glauben, oder das Christenthum ganz allein, oder haben sie alle Unrecht, und dann auch das Christenthum?

Lassen Sie uns darum einen Schritt weiter gehen, und jetzt zusehen, ob uns nicht die Bibel selber die Beweise an die Hand giebt, welche jeden, der sich nicht absichtlich der Wahrheit verschließt, überzeugen, daß das Christenthum in der That keinen Grund und darum auch kein Recht hat, seine Behauptung heute noch aufrecht zu halten, die uns überzeugen, daß, je näher und gründlicher wir diese Urkunden kennen lernen, sie desto deutlicher uns als das erscheinen, was sie in Wirklichkeit sind, als verfaßt und geschrieben von Menschen, als eine Schrift, oder eine Sammlung von Schriften, welche ganz auf dieselbe natürliche Weise entstanden ist, wie alle andern auch.

Ein solcher Beweis liegt nun aber ganz gewiß dann vor, wenn die Verfasser der biblischen Schriften es von sich selber aussagen, wie z. B. der Verfasser des sogenannten Lucas-Evangeliums. Dieses Evangelium beginnt mit folgenden Worten: „Nachdem sich viele daran gewagt haben, eine Erzählung über alles das zusammenzustellen, was sich unter uns erfüllt hat, wie es diejenigen überlieferten, welche von Anfang Augenzeugen und Mitwirkende bei der Sache gewesen, so habe auch ich beschlossen, nachdem ich Alles von Anfang an genau erforscht, es dir im Zusammenhang zu schreiben, mein bester Theophilus, damit du über das, worin du unterwiesen bist, volle Gewißheit habest." (Luc. 1, 1—5.) Der Verfasser

sagt somit ganz deutlich, daß nicht nur Mehrere vor ihm schon
den Versuch gemacht, die Ueberlieferungen über das Leben Jesu
niederzuschreiben, sondern er sagt noch ganz ausdrücklich, daß auch
er, wie sie, sich diese Aufgabe gestellt, daß er deswegen zuerst sich
genau nach Allem erkundigt, und dann im Zusammenhang es nieder=
geschrieben habe. Einen sprechenderen Beweis für die Entstehung
biblischer Schriften durch Menschenhand kann es doch wohl nicht
geben!

Dieser Beweis wird aber verstärkt, wenn wir uns den Inhalt
der biblischen Schriften etwas näher ansehen, und wenn wir nament=
lich finden, und fast auf allen Seiten finden, welche Menge von
Irrthümern darin enthalten sind.

Wir finden, um damit zu beginnen, eine Unzahl Stellen, wo
z. B. im neuen Testament einzelne Stellen des alten Testamentes
erklärt oder ausgelegt werden, wo wir aber bei genauerem Nach=
sehen entdecken, daß diese Auslegung eine ganz falsche, ganz irrige
ist. Ich erinnere nur an eine der bekanntesten im zweiten Kapitel
des Matthäus-Evangeliums, wo erzählt wird, die Eltern
von Jesus seien mit ihm nach Aegypten geflohen, weil ein Engel
im Traum den Vater dazu aufgefordert habe; sie seien dort ge=
blieben bis nach dem Tod des Herodes, „damit erfüllet
würde, was der Herr durch den Propheten gesagt
hat, der da spricht: Aus Aegypten habe ich meinen
Sohn gerufen.“ Hier wird also behauptet, die Flucht Jesu
nach Aegypten und der Aufenthalt daselbst habe deswegen statt=
gefunden, damit eine alte Weissagung in Erfüllung gehe, welche
lange vor dem Erscheinen Jesu von einem Propheten des alten
Bundes in Beziehung auf Jesus gemacht worden sei. Es findet
sich auch in der That im alten Testament, und zwar im Propheten
Hosea eine Stelle, welche so lautet, wie es im Evangelium steht.
Aber wenn wir diese Stelle im Propheten näher betrachten und
im Zusammenhang mit dem Vorhergehenden und Nachfolgenden,
dann sehen wir sofort, ohne daß man ein Gelehrter zu sein braucht,
diese Prophetenstelle hat gar nicht im Entferntesten den Sinn,
welchen das Evangelium ihr fälschlich unterlegt. Der alte Prophet
spricht im elften Kapitel, Vers 1, von gar Niemand Anderem
als dem ganzen Volk Israel, welches vor Zeiten in Aegypten
gewesen, das aber Gott der Herr aus Aegypten wieder
gerufen, d. h. erlöst habe. Das Volk Israel wird im ganzen

alten Testament als Lieblingsvolk seines Gottes an hundert Stellen
„der Sohn, der erstgeborene Sohn" Gottes genannt.
Darum sagt der Prophet: „Da Israel jung war, hatte
ich ihn lieb, und rief ihn, meinen Sohn, aus Aegypten;
aber wenn man sie jetzt ruft, so wenden sie sich ab,
und opfern den Baalim und räuchern den Götzen=
bildern u. s. w." Der Sinn dieser Prophetenstelle ist so deut=
lich, wie irgend eine; von einer Weissagung auf einen kommenden
Messias, oder gar auf Jesus selber ist hier nicht die entfernteste
Spur; und es ist somit klar erwiesen, daß die Auslegung dieser
Stelle durch das Matthäus-Evangelium eine grundfalsche ist. An=
nehmen also, daß nicht Menschen, sondern Gott selber die Bibel
verfaßt und geoffenbart, das hieße annehmen, daß dieser Gott selbst
sich geirrt habe.

Ebenso finden wir in der Bibel eine Menge Nachrichten, welche
sich offenbar widersprechen, von denen somit nur die eine
oder die andere die richtige sein könnte. So wird uns die so=
genannte Himmelfahrt Jesu auf dreierlei Weise erzählt, von welcher
jede die andere als eine Unwahrheit erscheinen läßt. Nach dem
Marcus-Evangelium (16, 14) soll sie am Tag der Aufer=
stehung noch, und dem ganzen Zusammenhang der dortigen Stelle
nach, von einem Zimmer aus stattgefunden haben, in welchem
Jesus mit seinen Jüngern beisammen war; nach dem Lucas=
Evangelium (24) von einem Berg, und nach der Apostel=
geschichte dagegen (1) soll sie zwar auch von einem Berg, aber
nicht am Tag der Auferstehung, sondern erst vierzig Tage
später vor sich gegangen sein. Wer hat nun Recht? Welcher
Erzählung sollen wir glauben, wenn wir überhaupt eine solche
Himmelfahrt für möglich halten? Können wir Gott selbst für solche
Widersprüche verantwortlich machen? Kann somit die Bibel von
ihm selbst verfaßt sein?

Dazu kommen nun aber noch andre Stellen in der Bibel,
welche nicht nur im Widerspruch unter sich selber, sondern im offen=
baren Widerspruch mit der sonst beglaubigten Geschichte
überhaupt stehen, Stellen, wo Dinge erzählt werden, welche der
Zeit und den Umständen nach damals gar nicht geschehen sein können.

Nach dem Lucas-Evangelium fällt die Geburt Jesu in das
Jahr, wo der römische Kaiser Augustus eine Schätzung fürs
ganze römische Reich vornehmen ließ, in Folge dessen Jesu Eltern

unter der Statthalterschaft des Quirinus sich von Nazareth nach Bethlehem begeben mußten, um sich dort schätzen zu lassen.

Nun ist aber Thatsache, daß überhaupt nie eine Schätzung für das gesammte römische Weltreich, mit all seinen römischen und nichtrömischen Bewohnern, ausgeschrieben wurde, sondern stets nur für einzelne Theile; ferner daß die von Augustus ausgeschriebenen mehreren Schätzungen in den Provinzen sich nur auf die militärpflichtigen Römer bezogen; daß die von Augustus in Rom vorgenommenen Schätzungen in die Jahre 726, 746, 767 fallen; daß die Geburt Jesu in keines dieser Jahre fällt; daß im Jahr seiner Geburt nicht, wie es im Evangelium heißt, Quirinus, sondern Saturninus Statthalter in Syrien war; daß Quirinus erst zwölf Jahre später Statthalter wurde, und seine Schätzung also auch zwölf Jahre später erst stattfand; daß jedenfalls diese Schätzung dann nicht die erste überhaupt war, daß sie keine allgemeine war fürs ganze Reich u. s. w. Es ist somit erwiesen, daß diese geschichtlich sein sollende Angabe des Evangeliums eine ganz falsche ist, womit zugleich auch der ungeschichtliche Inhalt der ganzen folgenden Geburtserzählung zusammenhängt und zusammenfällt.

Um aber schließlich noch an einem Hauptpunkt zu zeigen, welchen Irrthümern und Widersprüchen mit der Wahrheit wir in der Bibel begegnen, denke man doch, wie verkehrt und grundfalsch die ganze Ansicht oder Anschauung der Bibel alten wie neuen Testaments vom Weltall ist, von den Gestirnen. Die Bibel weiß nicht anders, als daß der Himmel über uns ein festes Gewölbe, eine „Veste" ist, daß die Sonne sich um die Erde bewegt u. s. w.; sie weiß also nicht mehr als jene ganze Zeit des Alterthums, sie ist, wie dieses, in einem ganz gewaltigen Irrthum über alle diese Dinge befangen.

Braucht es mehr Beweise für ihre Abfassung von Menschen? Doch lassen Sie mich noch auf einen wesentlichen Charakterzug der Bibel aufmerksam machen, welcher das bisher Bewiesene vollends bestätigt.

Ich meine den morgenländischen Charakter, den alle ihre Schriften aufweisen und durch welchen sie eben ihre natürlich-menschliche Entstehung und Abfassung an der Stirne trägt. Dieser morgenländische Charakter zeigt sich uns am unzweideutigsten in dem Vorwalten der Poesie, der Phantasie, der Einbildung und der daraus entsprossenen mannigfachen, mehr oder weniger wunderbaren Sagen, die wir von Anfang bis zum Ende in ihr finden.

Ich erinnere an die Erzählung von der Schöpfung in sechs Tagen! Wer weiß denn heute nicht, daß das blos eine dichterische Darstellung ist, welche nicht im entferntesten Anspruch machen kann, die wirklichen Vorgänge zu beschreiben? Schon die Vorstellung von Gott, der nach den sechs Tagen ausgeruht, weil er müde war, macht es ja dem kleinen Kinde klar, daß es hier keine wirkliche Geschichte vor sich hat, sondern nur das Erzeugniß der Einbildungs-kraft einer längst entschwundenen Zeit.

Ich erinnere an die Erzählung vom Paradiese, welche genau betrachtet, nichts andres soll, als zeigen, wie das Uebel in die Welt gekommen ist. Aber ist denn das und kann das, was die Bibel vom Paradies erzählt, eine wirkliche Begebenheit sein? Die zwei ersten Menschen friedlich mit allen den reißenden Thieren bei-sammen, Gott vom Himmel herabkommend und die Kühle des Abends suchend, im Garten spazieren gehend, den Adam nicht findend, ihn rufend u. s. w.; oder Gott verbietend, daß die Menschen vom Baum der Erkenntniß essen, also wollend, daß sie in Unwissen-heit verbleiben wie die Thiere u. s. w.? Wer sieht denn hierin nicht auf der Stelle die Dichtung, die Sage?

Oder im neuen Testament, das ganze Bild, wie es von Jesus entworfen ist! Seine wunderbare Geburt, seine wunderbaren Thaten, Heilungen, Speisungen, Todtenerweckungen; sein Beschwören der Dämonen, sein Verzaubern der Schweine, sein Gehen auf dem Wasser, sein Beschwören des Sturmes; seine Höllenfahrt, seine Aufer-stehung, seine Himmelfahrt; sein Sitzen zur Rechten des Vaters, sein Wiederkommen in den Wolken des Himmels! Ist denn das Geschichte, wahre, wirkliche Geschichte, oder ist's nicht wie Alles Aehnliche, was uns im ganzen Alterthum von andern ausgezeichneten Männern, von Religionsstiftern der Inder und Perser, von Göttern und Gottessöhnen aller Religionen erzählt wird, fromme, religiöse Dichtung, fromme Sage? Ist's nicht unsre Aufgabe, aus all diesem Schmuck der Dichtung das wirkliche geschichtliche Lebensbild erst mit Mühe herauszusuchen, indem wir unterscheiden zwischen dem, was Liebe und Verehrung aus dem reichen Schatz der Phan-tasie hinzugethan, und dem, was nach den Gesetzen der Natur und des Geistes wirklich möglich ist?

Ist damit aber nicht aufs Neue und aufs Unwidersprechlichste
bewiesen, daß diese Urkunden alle ohne Unterschied das Erzeugniß
menschlichen Denkens und menschlicher Phantasie sind, daß
wir also den Gedanken aufgeben müssen, als rede Gott selber in
der Bibel zu uns, als enthalte sie unmittelbar seine Worte, nicht
die von Menschen?

Das sind einige der Hauptpunkte, die wir festhalten müssen,
um die Bibel ihrem wahren, wirklichen Werth nach beurtheilen,
um ihren Inhalt verstehen zu können. Mögen diese Betrachtungen
mithelfen, daß wir Alle ohne Unterschied in Stand gesetzt werden,
die Ostertage so zu feiern, wie es denkenden Menschen ziemt, nicht
blos, weil es Herkommen und kirchliche Sitte ist, sondern weil wir
an der Hand der Bibel, aber der rechtverstandenen Bibel, das
Lebensbild des unsterblichen Dulders in seiner ganzen geschicht=
lich wahren Größe zu erkennen suchen, und weil uns gerade
dadurch diese Tage der Erinnerung zu wahren Tagen der Andacht
werden. Fürchte Niemand, daß uns bei solcher An=
sicht von der Bibel Christus oder vielmehr Jesus
verloren gehe! Was wir verlieren, ist nur, was die fromme
Dichtung. d. h. die Einbildung zum wirklichen geschichtlichen Lebens=
bild hinzugethan hat. Das geschichtliche Lebensbild selbst, gerade
das tritt uns, wenn wir diese dichterischen Umhüllungen hinweg=
thun, nur um so lebenswahrer und lebenswarmer auf dem großen
Hintergrund seiner großen Zeit entgegen. Mit anderen Worten:
wir haben die Wahl, entweder dem todten Buchstaben der Bibel
zu folgen, und auf Grund ihrer Wundererzählungen uns von Jesus
ein Bild zu machen, halb Mensch, halb Gott, oder ganz Mensch
aber auch ganz Gott, schwebend zwischen Himmel und Erde, so hoch
über uns, daß wir nicht im Stande, ihn zu erreichen, nicht im
Stande, ihm gleichzukommen, — oder aber wir entkleiden ihn seiner
morgenländischen Umhüllung, des Gewandes, welches die jüdische
Phantasie frommer Verehrer ihm übergeworfen, und betrachten ihn
als Menschen wie wir, als Menschen, der wie wir geboren, mensch=
lich gekämpft, menschlich gerungen und gelitten, der uns dadurch
aber auch unendlich näher tritt, und anstatt die Schwingen unsres
ihm nacheifernden Geistes zu lähmen, uns vielmehr zu dieser Nach=
eiferung und Nachfolge nur umsomehr anspornt und ermuthigt.
Die Entscheidung kann nicht schwer sein, nachdem wir einmal über=
haupt das „Kirchenthum" verlassen und uns auf den Boden der freien,

selbstständigen Gemeinden, auf den der Vernunft und der ver=
nünftigen Religion gestellt haben. Sie kann es um so weniger,
wenn wir bedenken, daß das Christenthum mit all seinen über=
natürlichen und überschwenglichen Vorstellungen von Jesus doch
bis zur Stunde das nicht erreicht hat, was seinem großen Begrün=
der als einziges und höchstes Ziel vorschwebte, die Herstellung
beßrer menschlicher Zustände überhaupt, oder wie er es nannte,
des „Himmelreichs" auf Erden.

Versuchen wir's denn endlich einmal mit dem Gegentheil, mit
der schlichten Natur, statt der augenverdrehenden Unnatur, mit der
klaren Vernünftigkeit, statt der mystischen Schwärmerei, mit dem
Aufstellen seines — auch ohne dichterisches Zuthun immer großen,
hohen und unsterblichen geschichtlich wahren Bildes, statt der ins
Ueberirdische und Ueberhimmlische gemalten, wenn auch kirchlich
anempfohlenen und approbirten Schein= und Irrbilder! Ver=
suchen wir's mit der Wahrheit, der ganzen,
rückhaltlosen Wahrheit, und vertrauen wir
ihrem Geiste! Sie wird bringen, was der bisherigen Mensch=
heit gefehlt, sie wird den Glauben bringen an uns selber, mit
ihm den Muth zum Kampfe, und mit dem rechten Muth wird sie
zuletzt den Sieg auch bringen, den Sieg des Guten, des
Edeln, den Sieg des Ewigen in der Menschheit!

16. Jesus auf dem Todeswege.

(Letzter Vortrag, Palmsonntag, den 1. April 1849.)

„Wer ausharrt, wird gekrönt!" So haben unsre Sänger uns heute zugerufen, so rufe auch ich euch zu, denn es ist das Wort des Muthes, dessen wir jetzt mehr denn je bedürfen, des Muthes, der selbst auf dem Weg zum Tobe, zum frühen gewaltsamen Tobe unsres Gemeindelebens uns nicht verlassen soll!

Das Osterfest, auf das wir uns so innig gefreut, heute beginnt es; der Tag der Palmen hat uns zu festlicher Andacht versammelt; unsre Halle prangt im Schmuck der Blumen und immergrünen Bäume, mit welchen die Hände der Frauen und Jungfrauen diese Stätte geziert, aber über all diesem Grün und dieser Farbenpracht liegt eine unendliche Wehmuth ausgebreitet, — es ist, als ob die Blumen weinten, weinten über die Menschen, weinten über uns!

Unsre Gemeinde ist zum zweitenmale aufgelöst! Nur ganz besonderer Gnade haben wir es zu danken, daß wir noch einmal heute uns hier versammeln dürfen! — Noch einmal! — Wer kann's uns da verargen, daß wir mit bittern Gefühlen gekommen sind, den Schmerz tiefster Enttäuschung in unsrer Seele, daß wir gekommen sind, uns sehnend und verlangend nach einem Wort des Trostes, nach einem Wort des Muthes, nach einem Strahl der Hoffnung, daß sie uns aufrichten in unserm nur zu gerechten Schmerz! Wer aber auch wird es nicht natürlich finden, daß mir gerade es doppelt schwer fällt, dieses Wort zu sprechen, mir, der als Fremdling in diesem schönen Lande jede Stunde gewärtigen muß, einem Verbrecher gleich über die Grenze gewiesen zu werden, und dann von Allem scheiden zu müssen, was mir lieb und theuer, was mir eine neue Heimath geworden war!

Und doch! Ist's nicht das Osterfest selbst, sind's nicht seine großen Erinnerungen, aus denen uns Trost, Muth und Hoffnung zuströmt? Ist's nicht ein freundliches Zusammentreffen mit der Stimmung, in der wir uns befinden, daß es gerade heute ist, der Tag der Palmen, die sie einem zum Tode Gehenden einst auf seinen Weg gestreut? Es liegt zu jeder Zeit ein eigener, hoher Reiz darin, die letzten Schritte, die letzten Stunden eines uns theuern Menschen in der Erinnerung noch einmal an unsrer Seele vorübergehen zu lassen; einen um so höheren Genuß gewährt es, wenn dieser Mensch zugleich einer der Besten, der Reinsten, der Größten unsres Geschlechtes war, und wenn sein dem Höchsten geweihtes Leben der Gewalt zum Opfer fiel! Seine letzten Augenblicke, seine letzten Handlungen und Worte, seine letzten Gedanken im Geiste noch einmal durchgehen, seinen Todesweg mit ihm gehen, seinen Schmerz, aber auch seinen unbeugsamen Muth mit ihm fühlen, seine Enttäuschung, aber auch seinen Glauben an die Zukunft, seine hohe Hoffnung auf künftige bessere Tage mit ihm theilen, — meine Freunde, ein besseres Mittel uns selbst zu stärken, uns selbst zu ermuthigen, und die Bitterkeit unsrer eignen Schmerzen zu mildern, weiß ich nicht, und darum lassen Sie uns diese — aller Voraussicht nach letzte Stunde unsres Zusammenseins! — lassen Sie uns dieselbe der Erinnerung an Ihn weihen, dem sie auch gewaltsam ein zu frühes Ende bereitet haben!

Um uns aber so lebendig als möglich in die Seele des hohen Dulders hinein zu denken, lassen Sie uns heute nicht blos bei dem stehen bleiben, was der Feier des heutigen Tages zunächst ihre Entstehung gegeben hat, lassen Sie uns vielmehr, um die Stimmung seines Gemüthes beim Antritt seines letzten, entscheidenden Ganges ganz kennen zu lernen, auch das noch hinzunehmen, was nach den biblischen Erzählungen unmittelbar vorausging und unmittelbar nachfolgte.

Nach den fast übereinstimmenden Erzählungen der Evangelien ging nämlich seinem Einzug in Jerusalem eine Scene voraus, eine Abschiedsscene, wie sie ergreifender und schöner nicht gedacht werden kann. Gehen auch die einzelnen Evangelien, was das Nähere des Vorfalls betrifft, mehr oder weniger in ihren Aussagen auseinander, in der Hauptsache berichten sie doch dasselbe. Jesus war auf seinem verhängnißvollen Wege nach Jerusalem, der Hauptstadt seines Volkes, und dem Hauptsitz der ganzen ihm feindlichen Priesterschaft, in Bethanien eingekehrt, einem Flecken unweit Jerusalem, am östlichen Abhang des sogenannten Oelbergs. Wie lange er dort war, wie oft er hingekommen, ob nach dem Johannes-Evangelium zu wiederholten Malen, oder nach andern Evangelien nur kurz vor seinem Tode, darüber werden wir wohl schwerlich mehr Gewißheit erhalten. Aber das steht fest nach allen Berichten, daß er in diesem kleinen Flecken treue Freunde hatte, vor Allem eine Familie, deren Haupt Lazarus, und dessen Schwestern Martha und Maria waren, und sie sind es, in deren Mitte wir die Scene erblicken, an welche der heutige Palmentag uns zuerst erinnert.

Das große Passah- oder Osterfest stund vor der Thüre, Tausende von frommen Pilgern und Festbesuchern hatten sich bereits in Jerusalem eingefunden, zu manchen war die Kunde von Jesus' Auftreten gedrungen und sie waren neugierig, ob sie am hohen Feste ihn sehen, ihn hören werden; die Hohenpriester aber und Pharisäer hatten ein Gebot erlassen, „so Jemand wüßte, wo er wäre, daß er es anzeigte, damit sie ihn gefangen nähmen."

Ob Jesus selbst von diesem Gebot wußte, ist uns nirgends ausdrücklich gesagt, aber die ernste, wehmüthige Stimmung, die zu jener Zeit sich seiner Seele bemächtigt hatte, sie läßt uns wenigstens er- kennen, daß er auf das gewaltsame Einschreiten seiner Feinde gefaßt war, und in dieser Stimmung erblicken wir ihn in dem Freundes- kreis zu Bethanien.

Wir sehen ihn sitzen bei einem Mahle, das man ihm zu Ehren bereitet, und bei dessen Zurichtung die eine jener Schwestern, Martha, besonders mitgewirkt hatte. Was bei diesem Mahle sonst gesprochen wurde, ob Jesus die Gelegenheit ergriffen, um noch einmal den tiefsten Gedanken seines Lebens auszusprechen, oder ob er vorge- zogen, diese letzten Stunden ganz zu seiner Erholung im Kreise seiner Vertrauten hinzubringen, auf flüchtige Augenblicke vergessend, was ihm das Herz fast brach, vor Allem die Gleichgültigkeit und Stumpfheit seines Volkes, — wir wissen es nicht.

Aber hier bei diesem Mahle im Haus von treuen Freunden war es, wo ihm Liebe und Verehrung eine letzte Huldigung bereitete, eine Genugthuung, die seiner Seele wohlthat. Maria, so erzählt uns Johannes, die andre Schwester, welche Lucas schon als das ernstere, sinnigere und tiefere Gemüth im Unterschied zu Martha geschildert, sie fühlte ganz die Schwere dieses Augenblicks, sie fühlte das Verhängnißvolle der nächsten Tage für den geliebten Freund und Lehrer, sie fühlte den Schmerz um den Verlorenen schon voraus, und um diesem Schmerz nicht zu unterliegen, um sich keinen Vor-

wurf machen zu müssen, wenn es zu spät wäre, — um dem auf
Nimmerwiedersehen Scheidenden noch einen letzten, sprechenden Beweis ihrer Liebe zu geben, „nahm sie ein Pfund Salbe von
ungefälschter köstlicher Narbe, und salbte die Füße
Jesu, und trocknete sie mit ihrem Haare; das Haus
aber ward voll vom Geruch der Salbe!" (Joh. 12, 3.)

Und Jesus verstund, was Maria damit sagen wollte. Nach
der herkömmlichen Sitte hätte es genügt, wenn ihm einfach Wasser
wäre hingestellt worden für seine Füße, daher auch Einer und
der Andere sich über Marias Benehmen aufhielt, und wie es von
einem seiner eigenen Jünger, Judas, heißt, meinte, das sei Verschwendung, — das Geld, das diese kostbare Salbe kostet, hätte
besser verwendet werden können, wenn man's den Armen gegeben
hätte. Jesus aber verstund Maria; sie wollte etwas Besonderes
thun, weil sie wußte oder doch ahnte, daß es das letztemal war,
daß der geliebte Gast in ihrem Hause weile, sie wollte ihm dadurch
ein letztes Zeichen der Liebe, der Freundschaft, der Hochachtung geben.

Darum hat Jesus auch dem Jünger seinen Vorwurf verwiesen,
und Maria dagegen in Schutz genommen, indem er nach der biblischen Erzählung sagte: „Laßt sie in Frieden, solches hat sie auf-
bewahret auf den Tag meines Begräbnisses. Arme habt ihr immer
bei euch, mich aber habt ihr nicht immer." Das Wort hat Maria
wohlgethan; es sagte ihr, daß sie verstanden, es war ihr ein weiterer
Trost zur Linderung ihres Schmerzes.

Aber in höherem Grade lag für Jesus selbst in dieser sinnigen
Handlung süßer Trost und hohe Beruhigung, denn ihm bewies sie,
daß, wenn auch seine wie Maria's Ahnung nur zu bald vielleicht
in Erfüllung gehen, wenn der Abschied von diesen ihm lieben
Menschen wirklich der letzte sein sollte, daß treue Herzen hier für
ihn schlagen, die, wenn er auch nicht mehr sei, seiner und seiner
Sache nicht vergessen werden. Nicht vergessen werden aber,
— die Ueberzeugung, fortzuleben im Herzen und in der Erinnerung
derer, in deren Mitte wir gewirkt und gekämpft, die Ueberzeugung,
daß ein großes, der Menschheit geweihtes Streben fortwirkt und
sich fortsetzt, auch wenn wir nicht mehr sind, wenn widrige Verhältnisse, Gewaltmaßregeln der Gegner und Feinde, wenn früher
Tod diejenigen auseinander reißt, welche die Gemeinsamkeit des
Strebens, die Uebereinstimmung, in den höchsten, heiligsten Grundsätzen bisher eng und innig zusammengehalten, — meine Freunde,

wer könnte den hohen, unaussprechlich hohen Trost dieses Bewußt=
seins mehr und lebendiger an sich selber fühlen, als gerade wir
jetzt, wir Mitglieder der hiesigen freien Gemeinde? Es sind erst
wenige Monde, daß wir zusammen unseren Bund geschlossen, erst
wenige Monde, daß unsre Herzen sich zusammengefunden, daß wir
mit einander anfingen, zur Gründung einer bessern, einer
vernünftigen Religion zusammen zu wirken, — und
jetzt wird unser Bund gewaltsam aufgelöst, unsre Gemeinde zum
zweitenmal verboten, unsre Herzen werden auseinandergerissen, und
Niemand weiß, auf wie lange, ob vielleicht auf viele Jahre, —
vielleicht auf immer? Da ist's ein süßer, hoher Trost, daß wir
uns in dieser Stunde Einer dem Andern sagen können: sie haben
unsern Bund aufgelöst, aber unsre Herzen halten doch zusammen,
sie haben unsre Gemeinde verboten, aber was die Gemeinde ins
Leben gerufen, der Geist, der uns zusammengeführt, die Gedanken,
die Grundsätze, die leben fort, — die bewahren wir treu und fest
in unserm Innern, — ja diese Gedanken und Grundsätze sie werden
selbst von Vielen, die sich nicht ausdrücklich unserer Gemeinde an=
schlossen, treu und fest in uns verwandten Herzen bewahrt,
und trotz der Auflösung unsrer Gemeinde nicht vergessen werden.

Darum verstehen wir dich ganz und vollständig, du treue
Seele in Bethanien, der es Bedürfniß war, dem, wie sie ahnte,
Todgeweihten, noch durch ein letztes Zeichen zu sagen, daß sie
ihn nie vergessen, daß auch der Tod nicht im Stande sein werde,
das heilige Feuer auszulöschen, das er, das seine Lehre in ihrem
Herzen entflammt hatte. Wie du dem geliebten Meister durch deine
unerwartete Huldigung, durch deine kostbare Salbe noch eine letzte
hohe Freude auf seinem Todesgang bereitet hast, so haben's heute
auch uns, unsrer todgeweihten Gemeinde die Frauen,
die mit sinniger Hand unsre kaum erbaute und eröffnete Halle mit
diesen prangenden und duftenden Blumen geschmückt haben! Diese
Blumen, wenn sie reden könnten, sie würden uns zurufen: wir
trauern mit Euch, — aber sie würden uns auch sagen: verzaget
nicht, was Ihr so hoffnungsvoll und so vertrauend begonnen, das
kann keine Gewalt der Erde, und auch die mächtigste nicht ver=
nichten, das ist ein Same, der nicht verloren, der aufgehen wird
zu seiner Zeit!

Von Bethanien ging Jesus' Weg den Oelberg hinunter
nach Jerusalem und dort war es, wo ihm von einem Theil seiner

Volksgenossen ein Empfang bereitet wurde, der den letzten Anstoß
dazu gab, daß seine fanatischen Feinde zum gewaltsamen Einschreiten
gegen ihn sich berechtigt glaubten. Ein begeistertes „Hosiannah!"
erklang ihm entgegen, „Hosiannah, dem Sohne Davids,
dem Propheten aus Nazareth;" Palmen brachen sie von den
Bäumen, und streuten sie ihm auf den Weg, ihre Mantelüberwürfe
breiteten sie sogar aus vor ihm, daß seine Füße nicht den Boden
berührten. Wie mag ihm da zu Muth gewesen sein! Ein Anderer
hätte, selbstgefällig, vom Eindruck des Augenblicks überwältigt, im
Anschauen und Anhören dieser Huldigung geschwelgt. — Er hat
sich nicht dadurch täuschen lassen, denn ihm sagte seine ahnungsvolle
Seele, daß sein Volk ihn doch nicht verstanden, und daß sie nur
deswegen ihm so entgegenjauchzten, weil sie von ihm etwas erwarteten, woran seine Seele nie gedacht hat. Sie träumten von
einem Königsjohn, der den Thron ihrer Väter in seiner alten
Herrlichkeit wieder aufrichte, sie begrüßten ihn als ihren ersehnten
Retter und Befreier vom Joch der römischen Fremdherrschaft, —
von dem Reich, das Er in seiner Seele trug, hatten nur die
Wenigsten eine Ahnung. Was Er in jenem entscheidenden Augenblick darum vorausgesehen, vorausgefürchtet, — es traf ein: als
das jubelnde Volk in seiner Erwartung sich getäuscht sah, als sie
sahen, daß er keine Anstalten machte, ihre Hoffnung zu erfüllen,
da war es aus mit ihrer Begeisterung, — dem Hosiannah
folgte nach wenigen Tagen das „Kreuzige ihn!"

Eine ähnliche Erfahrung machen wir in unsern Tagen, einen
ähnlichen Umschlag in der Gesinnung unsrer Mitbürger macht unsre
freie Gemeinde. Oder ist es denn vergessen, mit welchem Jubel,
mit welcher Begeisterung man vor wenigen Monaten erst, im vorigen
Herbst, unsre Bestrebungen begrüßte, und Heil und Glück uns gewünscht hat? Ist's vergessen, daß selbst hochstehende kaiserliche
Beamte uns offen erklärten, wie man sich auch in diesen Kreisen
freue, daß endlich ein Anfang wenigstens gemacht werde, um
Oesterreichs Volk von dem jahrhundertlangen Geistesdruck und Geistes-
zwang zu befreien, der von einer herrschsüchtigen Priesterschaft bis
zur Stunde über dasselbe ausgeübt wird? Und jetzt, — jetzt,
wie ganz anders ist es gekommen! Wie Viele von Denen,
die uns so freudig begrüßt, so herzlich die Hand gedrückt, wie Viele,
die unsre Bestrebungen, wenn sie auch persönlich sich uns nicht an-
schlossen, doch auf jede Weise, auch durch materielle Beiträge unter-

stützten, wie Viele von ihnen sind in dieser kurzen Zeit schon lau geworden, wie Viele haben uns die Treue nicht gehalten, auf die wir glaubten, bauen zu dürfen!

Sie hätten's vielleicht gethan, wenn unsre Bestrebungen nicht von oben her, nicht von den Behörden wären gestört und unterbrochen worden, sie hätten's vielleicht gethan, wenn keine Hindernisse, keine Widerwärtigkeiten sich uns in den Weg gelegt hätten, wenn sie nicht hätten fürchten müssen, um ihrer Sympathieen willen Vorwurf, Anklage, oder Nachtheil in ihrer öffentlichen Stellung, ihrem Geschäft, ihrem Verdienst, ihrem Beruf zu erleiden; sie hätten's vielleicht gethan, wenn nicht der langjährige Einfluß eines schrankenlos herrschenden Priesterthums, wenn nicht die zu lange dauernde Gewohnheit, in Sachen des Glaubens sich nur von diesem leiten, führen und befehlen zu lassen, die Oberhand in ihnen wieder gewonnen hätte. Sie haben, — wir haben das wohl bemerkt, schon seit einiger Zeit angefangen, uns den Rücken zu wenden, sie thun's jetzt ganz und vollständig, nachdem wie ein Blitz aus heiterm Himmel das kaiserliche Verbot unsre Gemeinde getroffen hat. Manche von ihnen verrathen uns durch den scheuen Blick ihres Auges, daß sie ihres Wankelmuths, ihrer Charakterschwäche sich doch ein wenig schämen, Andere haben sich in diese schnelle Wandlung ohne viele Gewissensbisse hineingefunden. Mögen sie's thun, — wir beneiden sie nicht, wir machen ihnen nicht einmal Vorwürfe, obgleich wir ein gutes Recht dazu hätten.

Lassen Sie uns aber heute aus Anlaß der geschichtlichen Erinnerung, welche unsre Festerzählung enthält, auch all der Andren gedenken, die zwar niemals von uns und unsren Bestrebungen etwas wissen wollten, die aber in andrem Sinn, als unsre wankelmüthigen Freunde, doch auch zu Denen gehören, über deren sich widersprechendes Thun wir ein Recht haben, unserm Schmerz heute Ausdruck zu geben. Unser Schmerz gilt nämlich auch der traurigen Thatsache, daß es soviele Tausende giebt, die, ohne sich auch nur die kleinste Mühe zu geben, unsre Bestrebungen im Dienst der Wahrheit näher kennen zu lernen, uns verdammen, während sie doch am heutigen Festtag als gute Christen es für ihre Pflicht halten, in die Hosiannahs mit einzustimmen, welche dem entgegengebracht wurden, der auch und nur im Dienst der Wahrheit vor achtzehnhundert Jahren zum Tode ging! Hosiannah Ihm, der eine neue Bahn der Wahrheit gebrochen, Hosiannah Ihm, der den Kampf gegen das erstarrte alte Tempel-, Ceremonien- und Priesterthum kühn unternommen, Hosiannah Ihm, der dafür sich den Haß und die Verfolgung von Priestern und Schriftgelehrten zugezogen, der dafür gefangen, mißhandelt, und zuletzt als Religionsverbrecher und Staatsverbrecher zugleich ans Kreuz geschlagen wurde, — uns aber, die wir garnichts andres wollen und thun, als das von Ihm Begonnene wieder aufnehmen und fortsetzen, nichts Andres, als auch der Wahrheit neue Bahnen brechen, auch altes, erstarrtes Tempel-, Ceremonien- und Priesterthum bekämpfen, uns schreien sie ihr „Kreuzige" entgegen! Das ist dasselbe wie vor achtzehnhundert Jahren, derselbe Widerspruch, — dieselbe Schmach und Schande für die Menschheit!

Doch wir haben uns gewöhnt daran, wir haben uns darein ergeben; wir tragen den Schmerz, in unserm besten Wollen, in unserm reinsten Streben verkannt, verleumdet zu sein. Wir tragen darum auch mit Ergebung, mit männlicher Fassung das Letzte und Aeußerste, was jetzt — Dank den Bemühungen unsrer Gegner! — über unsre Gemeinde verhängt worden! Mögen sie's verantworten vor sich und ihrem Gott, mögen sie jubeln und triumphiren ob dem Untergang, den sie uns bereitet haben, — wir wollen selbst die gerechte Empörung über solch ein Thun niederkämpfen in unsrer trauernden Seele, wir wollen im Aufblick zu dem Größeren, den wir auf seinem Todeswege heute begleiten, und nacheifernd seinem im Todeskampfe noch liebeerfüllten Herzen, ausrufen mit ihm: „Herr, vergieb ihnen, sie wissen nicht, was sie thun!"

Ja, das wollen wir, das können wir aber auch, meine Freunde, zumal wenn wir einen Gedanken noch festhalten, der ebenfalls in unsrer heutigen Erzählung in unmittelbarstem Zusammenhang mit dem bisherigen enthalten ist, und zu dessen schließlicher Betrachtung wir jetzt noch übergehen wollen. Unsre Festerzählung weist uns nämlich ausdrücklich noch darauf hin, daß unter der Menge derer, welche Jesus bei seinem feierlichen Einzug in Jerusalem umwogten, auch einige seiner erbittertsten Feinde sich befanden, Pharisäer, und legt ihnen, als sie sahen, wie trotz all ihrer bisherigen Bemühungen soviel Volkes ihn jubelnd begrüßte, die bedeutungsvollen Worte in den Mund: „Seht ihr nun, daß ihr nichts ausrichtet? Siehe, alle Welt läuft ihm nach." Sie berichtet uns sogar, daß Griechen herbeigekommen seien, und ihr Verlangen ausgedrückt hätten, Jesus zu sehen und kennen zu lernen.

Und diese Pharisäer haben recht gesprochen, die Geschichte der nächsten Tage schon hat das bewiesen! Als sie ihn freilich ans Kreuz geschlagen, und seine vertrautesten Freunde und Jünger im ersten Schrecken auseinander gestäubt und verschwunden waren, da konnte es einen Augenblick scheinen, ihr Plan sei gelungen, mit dem Tod des Gekreuzigten sei der Kampf, den er gegen sie ge= führt, beendet für immer, sei die Sache verloren, für die er sein Leben lang gewirkt und gelitten. Aber es schien das nur einen Augenblick so. Die Pharisäer und Schriftgelehrten, die Priester und Hohenpriester, welche sich als die alleinigen Hüter und Wächter des Glaubens hochmüthigerweise betrachteten, sie hatten im Bund mit den Römern, d. h. mit der politischen Behörde des Landes, einen leichten Sieg über Den errungen, der in den Augen Beider nichts Geringeres war, als ein Empörer gegen die altehrwürdige, durch Jahrhunderte geheiligte Religion der Väter, ein Empörer gegen Moses Gesetz, ein Empörer gegen den Staat; die Gewalt, die Gewalt des verbündeten Priesterthums und Fürstenthums, der Diener von Altar und Thron, sie hatte gesiegt. Aber ich wieder= hole es, ihr Sieg war nur ein kurzer.

Ob auch gefangen, mißhandelt, ans Kreuz geschlagen und ins Felsengrab verschlossen, — der neue, kühne, todesmuthige Geist, der Jesus zum ungleichen Kampf mit Denen begeistert, welche die Macht, die Gewalt in Händen hatten, er schwang sich aus dem Grab empor, und feierte nach wenig Tagen schon in den Herzen der Getreuen, in ihrer Liebe, ihrem Muthe, ihrer Begeisterung seine Auferstehung. Darum sage ich, sie haben recht gesprochen die Pharisäer! So wenig sie's verhindern konnten, daß während seines Lebens, zumal beim Einzug in Jerusalem das Volk ihm nachlief, so wenig konnten sie verhindern, daß selbst nach seinem gewaltsamen Tode seine Sache fortlebte, sein Geist fortwirkte! Es hat sie Alles, Alles nichts geholfen, — wie sie selber sagten — „sie haben nichts ausgerichtet!" Und darin liegt eben auch für uns, für das, was heute uns geschieht, ein un= endlich hoher Trost enthalten!

Auch für die Zukunft unsrer Sache ist uns nicht bange! Die Gewalt hat unsre Gemeinde aufgelöst, die Gewalt hat uns unterdrückt, uns getödtet; aber sie jubeln zu früh, wenn sie meinen, jetzt sei es ganz aus, jetzt sei es für immer aus mit uns und unsern Bestrebungen! Sie jubeln 'zu früh die Priester und Hohepriester, die, weil für sich allein zu schwach, den Arm der weltlichen Macht sich geliehen, und mit ihrer Hilfe uns ans Kreuz schlagen, — denn auch wir rufen ihnen das Wort und das Geständniß ihrer eigenen Geistesverwandten entgegen: „ihr richtet doch nichts aus,“ — die Zukunft sie gehört uns! Ob früher oder später, der Geist, der uns zusammengeführt zu diesem jetzt gesprengten Bunde, der Geist, der uns beseelt und beseligt, er wird seine Auferstehung feiern trotzalledem!

Wenn unter Thränen auch, wir blicken hinaus in die kommenden Tage, und unser inneres Auge sieht sie von Ferne schon dämmern die große, heilige Zeit, wo uns Genugthuung wird werden von der Nachwelt! Und dann werden noch ganz Andere kommen, die unsern Reihen sich anschließen, dann werden kommen, an die wir heute noch kaum gedacht, und werden eintreten in den auf's Neue wieder erstandenen Bund!

Auch Jesus war, nach unsrer Festerzählung, dieser Moses-blick in eine schönere Zukunft, diese Ueberzeugung, daß sein unterbrochenes Werk werde fortgeführt werden auch von Solchen, die bisher weniger im Umkreis seiner Gedanken waren, aufbehalten für seine letzten schweren Tage. Denn damals war es ja, wie uns der Festbericht meldete, daß auch Griechen sich zu ihm herandrängten! Da erst ward es ihm ganz klar, was vorher mehr als leise Ahnung nur sein Herz erfüllt hatte! Er hatte sich nach den übereinstimmenden Berichten fast ausschließlich an seine engeren Volksgenossen, fast ausschließlich bisher an die Juden gewendet; er hatte ja seinen Jüngern selbst den Auftrag früher gegeben, „nicht auf der Heiden-Straße, nicht in die Samariter-Städte zu gehen.“ (Matth. 10,5.) Nach seinem Einzug in Jerusalem ward sein Gesichtskreis erweitert: die Griechen, die ihn zu sehen verlangten, sagten ihm, daß seine Sache nicht nur siegen, daß sie nicht nur durch die Getreuen aus seinem Volke siegen, daß sie siegen werde auch durch die Mitwirkung anderer Völker, weil sie die Sache der ganzen Menschheit sei.

In dieser Hoffnung, in diesem Zukunftsblick des hohen Märtyrers, der einen letzten Lichtschimmer, einen Strahl der Verklärung noch auf seinen Todesweg geworfen, auf dem wir heute ihn begleitet haben, in ihm laſſen Sie auch uns darum unſern letzten Troſt ſuchen und finden! Dieſe Hoffnung wird uns beſtärkt ſogar durch manche Erfahrung, die wir gerade in dieſen ſchweren Tagen gemacht haben. Wir haben ſeit dem Bekanntwerden des kaiſerlichen Befehles, der unſre Gemeinde zum zweiten Mal auflöſte, manches herzliche Wort, manches Wort des Bedauerns, manchen ſtillen Händedruck von Solchen ſogar erhalten, von benen wir's bisher nicht gewohnt waren, von benen wir's nie erwartet hätten, und die uns niemals ihr innerſtes Herz würden geoffenbart haben, wenn nicht das mitleibloſe Vorgehen der Gewalt gegen uns ihr Mitleib erregt, ihr Herz uns gewonnen hätte!

Ob es uns auf wiederholtes Bitten gegönnt ſein wird, doch vielleicht auch die kommenben Oſtertage, ober noch einen wenigſtens in unſerm Kreiſe zu feiern, wir wiſſen es nicht, wir müſſen uns mit dem Gebanken vertraut machen, daß es uns nicht geſtattet wird. Dann wollen wir im Stillen, ganz im Stillen, jeder für ſich, den hohen Märtyrer weiter begleiten; wollen ihn begleiten durch die Straßen Jeruſalems, vorüber an den Prunk-Paläſten ber Vornehmen und Gewaltigen, am Tempel vorbei, wo er die Tempelſchänder mit der Geiſel in der Hand hinausjagte, wo er ſein letztes breifaches Wehe über die Phariſäer und ihre Heuchelei herabrief, wollen ihn begleiten zum Abſchiedsmahl mit ſeinen Treuen, zum nächtlichen Seelenkampf im ſtillen Gethſemane, zum Verräther mit dem Judaskuſſe, zum Verhör vor ben Prieſtern und bem römiſchen Statthalter, und wenn wir ſo im Geiſte mit ihm zur Stelle gekommen, wo Wahn und Haß und rohe Gewalt ihn als Verbrecher an das Kreuz geſchlagen, zur Stelle dann, wo ſie ihn ins Felſengrab gelegt, — dann wollen wir uns auch des Wortes erinnern, bas nach der frommen Sage der Engel ben trauernden Frauen tröſtend zugerufen:

„Was ſucht ihr den Lebendigen bei ben Tobten! Er iſt nicht tobt, er iſt auferſtanden!"

Das Wort, meine Freunde, bas gilt auch uns! Verbieten können ſie unſre Verſammlungen, verbieten und auflöſen unſre Gemeinde, und mich können ſie, wenn's ihnen beliebt, des Landes verweiſen, — aber ben Geiſt, der uns zuſammengeführt, den kann keine Macht der Erbe vernichten, und dieſer Geiſt, — wenn jetzt auch mit Gewalt unterbrückt, er wird, ob früher ober ſpäter, ſeine Auferſtehung feiern!

17. Abschieds-Worte

bei meinem Scheiden von der freien Gemeinde in Graz am Morgen des
25. Mai 1849 in einem Garten nächst dem Bahnhofe.

Meine lieben Freunde! Es wird mir wohl, trotz meiner Ausweisung, vergönnt sein, auf österreichischem Boden noch ein Wort
des Abschieds Euch zuzurufen. Ich gehe nicht freiwillig. — ich
folge nur der Gewalt; ich gehe mit schwerem Herzen, aber mit
leichtem, ruhigem Gewissen.

Ich bin mir bewußt, und der Ewige, der in unsrer Aller
Herzen sieht, er weiß es, ich habe nichts gewollt und nichts erstrebt, was ich nicht verantworten kann!

Ich möchte Euch noch viel sagen, aber ich kann, ich darf es
nicht; ich darf es schon deswegen nicht, weil ich um keinen
Preis möchte, daß ich Euch, die Ihr zurückbleibt, dadurch irgend
welche Verlegenheit bereite.

Lasset mich darum kurz fassen. Wenn das Band, das mich
mit Euch verknüpft, wenn unser geistiges Zusammenleben und
Streben ein echtes, ein Leben und Streben im Geiste war, dann
scheide ich im erhebenden Bewußtsein, daß, wenn ich der Einzelne
auch aus Eurer Mitte scheide, unser Bund, — das, was uns zusammengeführt und zusammengehalten, durch mein Gehen nicht gelöst, sondern im Gegentheil nur um so fester und inniger geknüpft wird.

Seht! Es kommen jetzt die schönen Pfingsttage, — das
sind Tage, die uns daran erinnern, daß ein viel Größerer, als
Alle, die heute seiner gedenken, ein viel Größerer, dem ich nicht
werth bin, die Schuhriemen zu lösen, daß auch Er gewaltsam aus
der Mitte der Seinen hinweggenommen ward, die uns aber auch
daran erinnern, daß der Bund, den er mit den Seinen geschlossen,
durch seinen Hingang nicht zerrissen, nicht aufgelöst war; denn mit
dem Pfingstfest kam auch die Pfingstbegeisterung, die Aller

14*

Herzen ergriff und sie mit dem heiligen Entschluß erfüllte, der Sache des Meisters treu zu bleiben und sein Evangelium der Liebe und schönen Menschlichkeit in alle Länder hinein zu tragen. Der einzige darum und der letzte Wunsch, den ich noch aussprechen möchte, ist der, daß auch Ihr dieses Pfingstfest in jenem Geiste feiern möchtet, daß auch Ihr Euch durch seine große Erinnerung möchtet anspornen und anfeuern lassen, auszuharren, standhaft aus- zuharren im Dienst der heiligen Sache, der Ihr Euch gelobt und geweiht habt!

Haltet fest zusammen und macht durch Eure Haltung, durch Euer Leben der Sache Ehre, in deren Dienst wir uns gestellt haben! Je mehr Ihr das thut, desto mehr rettet Ihr auch meine persönliche Ehre gegenüber den An- schwärzungen und Verleumdungen, die nach meinem Weggehen, wenn ich selbst mich nicht mehr vertheidigen kann, nur umso breiter, umso kecker auftreten werden. Man hat mich zu einem „Unruhestifter", zu einem „Aufwiegler" gemacht, man hat mich wie einen hergelaufenen Menschen behandelt, den man jetzt zum Schutz Eures Landes über die Grenze schafft. Bei Euch, meine Brüder und Schwestern, bei Euch steht es, durch Eure Haltung der Welt zu zeigen, daß ich nichts Schlechtes gelehrt, daß ich nur das Gute, nur das Wahre gewollt und erstrebt habe.

Ja, das sage ich hier unter Gottes freiem Himmel, — **mein Streben war rein,** und wenn meine Kräfte nicht ausreichten, so beurtheilt mich mit Milde und mit Nachsicht!

Wir sind Alle irrende und fehlende Menschen, aber soviel in unsrer Kraft steht, lasset uns vor Allem darnach streben, daß wir uns würdig beweisen unsrer heiligen Sache, indem wir uns be- währen als **brave, sittlich-tüchtige Menschen!**

Liebt Eure Mitbürger, gleichviel weß Glaubens sie seien! Liebt sie als Eure Brüder, und kommen sie Euch nach meinem Weggang noch mehr als bisher mit Spott und Hohn ent- gegen, — **Liebe für Haß!** — das wird Euch Segen bringen!

Und mich — vergesset nicht! Ich habe in Eurer Mitte und Eurem paradiesisch-schönen Lande die erhebendsten und darum glücklichsten Tage meines Lebens verlebt; sie waren es, nicht weil sie mir ohne Kampf dahinflossen, sondern gerade weil ich mit Euch gemeinsam einen heiligen Kampf zu kämpfen hatte, den Kampf des Geistes, den Kampf der Wahrheit gegen den Irrthum, den Kampf der Freiheit gegen ihre Knechtung und Unterdrückung. Das ist ein schwerer, und ist ein alter Kampf, in welchem uns viele der Ersten und der Edelsten unsers Geschlechts vorangegangen und dessen Ende noch nicht abzusehen, — aber daß sein Ende der Sieg der Wahrheit sein wird, das glaubet fest!

Sehet hinauf zum Himmel über uns! Die Sonne ist mit Wolken verdeckt, sie will sich uns nicht zeigen; auch unser Himmel, der Himmel unsrer Hoffnungen, der vor kurzem noch so hell und heiter strahlte, er ist mit düstern Wolken umzogen! Aber so gewiß da droben aus dem dunkelsten Gewölk die Sonne wieder strahlen wird, so wird auch unsre Sonne glanzvoll wieder alles Gewölk durchbrechen, und der Tag wird kommen, wo unsre Hoffnungen erfüllt, wo unsre Sehnsucht gestillt, wo die Wahrheit ihren Sieg feiern wird!

Ob ich Euch wiedersehe? Ob das Band, das jetzt gewaltsam zerrissen ist, uns wieder vereinen wird? — Mein Herz, und meines Herzens Wunsch sagt: Ja, — und mit diesem schönen, diesem tröstenden Glauben laßt mich denn scheiden!

So lebet wohl! Verlieret den Muth nicht! Macht unsrer Sache Ehre! — Auf Wiedersehn Auf Wiedersehn!